# 解决问题记录表

## 轻松掌握与孩子沟通的策略

## 沟通训练的原则

- 一步步地把独立自主权交给孩子。
- 分清可协商与不可协商的问题。
- 让孩子参与到解决问题的讨论之中。
- 保持良好的沟通。
- 建立合理的期望。

界定要解决的问题，然后以此为讨论中心。让孩子知道，人们对某个问题产生分歧，往往有可能是因为他们对这个问题的界定方式存在差异。解决问题的唯一办法就是要了解每个人是如何看待这个问题的。当然人们也有可能会相互指责，而不是去客观地界定这个问题。因此，父母双方和孩子都要先用自己的话来描述某个问题，不要使用任何带有指责性的语言，尽可能地使用"我"而非"你"来进行描述，以避免这一步变成相互指责的环节。

| 不明确的问题界定 | 明确的问题界定 |
|---|---|
| **问题：孩子制造太多的噪声** ||
| 家长："你总是在家里制造噪声，播放那些难听的歌。"这时家长是在指责孩子。 | 家长："我听到你播放的音乐不太舒服，因为音量太大，歌曲内容也不合适。"家长从"我"开始描述，明确让自己烦心的事，再具体说明。 |
| **问题：孩子的房间脏乱** ||
| 家长："你的房间跟猪圈一样。如果你再这样下去，就别指望能长大成人了。"这时家长只是在指责，缺乏具体事例，并且毫无依据地加入了对孩子将来生活的消极评价。 | 家长："我看到你的房间感觉很烦心。衣服扔了一地，书本和资料到处乱放，床底下还有一些空的食品包装盒。"家长从"我"开始描述，然后不带指责性地用具体事实说明让自己烦心的事。 |

| 不明确的问题界定 | 明确的问题界定 |
|---|---|
| **问题：宵禁问题** ||
| 孩子："你规定要我早回家，无异于毁了我的生活。"这时孩子是在用一种夸张的方式责怪父母。 | 孩子："每次聚会我都得最早回家，这让我感到很丢脸，感觉自己像是个没长大的孩子。"孩子从"我"开始表达自己的感受，不带任何指责的语气。 |
| 家长："如果你继续不负责任地违反宵禁规定的话，你可能会遇到危险或染上坏习惯，那样你这一辈子就毁了。"这时家长是在毫无依据地指责，列出了一些孩子晚回家可能会发生的最夸张的事情。 | 家长："如果你在外面待得太晚，我担心那些比你大的孩子会把你带坏。"家长从"我"的立场表达对孩子的担忧，解释孩子晚回家可能会发生的事情。 |
| **问题：家庭作业问题** ||
| 孩子："你总是拿家庭作业的事来烦我。我不需要你没完没了的提醒。"这时孩子是在指责父母。 | 孩子："我真的很生气，你总是不停地问我作业做完了没有。"孩子从"我"的立场出发，客观地表达他对此事的感受。 |

# 解决问题记录表

日期：_____

待解决的问题：_____

_____

| 提议的解决方案 | 孩子<br>+ − | 评价<br>妈妈<br>+ − | 爸爸<br>+ − |
|---|---|---|---|
| ①_____ | _____ | _____ | _____ |
| _____ | | | |
| ②_____ | _____ | _____ | _____ |
| _____ | | | |
| ③_____ | _____ | _____ | _____ |
| _____ | | | |
| ④_____ | _____ | _____ | _____ |
| _____ | | | |
| ⑤_____ | _____ | _____ | _____ |
| _____ | | | |
| ⑥_____ | _____ | _____ | _____ |
| _____ | | | |
| ⑦_____ | _____ | _____ | _____ |
| _____ | | | |
| ⑧_____ | _____ | _____ | _____ |
| _____ | | | |
| ⑨_____ | _____ | _____ | _____ |
| _____ | | | |

# 解决问题记录表（续）

⑩_____ _____ _____ _____

_____

商定的解决方案：_____

_____

_____

**实施计划**

① 孩子需要做：_____

_____

　完成时间：_____

② 妈妈需要做：_____

_____

　完成时间：_____

③ 爸爸需要做：_____

_____

　完成时间：_____

④ 监督方案：_____

_____

_____

⑤ 适时提醒。谁来提醒，什么时候提醒？_____

_____

⑥ 遵守和不遵守的相应结果：_____

_____

_____

# 解决问题记录表

日期：_____

待解决的问题：_____

_____

| 提议的解决方案 | 孩子<br>+ − | 评价<br>妈妈<br>+ − | 爸爸<br>+ − |
|---|---|---|---|
| ①_____<br>_____ | ____ | ____ | ____ |
| ②_____<br>_____ | ____ | ____ | ____ |
| ③_____<br>_____ | ____ | ____ | ____ |
| ④_____<br>_____ | ____ | ____ | ____ |
| ⑤_____<br>_____ | ____ | ____ | ____ |
| ⑥_____<br>_____ | ____ | ____ | ____ |
| ⑦_____<br>_____ | ____ | ____ | ____ |
| ⑧_____<br>_____ | ____ | ____ | ____ |
| ⑨_____<br>_____ | ____ | ____ | ____ |

⑩_____　　_____　　_____　　_____

_____

商定的解决方案：_____

_____

_____

**实施计划**

① 孩子需要做：_____

_____

　完成时间：_____

② 妈妈需要做：_____

_____

　完成时间：_____

③ 爸爸需要做：_____

_____

　完成时间：_____

④ 监督方案：_____

_____

_____

⑤ 适时提醒。谁来提醒，什么时候提醒？_____

_____

⑥ 遵守和不遵守的相应结果：_____

_____

_____

# 解决问题记录表

日期：_____

待解决的问题：_____

_____

| 提议的解决方案 | 孩子<br>+ − | 评价<br>妈妈<br>+ − | 爸爸<br>+ − |
|---|---|---|---|
| ① _____<br><br>_____ | ___ | ___ | ___ |
| ② _____<br><br>_____ | ___ | ___ | ___ |
| ③ _____<br><br>_____ | ___ | ___ | ___ |
| ④ _____<br><br>_____ | ___ | ___ | ___ |
| ⑤ _____<br><br>_____ | ___ | ___ | ___ |
| ⑥ _____<br><br>_____ | ___ | ___ | ___ |
| ⑦ _____<br><br>_____ | ___ | ___ | ___ |
| ⑧ _____<br><br>_____ | ___ | ___ | ___ |
| ⑨ _____<br><br>_____ | ___ | ___ | ___ |

⑩_____   _____   _____   _____

_____

商定的解决方案：_____

_____

_____


**实施计划**

①孩子需要做：_____

_____

  完成时间：_____

②妈妈需要做：_____

_____

  完成时间：_____

③爸爸需要做：_____

_____

  完成时间：_____

④监督方案：_____

_____

_____

⑤适时提醒。谁来提醒，什么时候提醒？_____

_____

⑥遵守和不遵守的相应结果：_____

_____

_____

# 解决问题记录表

日期：_____

待解决的问题：_____

_____

| 提议的解决方案 | 孩子 _____ + − | 评价 妈妈 _____ + − | 爸爸 _____ + − |
|---|---|---|---|
| ①_____ _____ | _____ | _____ | _____ |
| ②_____ _____ | _____ | _____ | _____ |
| ③_____ _____ | _____ | _____ | _____ |
| ④_____ _____ | _____ | _____ | _____ |
| ⑤_____ _____ | _____ | _____ | _____ |
| ⑥_____ _____ | _____ | _____ | _____ |
| ⑦_____ _____ | _____ | _____ | _____ |
| ⑧_____ _____ | _____ | _____ | _____ |
| ⑨_____ _____ | _____ | _____ | _____ |

⑩_____    _____    _____    _____

_____

商定的解决方案：_____

_____

_____


**实施计划**

①孩子需要做：_____

_____

　完成时间：_____

②妈妈需要做：_____

_____

　完成时间：_____

③爸爸需要做：_____

_____

　完成时间：_____

④监督方案：_____

_____

_____

⑤适时提醒。谁来提醒，什么时候提醒？_____

_____

⑥遵守和不遵守的相应结果：_____

_____

_____

# 解决问题记录表

日期：_____

待解决的问题：_____

_____

| 提议的解决方案 | 评价 | | |
|---|---|---|---|
| | _____<br>孩子<br>+　－ | _____<br>妈妈<br>+　－ | _____<br>爸爸<br>+　－ |
| ①_____<br>_____ | _____ | _____ | _____ |
| ②_____<br>_____ | _____ | _____ | _____ |
| ③_____<br>_____ | _____ | _____ | _____ |
| ④_____<br>_____ | _____ | _____ | _____ |
| ⑤_____<br>_____ | _____ | _____ | _____ |
| ⑥_____<br>_____ | _____ | _____ | _____ |
| ⑦_____<br>_____ | _____ | _____ | _____ |
| ⑧_____<br>_____ | _____ | _____ | _____ |
| ⑨_____<br>_____ | _____ | _____ | _____ |

⑩_____    _____    _____    _____

_____

商定的解决方案：_____

_____

_____


**实施计划**

①孩子需要做：_____

_____

　　完成时间：_____

②妈妈需要做：_____

_____

　　完成时间：_____

③爸爸需要做：_____

_____

　　完成时间：_____

④监督方案：_____

_____

_____

⑤适时提醒。谁来提醒，什么时候提醒？_____

_____

⑥遵守和不遵守的相应结果：_____

_____

_____

# 解决问题记录表

日期：＿＿＿＿＿＿＿＿＿＿＿＿＿＿＿＿

待解决的问题：＿＿＿＿＿＿＿＿＿＿＿＿＿＿＿＿＿＿＿＿＿＿＿

＿＿＿＿＿＿＿＿＿＿＿＿＿＿＿＿＿＿＿＿＿＿＿＿＿＿＿＿＿＿＿＿＿

| 提议的解决方案 | ＿＿＿＿＿<br>孩子<br>＋ － | 评价<br>＿＿＿＿＿<br>妈妈<br>＋ － | ＿＿＿＿＿<br>爸爸<br>＋ － |
|---|---|---|---|
| ①＿＿＿＿＿＿＿＿＿＿＿＿<br>＿＿＿＿＿＿＿＿＿＿＿＿ | ＿＿＿ | ＿＿＿ | ＿＿＿ |
| ②＿＿＿＿＿＿＿＿＿＿＿＿<br>＿＿＿＿＿＿＿＿＿＿＿＿ | ＿＿＿ | ＿＿＿ | ＿＿＿ |
| ③＿＿＿＿＿＿＿＿＿＿＿＿<br>＿＿＿＿＿＿＿＿＿＿＿＿ | ＿＿＿ | ＿＿＿ | ＿＿＿ |
| ④＿＿＿＿＿＿＿＿＿＿＿＿<br>＿＿＿＿＿＿＿＿＿＿＿＿ | ＿＿＿ | ＿＿＿ | ＿＿＿ |
| ⑤＿＿＿＿＿＿＿＿＿＿＿＿<br>＿＿＿＿＿＿＿＿＿＿＿＿ | ＿＿＿ | ＿＿＿ | ＿＿＿ |
| ⑥＿＿＿＿＿＿＿＿＿＿＿＿<br>＿＿＿＿＿＿＿＿＿＿＿＿ | ＿＿＿ | ＿＿＿ | ＿＿＿ |
| ⑦＿＿＿＿＿＿＿＿＿＿＿＿<br>＿＿＿＿＿＿＿＿＿＿＿＿ | ＿＿＿ | ＿＿＿ | ＿＿＿ |
| ⑧＿＿＿＿＿＿＿＿＿＿＿＿<br>＿＿＿＿＿＿＿＿＿＿＿＿ | ＿＿＿ | ＿＿＿ | ＿＿＿ |
| ⑨＿＿＿＿＿＿＿＿＿＿＿＿<br>＿＿＿＿＿＿＿＿＿＿＿＿ | ＿＿＿ | ＿＿＿ | ＿＿＿ |

⑩_____     _____     _____     _____

_____

商定的解决方案：_____

_____

_____


**实施计划**

① 孩子需要做：_____

_____

　完成时间：_____

② 妈妈需要做：_____

_____

　完成时间：_____

③ 爸爸需要做：_____

_____

　完成时间：_____

④ 监督方案：_____

_____

_____

⑤ 适时提醒。谁来提醒，什么时候提醒？_____

_____

⑥ 遵守和不遵守的相应结果：_____

_____

_____

# 解决问题记录表

日期：_____

待解决的问题：_____

_____

| 提议的解决方案 | 孩子<br>+ − | 评价<br>妈妈<br>+ − | 爸爸<br>+ − |
|---|---|---|---|
| ①_____<br><br>_____ | _____ | _____ | _____ |
| ②_____<br><br>_____ | _____ | _____ | _____ |
| ③_____<br><br>_____ | _____ | _____ | _____ |
| ④_____<br><br>_____ | _____ | _____ | _____ |
| ⑤_____<br><br>_____ | _____ | _____ | _____ |
| ⑥_____<br><br>_____ | _____ | _____ | _____ |
| ⑦_____<br><br>_____ | _____ | _____ | _____ |
| ⑧_____<br><br>_____ | _____ | _____ | _____ |
| ⑨_____<br><br>_____ | _____ | _____ | _____ |

⑩_____    _____    _____    _____

_____

商定的解决方案：_____

_____

_____

**实施计划**
①孩子需要做：_____

_____

　完成时间：_____

②妈妈需要做：_____

_____

　完成时间：_____

③爸爸需要做：_____

_____

　完成时间：_____

④监督方案：_____

_____

_____

⑤适时提醒。谁来提醒，什么时候提醒？_____

_____

⑥遵守和不遵守的相应结果：_____

_____

_____

# 解决问题记录表

日期：_____

待解决的问题：_____

_____

| 提议的解决方案 | 孩子<br>+ − | 评价<br>妈妈<br>+ − | 爸爸<br>+ − |
|---|---|---|---|
| ① _____<br>_____ | ____ | ____ | ____ |
| ② _____<br>_____ | ____ | ____ | ____ |
| ③ _____<br>_____ | ____ | ____ | ____ |
| ④ _____<br>_____ | ____ | ____ | ____ |
| ⑤ _____<br>_____ | ____ | ____ | ____ |
| ⑥ _____<br>_____ | ____ | ____ | ____ |
| ⑦ _____<br>_____ | ____ | ____ | ____ |
| ⑧ _____<br>_____ | ____ | ____ | ____ |
| ⑨ _____<br>_____ | ____ | ____ | ____ |

⑩_____    _____    _____    _____

_____

商定的解决方案：_____

_____

_____

**实施计划**

① 孩子需要做：_____

_____

完成时间：_____

② 妈妈需要做：_____

_____

完成时间：_____

③ 爸爸需要做：_____

_____

完成时间：_____

④ 监督方案：_____

_____

_____

⑤ 适时提醒。谁来提醒，什么时候提醒？_____

_____

⑥ 遵守和不遵守的相应结果：_____

_____

_____

# 解决问题记录表

日期：_____

待解决的问题：_____

_____

| 提议的解决方案 | 孩子<br>+   - | 评价<br>妈妈<br>+   - | 爸爸<br>+   - |
|---|---|---|---|
| ① _____<br><br>_____ | ___ ___ | ___ ___ | ___ ___ |
| ② _____<br><br>_____ | ___ ___ | ___ ___ | ___ ___ |
| ③ _____<br><br>_____ | ___ ___ | ___ ___ | ___ ___ |
| ④ _____<br><br>_____ | ___ ___ | ___ ___ | ___ ___ |
| ⑤ _____<br><br>_____ | ___ ___ | ___ ___ | ___ ___ |
| ⑥ _____<br><br>_____ | ___ ___ | ___ ___ | ___ ___ |
| ⑦ _____<br><br>_____ | ___ ___ | ___ ___ | ___ ___ |
| ⑧ _____<br><br>_____ | ___ ___ | ___ ___ | ___ ___ |
| ⑨ _____<br><br>_____ | ___ ___ | ___ ___ | ___ ___ |

⑩_____　　_____　　_____　　_____

_____

商定的解决方案：_____

_____

_____

**实施计划**
①孩子需要做：_____

_____

　完成时间：_____

②妈妈需要做：_____

_____

　完成时间：_____

③爸爸需要做：_____

_____

　完成时间：_____

④监督方案：_____

_____

_____

⑤适时提醒。谁来提醒，什么时候提醒？_____

_____

⑥遵守和不遵守的相应结果：_____

_____

_____

# 解决问题记录表

日期：_____

待解决的问题：_____

_____

| 提议的解决方案 | 孩子<br>+  − | 评价<br>妈妈<br>+  − | 爸爸<br>+  − |
|---|---|---|---|
| ①_____<br>_____ | _____ | _____ | _____ |
| ②_____<br>_____ | _____ | _____ | _____ |
| ③_____<br>_____ | _____ | _____ | _____ |
| ④_____<br>_____ | _____ | _____ | _____ |
| ⑤_____<br>_____ | _____ | _____ | _____ |
| ⑥_____<br>_____ | _____ | _____ | _____ |
| ⑦_____<br>_____ | _____ | _____ | _____ |
| ⑧_____<br>_____ | _____ | _____ | _____ |
| ⑨_____<br>_____ | _____ | _____ | _____ |

⑩＿＿＿＿＿＿＿＿＿＿＿＿＿　＿＿＿＿＿　＿＿＿＿＿＿　＿＿＿＿＿

＿＿＿＿＿＿＿＿＿＿＿＿＿＿＿

商定的解决方案：＿＿＿＿＿＿＿＿＿＿＿＿＿＿＿＿＿＿＿＿＿＿＿＿

＿＿＿＿＿＿＿＿＿＿＿＿＿＿＿＿＿＿＿＿＿＿＿＿＿＿＿＿＿＿＿＿＿

＿＿＿＿＿＿＿＿＿＿＿＿＿＿＿＿＿＿＿＿＿＿＿＿＿＿＿＿＿＿＿＿＿

**实施计划**

①孩子需要做：＿＿＿＿＿＿＿＿＿＿＿＿＿＿＿＿＿＿＿＿＿＿＿＿＿

＿＿＿＿＿＿＿＿＿＿＿＿＿＿＿＿＿＿＿＿＿＿＿＿＿＿＿＿＿＿＿＿＿

　完成时间：＿＿＿＿＿＿＿＿＿＿＿＿＿＿＿＿＿＿＿＿＿＿＿＿＿＿＿

②妈妈需要做：＿＿＿＿＿＿＿＿＿＿＿＿＿＿＿＿＿＿＿＿＿＿＿＿＿

＿＿＿＿＿＿＿＿＿＿＿＿＿＿＿＿＿＿＿＿＿＿＿＿＿＿＿＿＿＿＿＿＿

　完成时间：＿＿＿＿＿＿＿＿＿＿＿＿＿＿＿＿＿＿＿＿＿＿＿＿＿＿＿

③爸爸需要做：＿＿＿＿＿＿＿＿＿＿＿＿＿＿＿＿＿＿＿＿＿＿＿＿＿

＿＿＿＿＿＿＿＿＿＿＿＿＿＿＿＿＿＿＿＿＿＿＿＿＿＿＿＿＿＿＿＿＿

　完成时间：＿＿＿＿＿＿＿＿＿＿＿＿＿＿＿＿＿＿＿＿＿＿＿＿＿＿＿

④监督方案：＿＿＿＿＿＿＿＿＿＿＿＿＿＿＿＿＿＿＿＿＿＿＿＿＿＿＿

＿＿＿＿＿＿＿＿＿＿＿＿＿＿＿＿＿＿＿＿＿＿＿＿＿＿＿＿＿＿＿＿＿

＿＿＿＿＿＿＿＿＿＿＿＿＿＿＿＿＿＿＿＿＿＿＿＿＿＿＿＿＿＿＿＿＿

⑤适时提醒。谁来提醒，什么时候提醒？＿＿＿＿＿＿＿＿＿＿＿＿＿＿

＿＿＿＿＿＿＿＿＿＿＿＿＿＿＿＿＿＿＿＿＿＿＿＿＿＿＿＿＿＿＿＿＿

⑥遵守和不遵守的相应结果：＿＿＿＿＿＿＿＿＿＿＿＿＿＿＿＿＿＿＿

＿＿＿＿＿＿＿＿＿＿＿＿＿＿＿＿＿＿＿＿＿＿＿＿＿＿＿＿＿＿＿＿＿

＿＿＿＿＿＿＿＿＿＿＿＿＿＿＿＿＿＿＿＿＿＿＿＿＿＿＿＿＿＿＿＿＿

# 解决问题记录表

日期：_____

待解决的问题：_____

_____

| 提议的解决方案 | 孩子<br>+ - | 评价<br>妈妈<br>+ - | 爸爸<br>+ - |
|---|---|---|---|
| ①_____ | _____ | _____ | _____ |
| _____ | | | |
| ②_____ | _____ | _____ | _____ |
| _____ | | | |
| ③_____ | _____ | _____ | _____ |
| _____ | | | |
| ④_____ | _____ | _____ | _____ |
| _____ | | | |
| ⑤_____ | _____ | _____ | _____ |
| _____ | | | |
| ⑥_____ | _____ | _____ | _____ |
| _____ | | | |
| ⑦_____ | _____ | _____ | _____ |
| _____ | | | |
| ⑧_____ | _____ | _____ | _____ |
| _____ | | | |
| ⑨_____ | _____ | _____ | _____ |
| _____ | | | |

⑩_____　　_____　　_____　　_____

_____

商定的解决方案：_____

_____

_____

**实施计划**

①孩子需要做：_____

_____

　完成时间：_____

②妈妈需要做：_____

_____

　完成时间：_____

③爸爸需要做：_____

_____

　完成时间：_____

④监督方案：_____

_____

_____

⑤适时提醒。谁来提醒，什么时候提醒？_____

_____

⑥遵守和不遵守的相应结果：_____

_____

_____

# 解决问题记录表

日期：_____

待解决的问题：_____

_____

| 提议的解决方案 | 孩子<br>+ − | 评价<br>妈妈<br>+ − | 爸爸<br>+ − |
|---|---|---|---|
| ①_____<br>_____ | _____ | _____ | _____ |
| ②_____<br>_____ | _____ | _____ | _____ |
| ③_____<br>_____ | _____ | _____ | _____ |
| ④_____<br>_____ | _____ | _____ | _____ |
| ⑤_____<br>_____ | _____ | _____ | _____ |
| ⑥_____<br>_____ | _____ | _____ | _____ |
| ⑦_____<br>_____ | _____ | _____ | _____ |
| ⑧_____<br>_____ | _____ | _____ | _____ |
| ⑨_____<br>_____ | _____ | _____ | _____ |

⑩_____    _____    _____    _____

_____

商定的解决方案：_____

_____

_____


**实施计划**

① 孩子需要做：_____

_____

　　完成时间：_____

② 妈妈需要做：_____

_____

　　完成时间：_____

③ 爸爸需要做：_____

_____

　　完成时间：_____

④ 监督方案：_____

_____

_____

⑤ 适时提醒。谁来提醒，什么时候提醒？_____

_____

⑥ 遵守和不遵守的相应结果：_____

_____

_____

# 解决问题记录表

日期：_____

待解决的问题：_____

_____

| 提议的解决方案 | 孩子<br>+ − | 评价<br>妈妈<br>+ − | 爸爸<br>+ − |
|---|---|---|---|
| ①_____<br>_____ | _____ | _____ | _____ |
| ②_____<br>_____ | _____ | _____ | _____ |
| ③_____<br>_____ | _____ | _____ | _____ |
| ④_____<br>_____ | _____ | _____ | _____ |
| ⑤_____<br>_____ | _____ | _____ | _____ |
| ⑥_____<br>_____ | _____ | _____ | _____ |
| ⑦_____<br>_____ | _____ | _____ | _____ |
| ⑧_____<br>_____ | _____ | _____ | _____ |
| ⑨_____<br>_____ | _____ | _____ | _____ |

⑩_____    _____    _____    _____

_____

商定的解决方案：_____

_____

_____

**实施计划**

①孩子需要做：_____

_____

　　完成时间：_____

②妈妈需要做：_____

_____

　　完成时间：_____

③爸爸需要做：_____

_____

　　完成时间：_____

④监督方案：_____

_____

_____

⑤适时提醒。谁来提醒，什么时候提醒？_____

_____

⑥遵守和不遵守的相应结果：_____

_____

_____

# 你的叛逆少年

## 轻松破译与青春期孩子的沟通难题

〔美〕拉塞尔·巴克利　〔美〕阿瑟·罗宾　〔美〕克里斯蒂娜·本顿／著

卫　妮／译　　王建平／审订

北京科学技术出版社

YOUR DEFIANT TEEN: 10 STEPS TO RESOLVE CONFLICT AND REBUILD YOUR
RELATIONSHIP(SECOND EDITION) by RUSSELL A. BARKLEY AND ARTHUR L. ROBIN,
CONTRIBUTED BY CHRISTINE M. BENTON

Copyright © 2014 BY THE GUILFORD PRESS

This edition arranged with GUILFORD PUBLICATIONS, INC.

through BIG APPLE AGENCY, LABUAN, MALAYSIA.

Simplified Chinese edition copyright © 2025 by Beijing Science and Technology Publishing Co., Ltd.

All rights reserved.

著作权合同登记号　图字：01-2023-6106

**图书在版编目（CIP）数据**

你的叛逆少年 /（美）拉塞尔·巴克利，（美）阿瑟·罗宾，
（美）克里斯蒂娜·本顿著；卫妮译 . -- 北京：北京科学技术出版
社，2025. -- ISBN 978-7-5714-4253-8

Ⅰ . G782

中国国家版本馆 CIP 数据核字第 2024NS0187 号

策划编辑：廖　艳
责任编辑：廖　艳
责任校对：贾　荣
责任印制：李　茗
图文制作：天露霖文化
出 版 人：曾庆宇
出版发行：北京科学技术出版社
社　　址：北京西直门南大街16号
邮政编码：100035
电　　话：0086-10-66135495（总编室）
　　　　　0086-10-66113227（发行部）
网　　址：www.bkydw.cn
印　　刷：天津联城印刷有限公司
开　　本：710 mm × 1000 mm　1/16
字　　数：298千字
印　　张：23.5
版　　次：2025年5月第1版
印　　次：2025年5月第1次印刷
ISBN 978-7-5714-4253-8

定　　价：89.00元

怀念我至亲至爱的双胞胎哥哥

罗纳德·F. 巴克利（Ronald F. Barkley，1949—2006 年）和侄子

伊森·巴克利（Ethan Barkley，1983—2013 年）。

——拉塞尔·巴克利




献给苏珊，

是爱人亦是友人，予我无限灵感。

——阿瑟·罗宾

# 致　谢

　　我要感谢两位合著者——阿瑟·罗宾和克里斯蒂娜·本顿，他们对本书贡献巨大，没有他们就不会有这本书。我还要感谢吉尔福德出版社（The Guilford Press）过去 33 年来对我出版图书的支持。特别感谢两位编辑——尼娜·赫纳托夫（Nina Hnatov）和安娜·布拉克特（Anna Brackett），她们耐心细致地完成了本书的编辑和出版工作。当然，我还要一如既往地感谢我的妻子帕特、儿子史蒂夫和肯，感谢他们对我职业生涯的支持。

——拉塞尔·巴克利博士

　　我要感谢一些特别重要的人，没有他们的支持和帮助，这本书是不可能完成的：我的合著者——拉塞尔·巴克利和克里斯蒂娜·本顿，与他们合作的过程充实且有趣；密歇根州儿童医院儿童精神病学和心理学主席兼韦恩州立大学精神病学和行为神经科学主席戴维·罗森堡（David Rosenberg）博士，在他的大力支持下，我才有可能花时间写这本书；吉尔福德出版社的编辑；那些配合我们工作的家庭，从他们那里我不断获得有关孩子叛逆行为的新知识；还有我的妻子苏珊，她给了我无尽的爱与支持。

——阿瑟·罗宾博士

非常感谢拉塞尔·巴克利和阿瑟·罗宾，他们有着非凡的专业造诣和敏锐的洞察力，而且为人耐心又风趣。感谢吉尔福德出版社的编辑为本书出版付出的努力，特别感谢鲍勃·马特洛夫（Bob Matloff）、西摩·温加滕（Seymour Weingarten）、姬蒂·穆尔（Kitty Moore）、玛丽安·鲁宾逊（Marian Robinson）、安妮·帕托塔（Anne Patota）、朱迪思·格劳曼（Judith Grauman）、保罗·戈登（Paul Gordon）和安娜·布拉克特。

——克里斯蒂娜·本顿

# 目　录

## 第二部分　十步改善亲子关系，为孩子打造美好未来

# 序 言

砰!

这就是青少年叛逆的声音。

儿子又和你大吵了一架,夺门而出,这摔门声你恐怕经常听到吧。又或者,女儿不和你讲话,整日把自己关在房间里,你害怕她哪天觉得这样还不够,脑海里每天都闪现着她摔门离去的声音。不论是哪种情况,这声音都令人不安。原本温馨的家变成了争吵的战场,令人难以接受。孩子不再接受你的管束,你也为他们的将来感到忧虑痛苦,你夜不能寐、心力交瘁。

本书的目的在于帮助你:学会营造良好的环境去正面影响孩子,而不是让家成为儿女摔门离去的地方;学会让孩子严格遵守生活在文明家庭中不容触犯的底线规则,以及学会与孩子协商其他事宜;学会摆脱根深蒂固的消极看法,不管是你对孩子的("他是故意激怒我的!"),还是孩子对你的("你从来都不让我去和朋友们做任何事,就好像我才 10 岁一样!"),抱有这样的看法只会让你们两败俱伤。同时，本书也能教给青少年一些技能，帮助他们将来顺利度过青春期，甚至令他们终身受益。说不定哪天你就会听到孩子说"那么，我们该如何解决这个问题呢？"，而不是"我受够了，我要离开这里！"。

如果你拿起了这本书，那么说明你心里已经明白，要是与孩子的每次互动最终都会爆发成一场争吵，那一定是哪里出了问题。

以前你或许还会想，孩子只是处于叛逆期，但现在你已经无法再这样安慰自己了，你开始担心这种趋势永远不会逆转。如果下面的任一种情况听起来像是你家里正在发生的事情，那么是时候采取行动去扭转这种趋势了。

凯文今年15岁。邻居们总是听到他家里有动静，出于担心，他们告诉了凯文的父母。凯文每周有几天会在午餐时间带朋友一起回家，然后就不回学校了。从凯文的卧室窗户经常传出吵闹的音乐声、各种噪声和嬉笑打闹声。凯文成绩还不错，标准化考试成绩也很高，所以他的父母原本希望这一切都只是暂时的。可当他们在垃圾桶里发现空啤酒罐时，他们意识到自己低估了问题的严重性，于是跟儿子正面谈论此事。随即爆发了一场可怕的争吵，凯文甚至对父母恶语相向。

劳伦的妈妈说自己14岁的女儿从小学开始就像"完全变了一个人"，这让她很伤感，她想知道那个曾经天真烂漫的小女孩去哪里了。这些日子，劳伦几乎都不和她说话，除了时不时地对她的穿衣打扮冷嘲热讽一番，或者在她好话说尽、无奈只能大声命令时，劳伦会对她大喊大叫。就在最近的一个晚上，劳伦的妈妈半夜起床去洗手间，还和劳伦小时候一样，朝女儿的房间看了一眼，却发现她正在网上和一名陌生男子聊天。她让劳伦立即关掉电脑，结果两人大吵了起来，言语中充满了指责和谩骂。劳伦的爸爸也被吵醒了，他终止了母女的争吵，并撤销了劳伦接下来3个月使用电脑和智能手机的权限。

　　吉娜刚满 13 岁，上八年级 ①，5 门功课中有 3 门不及格。每次妈妈问她有没有家庭作业，她都说已经在学校做完了，只是忘了带回家。但吉娜的老师说不是这么回事，所以吉娜的妈妈周末就不让她出门，让她待在自己的房间，补完漏掉的作业或是准备考试。吉娜却躲在屋子里偷偷玩手机，和朋友聊天，根本不写作业；妈妈把手机收走了，吉娜又是喊又是骂。现在吉娜整个周末在家就是无所事事，也不学习。母女俩每天都在为上学和家庭作业的事情争吵。

　　17 岁的马克经常翘课，周末喝得醉醺醺地回家，还丝毫不遮掩晚上从他房间里飘出来的烟味。只要父母质问他是否有这些违反规定的行为，他就会破口大骂，威胁要打他们，然后愤然离开，指责父母虐待他。他频繁旷课的行为已经影响到他高中毕业了。马克的妈妈说，她连强行开车送他去上学都行不通，因为叫他上车或者到学校让他下车时，他就会跑掉。马克的爸爸说因为工作原因自己早上没办法送他上学，如果要送他，自己上班就会迟到。

　　这些孩子的问题已经不只是成长的烦恼了，他们的父母也不是小题大做的"控制狂"。马克的父母一直都知道自己的儿子性格倔强，所以当他在八年级违反宵禁还出言不逊时，他们试着对他宽容一些以避免"伤害他的心灵"，因为他们不希望马克父亲小时候的遭遇在孩子身上重演。回顾过去几年，他们意识到孩子违规行为的频率和严重性在逐渐上升，但他们并不知道自己的孩子是从什么时候开始对他们和他们的规矩嗤之以鼻的。劳伦的妈妈说，女儿从几个月前进入高中之后，跟她在一起时总会变得沉默寡言，只顾着做她自己想做的事情。凯文的父母已经尝试了他们能想到的一切办法来管教儿子——取消特权、将宵禁时间提早、将他禁足在家，但他脑子转得快，总能找到各

---

① 美国的义务教育是 K（幼儿园）到十二年级，简称为 K-12 教育学制。八年级相当于国内的初二。——译者注

种办法来躲过这些限制。父母原本工作就很忙，还要和孩子斗智斗勇，他们时常感到身心俱疲、力不从心。吉娜患有注意缺陷多动障碍（ADHD），自 9 岁被诊断出患病以来，父母一直通过计时隔离①、积分制度和药物治疗等措施来保证她的正常生活。但是，现在她开始拒绝吃药，而且也不太在乎自己是否会被限制使用电子产品，或是能否获得积分来换取一次比萨派对。在接受计时隔离惩罚时，她也只是一言不发地坐在那里，有时还得意地笑。

　　青少年叛逆的原因有很多。如果你的孩子是突然发生这种转变的，而且叛逆的行为还没有持续很长时间，那么你很有必要去探究一下其中的缘由。在第一章中，我们会告诉你如何弄清楚到底是生理因素还是其他未被发现的因素在起作用。不管最终原因是什么，本书提供的行动计划可能就是你正在寻找的解决方案。在心理学家看来，如果青少年出现以下 3 种情况中的 1 种或多种，那么他就需要得到帮助。

　　**1. 孩子的叛逆行为比同龄的大多数孩子要糟糕得多**。与亲戚家的孩子、邻居家的同龄孩子相比，你发现自己孩子的情况是否有所不同？你是否从其他父母、学校老师和其他能够监督你孩子的成年人那里得到过什么反馈？在第一章中，我们会提供一些问卷和自测表来帮助你评估自己的孩子。

　　**2. 孩子的叛逆行为正在影响他的正常生活**。就像凯文一样，你的孩子也许原本很聪明，但不知从何时起，他的成绩开始滑坡，开始跟不良少年交朋友，与父母的关系开始恶化。孩子可能还没法管好自己，离开了成年人的监督就不能自觉遵守青少年通常应该遵守的规则。当然，也有更糟糕的情况，也许你的孩子还涉及一些其他行为，有可能会引发更为严重的后果，比如被

―――――――――――――――

① 计时隔离（Time-outs）通常指让犯错误的孩子独自在角落反省，一般会设定具体惩罚时长。——译者注

学校开除。

**3.孩子的叛逆行为正引发许多情绪困扰或伤害。**这种苦恼可能困扰的是你，也可能困扰的是你的孩子。问题在于，如果你和（或）孩子正因为他的行为承受着焦虑、抑郁或长期的不开心，那么你就需要采取一些行动了。

上述 3 种情况综合起来就可能会出现以下场景：你的孩子会就你说的每句话与你争吵，会频繁违反规则，或者会为此隐瞒、撒谎；你会发现自己时常因为孩子又没能在宵禁时间前回家而辗转反侧，心里又担忧又生气；你眼看着女儿成绩下降，问她是不是真的没有家庭作业时，她还是一如既往地跟你说没有；你或许意识到孩子总是在违反家庭和学校的规定，而现在你时刻都在担心他是否要开始触犯法律了；也许你已经厌倦了每天和孩子无休止争吵——关于该如何得体地穿衣打扮、如何与父母讲话、有没有做家务、该不该留下各种烂摊子，以及该与什么样的朋友在一起。总之，无论你面临的问题是大还是小，是持续性的还是间歇性的，无论孩子的叛逆问题已经根深蒂固还是初露端倪，无论孩子是处于青春期末期还是初期，或者你只是想预防青春期可能出现的种种问题，这本书都能给予你帮助。

本书中提到的行动计划总共包括 10 个步骤，它能帮助你重建与孩子之间的良好关系，大大减少家庭生活中的冲突。它还能通过改变你应对孩子家庭作业及其他学校事务的方式来提高孩子的学习成绩。当然，我们不能保证它能纠正青少年所有的叛逆行为，也不能保证它对所有青少年都同样有效，但只要你坚持按照书中的计划执行，你就会发现，从现在开始，你与孩子的关系正朝着更为积极的方向发展。

如果你家的青少年在小的时候就很叛逆，而且你也执行过《家有叛逆儿童》（*Your Defiant Child*）中介绍的 8 个步骤，那么这本书里的某些环节对你来说可能会很熟悉。有些指导原则是相通的，例如给予孩子积极关注的重要性和奖励制度的有效性。不过，本书自然有其不同之处。毕竟，你的孩子已经不再是儿童了，我们无法指望他们再像小孩子一样做出回应，也不应该像对待小孩子一样对待他们。本书的目标不是让你回归管教七八岁儿童那样的方法，而是教你如何在了解和尊重青少年成长经历的同时，适时地放下一些作为父母的权威，对成长中的孩子进行有效管教。这就意味着要多沟通协商、少"发号施令"，并在与孩子的沟通中多融入一些沟通技巧和解决问题的技能。本书的理想目标是，让你的孩子不再是那个让家庭弥漫着火药味的叛逆少年，同时，你的孩子也能收获一些有利于他步入成年期的宝贵技能。

我们相信书中的方法对很多家庭都是有效的，因为我们当中的两位（巴克利博士①和罗宾博士）都是长期致力儿童和青少年叛逆问题及注意缺陷多动障碍研究的临床心理学家。同时，我们也是该领域经验丰富的研究专家。多年来，针对这两种青少年问题，我们已经开展了大量的研究，并就多种治疗方案在解决这两种障碍引起的个人和家庭问题上的有效性进行了测试。

巴克利博士还专门协助开发了儿童和青少年行为管理的系列方法，其中包括父母积极陪伴和关注的技巧，使用特权规则、积分制度以及其他有组织的激励机制来鼓励孩子适当的亲社会行为，同时辅以应对孩子叛逆行为的适度惩罚。这些治疗计划是在康斯坦丝·汉夫（Constance Hanf）博士的研究基础上开发的，巴克利博士曾在位于波特兰的俄勒冈健康科学大学参加培训时，了解到汉夫博士的相关研究。后来，巴克利博士将罗宾博士解决问题和沟通训练的项目也融入了进来，共同验证这种治疗方案的有效性。这项针对叛逆青少年及其家庭的行动计划获得了两项联邦基金的资助，累积了超过 60 年的

---

① 你可以到巴克利博士的个人网站 russellbarkley.org 了解更多相关信息。

相关临床实践和研究经验。你在本书中读到的所有故事都来源于这些真实的案例，只是我们用化名将具体问题和解决办法呈现出来。我们真诚地希望你和你的孩子能从中获益。

# 如何使用本书

　　本书分为两个部分。第一部分帮助你仔细审视自己孩子的叛逆问题——到底发生了什么，是什么因素导致了你们之间的冲突。深入了解这些问题可以帮助你和孩子做出改变，减少孩子的叛逆行为，或者至少，这样做可能会让你更好地理解那个已经成为你"眼中钉"的孩子的内心感受，让你看到事情存在转机的希望。

　　你在对孩子、对自己以及你们之间棘手的冲突有了全面的了解之后，再开始第二部分的行动计划就会得心应手了。本书的第二部分介绍了 10 个步骤，它会帮助你将现在看似不可能的任务逐一完成：你开始重新对孩子的行为有所掌控，同时让孩子在成长过程中逐渐获得所有青少年都努力争取的独立的权利。

　　我们强烈建议你在开始第二部分的行动计划前仔细阅读第一部分，因为你从这一部分中获得的理解是基础，它将增加第二部分计划成功的概率。同时，你也会从中了解到很多类似家庭的故事，明白自己并不是孤军奋战。此外，这一部分还列举了许多创意十足的实践方法。

如果你打算执行第二部分中的行动计划，那么你应该规划出 3~4 个月的时间来完成它。在与家长的合作过程中，我们通常会给每个步骤分配 1~2 周的时间，让每个步骤的经验和技巧在下一步骤开始之前得到充分的巩固。当然，你也可以加快进度，你可以通过对运用新技能的适应程度和家庭互动变化情况来判断当前的进度是否合适。无论你投入多少时间，都请记住你将会从中受益：你不仅仅会收获更良好的亲子关系，还会帮助自己的儿女充满自信和自豪地走向成人世界。

如果你执行了第二部分的计划，却发现 4 个月后仍然没有效果，那么我们强烈建议你向有资质的心理学家或其他经过培训的心理健康专业人士寻求帮助。届时，这本书可以成为辅助你的阅读材料。尽管使用的方法都一样，但是熟悉这些方法的心理学家往往可以帮助你做出仅靠你自己难以做出的改变。

# 第一部分
## 你的叛逆少年

# 第一章
## 什么是叛逆，以及你该如何应对

在上学的日子，17岁的马克一般不到晚餐时间不回家，当然前提是他还会回家。所以，这周五下午3点他难得地出现在家里时，妈妈桑迪有点儿难以置信。她满脸疑惑地看着走进厨房的马克，还刻意看了看手表，讽刺地说了句："我这是哪来的荣幸啊？"

马克只是冷笑了一下，打开了冰箱。

看他只顾在冰箱里翻找食物，桑迪越来越恼火。她其实并不想找碴儿，因为这周她已经很累了，可她现在真的忍不住了。

"你今天去上学了吗，马克？不是3点钟才放学吗？"

"别大惊小怪了，老妈，今天最后一节课取消了。再说了，你在意过吗？圣诞节过后你就再也没问过我在学校的事了。"

"说话注意点儿，年轻人，"桑迪厉声道，"你要是再逃学，可就毕不了业了！"

"啊，是啊，说得好像我会在乎一样。"马克从冰箱里拿出吐司，一屁股坐在餐桌边，开始做 3 个巨大的三明治。

"你做这么多三明治干吗？"桑迪问，"我们每周不都给你午餐钱了吗？"

"没错，不过钱被我拿去买烟了。"马克顶了回去，说着往椅背上一靠，还得意地对着桑迪坏笑，"哦，对了，我要出门了，这些三明治我带走了。"

桑迪立刻从水槽边转过身来："你哪儿也不许去，要出去就先去把草坪修剪了。上周六、上上周六、好几周前我就已经叫你去修剪草坪了。"

"今天可是周五，我要出去玩。你那么想修剪草坪，就自己去呗！反正你整天也是坐着没事干。"

"别这样跟我说话！你今天不干完活儿，要出门想都别想！"

"好啊，我肯定不会想的。"马克狡黠地回应桑迪。接着，他起身走到冰箱前，拿出半打啤酒，快步从前门溜了出去。桑迪在他身后大喊："马克，你给我回来！你要是走了就别想着随时能大摇大摆地回来了！在家里人人都得出份力的！"马克一心想着周末怎么玩，哪里能听见妈妈说的话。

其实，在过去的一年里，这样的场景或者类似的场景已经在马克家上演过几十次了。马克最初无视父母的规定，把他们的话当耳边风时，他的父母什么也没说，指望这个阶段会自然而然地过去。可结果并没有。于是，他们尝试用威胁和取消特权的方法来约束马克，结果只换来了儿子的嘲笑。现在马克来去自由，对他们越来越不屑，还会时不时地辱骂甚至威胁他们。坦白地说，他的父母都有点儿怕他了。

## 如何界定叛逆

只要分析一下上述母亲与孩子互动的案例，就会发现我们界定叛逆的所有要素。

**1. 未能在合理时间内遵从成年人的要求。**不管你是否相信，我们所指的合理时间其实只有一分钟左右，这是我们对一名成年人提出要求时的等待时间，通常我们会希望对方能在一分钟之内行动起来，因此我们认为青少年也应该达到同样的要求。当然，如果当时孩子正忙于其他事情，那么时间可以长一点。只是在这种情况下，孩子应该至少在一分钟之内做出回应，并表示自己晚些时候会去遵守约定。马克的妈妈让他修剪草坪，他非但没有马上去做，甚至连续三周都无视这件事！

**2. 未能在任务完成之前坚持下去。**虽然这一点看上去似乎不言自明，但的确有不少青少年一开始是按照要求去做的，可就是没能坚持到底。他们要么嘴上答应得好听，结果做到一半就跑去做其他想做的事情了；要么敷衍了事，一拖再拖，无法在规定的时间内完成。而马克则更甚，他压根儿就没做。当然，在某些情况下，我们无法指望孩子能马上行动，但通常这时候需要跟孩子明确我们希望他什么时候开始。

**3. 未能遵守先前教导的行为规范。**马克在这一点上表现"不俗"：他的父母希望他不要逃学；去哪儿要告诉父母；能按时回家；和父母好好说话，用心倾听；把钱花在该花的地方，而不是买烟或啤酒。而他，每一条都违反了。

尽管在本书中我们会统一使用"叛逆"这个词来形容这些行为，但需要说明的是，它既包括不服从的行为（消极对待自己该做的事或者半途而废），也包括主动的言语或身体抵抗，就像马克那样的顶撞、谩骂、挑衅和威胁行为。而你选择此书，很有可能就是因为孩子出现了以上提到的这类激进行为。虽然也有像我们在序言中提到过的 14 岁的劳伦那样的情况，她不声不响地打破了所有的规则，迫使妈妈不得不寻求帮助，但她这种情况还是比较少见的。

# 为什么你需要进一步了解孩子的叛逆行为

如果你的孩子与马克、劳伦或序言中描述的其他青少年的情况类似，那么你对叛逆已经有了一定的了解，可以直接尝试第二部分中的行动步骤。不过，你或许了解得还不够充分，因而无法从这个行动计划中最大限度地获得帮助。所以，你需要先了解这个帮助叛逆青少年的自助计划是否真的是你所需要的，又或者仅依靠它是否足够。

## 孩子的叛逆是行为问题还是人格问题

如果让你说说什么是"叛逆"，你可能会不假思索地说是"抗拒、作对和不服管教"——总之就是，对孩子提任何要求，或是让他做任何事情，他都会无视。你甚至还可能想到格劳乔·马克思（Groucho Marx）在电影《趾高气扬》（*Horse Feathers*）中常说的那句话："无论什么，我都反对！"

当然，你大概只有在心情比较好的时候才能这么幽默地讨论孩子叛逆的话题。大多数时候，孩子叛逆可让你笑不起来。要管教这么一个处处与你作对、时不时对你流露出蔑视或厌恶的孩子，实在令人身心俱疲。你多么希望孩子能"回归正轨"，自己的生活能恢复正常。

但麻烦的是，如果你只对人不对事，认为孩子叛逆就是孩子本身有问题，而不是他做的事情有问题，那么你可能永远都找不到解决办法。从我们对叛逆的界定可以看出，叛逆其实是通过具体的行为来衡量的，只不过当孩子反复的叛逆行为令你苦恼不堪时，你就不再觉得这只是一种行为，而认为那就是孩子的某种人格特质。一个人的人格特质通常不会有太大改变，但是行为是可以改变的。一旦你认为孩子有叛逆的特质，那你就会陷入无解的困境。也正是这种想法导致你在指责孩子时经常会说"你总是……""你为什么就不能……"这类的话。这样一来，你和孩子就会陷入无休止的互相指责中，看不到转机。

然而，你如果仔细观察孩子的行为方式，可能会发现他并不像你感受的那样"总是"叛逆，他可能不会随时随地，也不会对其他任何人以完全相同的方式来表现叛逆。有些孩子在家里叛逆惯了，所以他们的父母根本无法相信他们在学校没有叛逆行为——但他们的确没有。还有些孩子在面对某些要求时，对一些特定的人会比对其他人表现得更叛逆。所以，其实孩子的叛逆行为通常有轻重之分，只不过当这些行为全部交织在一起时，父母就觉得是很严重的问题。只要你意识到这些行为的细微差别，你就能知道孩子哪些方面是错的、哪些方面是对的，从而了解应该先解决什么问题，并鼓励孩子积极的方面。

始终别忘了，行为是可以改变的。只要你对孩子的叛逆行为观察得细致些，你就能发现其中存在的问题，并找到自己能够发挥作用的方面来改变孩子的叛逆行为。

## 孩子的叛逆是正常的青少年行为还是更严重的问题

如果你一心想着要让自己的生活"回到当初"，那你的生活大概永远也无法回归正常了。不妨仔细回顾一下孩子叛逆的经历，并着重观察他现在的行为。你会发现，我们很容易把正常的青少年行为和失控的叛逆行为混为一谈。在接下来的章节中，我们会专门讨论这个重要的主题，但是现在，尽量告诉自己这两种行为确实存在差异。只是在激烈的争吵中，它们的界限往往会变得非常模糊，况且父母也需要时间来适应这些急于摆脱他们监督和照顾的青少年。如果你能区分孩子想要独立的"正常"主张（孩子进入青少年时期的典型行为）和我们所说的脱离正常行为的"叛逆"之间的差异，那么你就不会总想着去"纠正"孩子的行为了，因为这些行为本身并没有什么错。

## 始终记住你会收获良多

　　每当你的耐心被孩子消磨殆尽，你根本无法让自己冷静时，你很难不把这一切都怪罪到孩子头上——都是因为他先不听话，所以你们才会起冲突。不过，你需要好好想想，其实孩子的叛逆并不是他单方面的行为，而是一种回应的行为——回应与他对峙的人或他认为的不可容忍的事。从学术层面讲，这是一种互动行为。试想一下，如果你没有给孩子任何指令，那孩子就不可能违抗你的指令，如果你事先没有设定规则，那孩子就不可能打破规则，而你也就不会对孩子所做的每一件事都表现出愤怒或沮丧。叛逆行为不可能在真空中形成，也不可能在孩子独处时出现。俗话说得好："一个巴掌拍不响。"然而，也有些孩子会用缺席来表达自己的叛逆。例如，你让自己15岁的孩子先把碗洗了，然后去学习，结果他跑出家门，说要去跑步；你要求女儿晚上10点前必须回家，结果她在外面待到半夜才回来。总之，不论你的孩子是否在场，他每一次的叛逆行为都一定是在对你或其他监护人说过的话做出回应。孩子的叛逆行为让你们之间的互动变成了冲突。你和孩子彼此对立，而且随着时间的推移，你们之间的距离会越来越远，良好的亲子关系会遭到破坏。我们希望你能认识到这一点，以便在你执行行动计划遇到困难时它能激励你坚持下去，因为你将会从中收获良多。同时，我们也希望你记住，只要孩子的叛逆与你们之间的互动有关，就意味着你有办法改变现状。也许你只需稍微改变一下自己的行为方式，孩子就会发生巨大的转变。

　　在序言中我们说过，如果以下任一问题你的答案是"是"，那么你可能就需要正视孩子的叛逆问题了。

- 孩子的叛逆行为比同龄人严重得多吗？
- 孩子的叛逆行为影响他的正常表现了吗？或者是否有引发由他人造成

的严重后果的风险？

● 孩子的叛逆行为是否正引发情绪困扰或伤害？

本章余下的部分将帮助你了解孩子叛逆行为的本质，从而让你明白该如何正确解决这些问题。你可以根据前期收集的各种信息，在本章提供的"行动决策表"中找到答案，确定自己在孩子叛逆问题上是否需要帮助；如果需要，自助方法是否足够，或者是否需要寻求专业帮助。

## 孩子叛逆行为的表现形式

青少年的叛逆行为表现形式多种多样。为了对孩子的情况有全面的了解，你可以在下表（"叛逆行为类型"）列出的行为中勾选出你近期注意到的孩子的行为。

叛逆行为通常有 4 种类型：言语行为、肢体行为、攻击性行为和被动不服从行为。在每种类型对应的行为表现中，你的孩子占了几项？请你始终牢记这项评估结果，因为在后面的章节中我们会针对不同类型的叛逆行为提出不同的应对技巧。例如，在第十五章中，你将学习如何使用沟通技巧来应对言语叛逆行为；在第十至十二章中，你将学习如何使用行为约定、积分制度和惩罚来应对肢体叛逆行为和攻击性叛逆行为；在第十四章中，你将学习如何用问题解决技巧来应对被动不服从行为以及其他类型的叛逆行为；如果你在"攻击性行为"这一栏勾选了最后 5 种行为表现中的任意一种，请记得阅读本章"你需要专业帮助吗"一节。

## 叛逆行为类型

### 言语行为

- ☐ 喊叫
- ☐ 发牢骚
- ☐ 抱怨
- ☐ 尖叫
- ☐ 侮辱
- ☐ 谩骂
- ☐ 撒谎
- ☐ 争吵
- ☐ 羞辱 / 骚扰
- ☐ 嘲笑
- ☐ 哭闹
- ☐ 顶撞

### 攻击性行为

- ☐ 肢体上抗拒要求或指示
- ☐ 乱扔东西
- ☐ 故意破坏财物
- ☐ 与他人打架
- ☐ 携带或使用武器
- ☐ 擅闯别人的家或公司
- ☐ 伤害他人
- ☐ 残害动物
- ☐ 做出攻击性行为后无内疚感、无悔意，没有良心

### 肢体行为

- ☐ 反抗
- ☐ 发脾气
- ☐ 干扰他人
- ☐ 偷窃
- ☐ 逃跑

### 被动不服从行为

- ☐ 无视要求
- ☐ 未能完成日常琐事
- ☐ 未能完成家庭作业
- ☐ 无视基本的自理任务

**其他行为：** _____

# 孩子的叛逆行为比同龄人严重得多吗

孩子的叛逆行为是否比大部分同龄人严重得多呢？要回答这个问题，我们需要一个参照标准，这样才能将自己的孩子与同龄人进行比较。请从以下词语中选出能代表孩子相应行为频率的对应项。

**1. 未能在合理时间内遵从成年人的要求。**

    从不           有时           经常           总是

**2. 未能在任务完成之前坚持下去。**

    从不           有时           经常           总是

**3. 未能遵守先前教导的行为规范。**

    从不           有时           经常           总是

    接下来，完成下面这份由罗宾博士设计的"冲突行为调查问卷（父母版）"。完成问卷后，请保留统计的叛逆行为频率结果以及调查问卷的分数，我们在稍后的"行动决策表"中还会使用到这些数据。

## 孩子的叛逆行为是否正引发严重后果

    孩子的叛逆行为是否让他在家、在学校以及在社区的表现不再像从前那般令人满意了？为了帮助你回答这个问题，我们列出了一些叛逆行为可能带来麻烦的主要场景。在每种场景中，你都需要考虑你此前勾选的频率为"有时""经常"或"总是"的孩子的对立行为，并在之后的"孩子受影响程度评价表"中选出孩子受影响程度的等级。

    在"孩子受影响程度评价表"中，只要你有一次选择了"经常"或"总是"，那就说明孩子的叛逆行为正在严重干扰他的主要活动表现。该表格的结果也请保留，我们在稍后的"行动决策表"中还会使用到这些数据。

## ────────── 冲突行为调查问卷（父母版）──────────

　　这份问卷是帮助你衡量青少年叛逆行为的另一种方式。如果你愿意，请填写这份问卷，并将问卷结果与本章前面几份表格的结果进行比较。如果得到的结果基本一致，那么这将会有利于你在稍后的"行动决策表"中做出正确的选择。

　　这份问卷还能够帮助你了解孩子的问题行为是否更多地出现在与特定的人的互动中，是你还是你的另一半，又或者是孩子的其他抚养人（如孩子的祖父母）。如果孩子的行为表现（或孩子对此行为表现的看法）在父母两人面前差异很大，或者父母双方对孩子的行为表现看法不一致，你可能不得不采取额外的措施来防止孩子"分而治之"的策略，并保证你和另一半在整个计划执行的过程中保持一致。

**如果在你们家不止一位成年人对孩子的教养担负着重要的责任，那么所有的参与者都应该填写这份表格。**

我是孩子的＿＿＿＿＿父亲＿＿＿＿＿母亲（请勾选）

请回顾过去两周家里的情况。以下内容涉及你和孩子，请仔细阅读每一条，并勾选"是"或"否"。请不要与他人讨论，全程独立作答。

| | 是 | 否 |
|---|---|---|
| □ 孩子很好相处。 | 是 | 否 |
| □ 我和孩子交谈时，孩子表现很好。 | 是 | 否 |
| □ 孩子能接受批评。 | 是 | 否 |
| □ 大多数时候，孩子愿意与我交谈。 | 是 | 否 |
| □ 我们几乎从未达成一致。 | 是 | 否 |
| □ 孩子一般都会听我的话。 | 是 | 否 |
| □ 我们每周至少翻脸3次。 | 是 | 否 |
| □ 孩子说我不顾及他的感受。 | 是 | 否 |
| □ 我们争吵时会相互妥协。 | 是 | 否 |
| □ 孩子经常不按我说的做。 | 是 | 否 |
| □ 我们之间交谈不畅，令人沮丧。 | 是 | 否 |
| □ 孩子似乎经常生我的气。 | 是 | 否 |
| □ 我说话时，孩子表现得不耐烦。 | 是 | 否 |
| □ 总体而言，我觉得我们相处得不太好。 | 是 | 否 |

## 冲突行为调查问卷（父母版）（续）

☐ 孩子几乎从不理解我的看法。　　　　　　是　　　否
☐ 我们总是因为小事而大吵。　　　　　　　是　　　否
☐ 孩子和我说话时戒备心很强。　　　　　　是　　　否
☐ 孩子认为我的意见不重要。　　　　　　　是　　　否
☐ 我们经常争论规则问题。　　　　　　　　是　　　否
☐ 孩子觉得我不公正。　　　　　　　　　　是　　　否

**得分标准及参照解读**

① 以下几项中，选择"是"的加 1 分：5、7、8、10、11、12、13、14、15、16、17、18、19、20。
② 以下几项中，选择"否"的加 1 分：1、2、3、4、6、9。
③ 计算总得分。

该表格的得分结果可以用以下两种方式来进行解读。

① 将你的分数与我们研究获得的平均分进行比较。我们的两项平均分分别来自与孩子存在冲突的家庭和与孩子不存在过度冲突的家庭。看看你的分数更接近哪一项。

　　母亲：有冲突家庭平均分 =12.4（标准偏差 =5.0）

　　　　　无过度冲突家庭平均分 = 2.4（标准偏差 =2.8）

　　父亲：有冲突家庭平均分 =10.5（标准偏差 =5.0）

　　　　　无过度冲突家庭平均分 = 3.2（标准偏差 =3.0）

② 用下面的分数作为评估节点。

　　母亲：总得分高于 8 分，存在冲突问题（高于 98% 没有过度冲突的家庭）。总得分在 6 ~ 8 分，可能存在冲突问题（高于 84% ~ 93% 没有过度冲突的家庭）。

　　父亲：总得分高于 10 分，存在冲突问题。总得分在 7 ~ 10 分，可能存在冲突问题。

## 孩子受影响程度评价表

| | | | | |
|---|---|---|---|---|
| ☐ 与家人在一起 | 很少 | 有时 | 经常 | 总是 |
| ☐ 与同龄人一起 | 很少 | 有时 | 经常 | 总是 |
| ☐ 在学校 | 很少 | 有时 | 经常 | 总是 |
| ☐ 社区活动 | 很少 | 有时 | 经常 | 总是 |
| ☐ 体育运动、社团活动或其他 | 很少 | 有时 | 经常 | 总是 |
| ☐ 学习如何照顾自己 | 很少 | 有时 | 经常 | 总是 |
| ☐ 玩耍、放松或娱乐活动 | 很少 | 有时 | 经常 | 总是 |
| ☐ 家庭杂务或其他责任 | 很少 | 有时 | 经常 | 总是 |

# 孩子的叛逆行为是否正引发情绪困扰

　　情绪困扰有很多不同的呈现形式。也许孩子的叛逆行为让你或你的家人感到愤怒、难过、沮丧和（或）绝望。要对此进行评估比较困难，毕竟每个人对情绪困扰的感受有所不同。因此，你在"情绪困扰评价表"中做出的判断肯定不是完全准确的，不过这也没有关系。尽量记录孩子在出现上述你所记录的叛逆行为时你或你的家人感受到的情绪困扰的总体程度即可。

　　如果家里有一人或多人因为孩子的叛逆行为而感到中度或更严重的情绪困扰，那么你需要认真考虑尝试一下本书中的行动计划，或者去寻求治疗师的帮助。

## 情绪困扰评价表

| | | | | | |
|---|---|---|---|---|---|
| ☐ 我感受到的情绪困扰 | 无 | 轻度 | 中等 | 重度 | 极度 |
| ☐ 我的另一半感受到的情绪困扰 | 无 | 轻度 | 中度 | 重度 | 极度 |
| ☐ 我的其他孩子感受到的情绪困扰 | 无 | 轻度 | 中度 | 重度 | 极度 |

# 制订行动计划

通过上述的一系列自测，你已经获得了一些数据，这些数据可以帮助你了解自己孩子的叛逆情况及其影响。接下来，你可以填写下面的"行动决策表"，看看该怎么解决这些问题。值得一提的是，我们提出的建议并不是基于纯粹的研究数据，而是来自我们多年的临床实践经验。

# 你需要专业帮助吗

这份"行动决策表"会让你大致了解你能否通过自助方式解决孩子的叛逆问题，或者是否需要寻求专业帮助。如果你还是不太确定，请先读完本书并尝试我们提出的方案。假如在你的一番努力之后，问题仍然得不到解决，那么你就需要去寻求心理健康专家的帮助。我们会在本书的"附录2"部分介绍如何找到合格的专家。

总体而言，即使孩子的叛逆问题不是很严重，但已经持续了相当长一段时间，令你困扰无解，那你还是需要专业帮助的。如果孩子的叛逆问题最近才出现，但给孩子或你带来了巨大的麻烦（例如：孩子拒绝上学，根本不参加

## 行动决策表

（1）在本书第18～19页提到的3项行为中，你有几项选择了"经常"或"总是"？
　　　　_____

（2）在"冲突行为调查问卷（父母版）"中，你或你的另一半的评价结果是否属于"存在冲突问题"的范围？　　_____是　_____否

（3）在"孩子受影响程度评价表"中，你是否有一项或多项选择了"经常"或"总是"？
　　　　_____是　_____否

（4）在"情绪困扰评价表"中，你是否有一项或多项选择了"中度""重度"或"极度"？　　_____是　_____否

**你可以参照以下标准对上述问题的回答进行解读。**

如果你的回答是：
①2～3项　②是（尤其当父母双方都选"是"时）③是　　④是
那么你可以考虑在使用这本书自助的同时，咨询心理健康专家来帮你处理孩子的叛逆问题。

如果你的回答是：
①1项或以上　　②是　　③是　　④是
这本书或许足以帮你处理孩子的叛逆问题。

如果你的回答是：
①1项或以上　　②是或否　③否　　④否
这本书可能足以帮你处理孩子的叛逆问题。

如果你的回答是：
①1项　　②否　　③否　　④否
你可能会发现本书足以帮你处理孩子的叛逆问题。

如果你的回答是：
①0项　　②否　　③否　　④否

孩子的叛逆行为属于正常范围。你也许会发现这本书里的建议对你仍有帮助，但你可能不需要其他专家的帮助。

家庭活动，也不与家人共同进餐，持续悲伤或抑郁，性格突然大变），学校生活和家庭生活被彻底打乱，你可能也需要专业的干预，至少它能帮助你先让生活走上正轨。

不过，你也可以更细致地观察孩子的具体行为，看看在过去一年中，孩子是否存在以下行为——与他人打架、使用武器、欺凌他人、身体虐待（对动物或人），或犯有诸如袭击他人或入室盗窃等罪行，孩子是否曾离家出走或逃学。如果你对这些问题（基本对应前述"叛逆行为类型"中"攻击性行为"的后5种）中的任一项的回答是肯定的，那么你所面对的叛逆问题不是凭一己之力能够解决的，你需要寻求专家的帮助，并在其帮助下对孩子进行专业的评估。因为你的孩子有可能患有品行障碍，这种情况我们会在第四章讨论。如果你发现自己对孩子叛逆问题的严重程度拿不准，那就和平时有机会观察孩子行为并与孩子互动的人，比如孩子的老师、教练或孩子朋友的父母等交流一下。

## 还有什么没考虑到的吗

或许你在完成本章的各项评分后，发现事情可能没有你想象的那么糟糕——这也是完全有可能的，那么这时，你不妨退后一步，客观审视一下孩子的行为。也许你的女儿在行为和态度上都没有出现上面列举的叛逆情况，可她依然令你抓狂，这意味着你需要弄清楚是不是发生了其他的事情，导致孩子的行为举止异常。又或许，你发现虽然儿子并没有像你所担心的那样走上犯罪的道路，可他还是令你们之间关系紧张。

6个月前因举家搬迁，玛莎的女儿朱莉进入了一所新高中，不过根本没有人注意到朱莉并不适应新学校的生活，直到她最终在家里大闹了一番。达雷尔 13 岁的儿子杰克表现出来的叛逆其实无伤大雅，最多就是故意把自己的衣服扔得到处都是，或者要经三番五次的提醒才肯去倒垃圾或遛狗。可惜达雷尔不知道自己的孩子在这个阶段的发展需求已经与前几个月有所不同了，他还指望孩子能像青春期之前那般一直乖巧顺从。

尽管玛莎的女儿朱莉表现出的行为异常是因为她经历了生活上的变故，并非叛逆问题，但玛莎仍然能从本书中得到一些有价值的东西。最起码，她能学会用更积极的眼光去关注女儿，而不是总盯着她的喜怒无常。这样做的好处是，孩子能因此感受到家人的支持，在他们进入残酷的成人世界时，这些支持能成为他们的盔甲，保护他们不受伤害。玛莎还可以鼓励女儿用更文明的方式与家人及其他人交往，她可以尝试用成年人之间解决问题的方式来表示对女儿的尊重，这些都可能有助于培养女儿应对生活变化的信心。当然，玛莎可能也需要考虑女儿是否出现了抑郁症的症状，如果不想咨询心理健康专家，那至少可以和朱莉的私人医生谈一谈。

达雷尔则可以对照本书第一部分的内容来审视一下自己对孩子的期望，并根据杰克当下所处的发展阶段做出相应调整。我们行动计划中的行为管理[①]技巧可以帮助达雷尔对儿子的变化做出合理响应（和要求）。一旦杰克能够有效执行家中不可违反的底线规则，父子俩就能学会更好地沟通，并就一些可以协商的权利——所有的孩子在成长过程中都应该得到的权利——进行讨论，当然前提是孩子能够承担这些自由所带来的责任。除此之外，本书第一部分的其他内容也会帮助玛莎和达雷尔细致地了解孩子在青少年时期的行为表现，这可以使他们知道如何更好地利用第二部分介绍的行动计划。

---

① 详见拉塞尔·巴克利和克里斯蒂娜·本顿的《家有叛逆儿童》（第二版）。

## 你准备好了吗

有一点是毋庸置疑的：改变很难，而持久的改变更是难上加难。在想要改变孩子的叛逆问题这件事情上，你也许丝毫不会犹豫，但这个过程将会是项不小的挑战，特别是在事情进展得没那么顺利时，你很容易会泄气。事实上，凡是要实现生活中的重大转变，我们都需要经历一系列的阶段。总有些时候，我们会遇到棘手的问题，却还没准备好正视它。或许孩子与你争吵不断的日子已经持续了好几个月，甚至更长的时间，这时你才意识到原来这并不是阶段性的问题，你必须做点什么来结束这种糟心的家庭生活状态。也许正是在此刻，你选择了这本书。打开这本书就意味着你准备在你和孩子之间做出一些改变，而作为一个好的开始，我建议你继续读完第一部分，因为这对整个计划的实施而言十分必要。一旦你开始执行这个行动计划，你就得明白，你需要尽自己最大的努力坚持下去。在本书第二部分的开头，我们会介绍，要想成功地改变孩子的叛逆行为，一贯的坚持是最重要的原则之一。然而，在这个过程中，你前进一步后也许会后退两步，甚至有时候还会偏离计划，但只要你能够坚持下去，成功的概率就会大大增加。要知道，缓解与青少年之间的紧张状态本身就是一个迂回曲折的过程，不可能始终畅通无阻。所以，当你因为在执行计划的过程中出现反复的情况而一筹莫展的时候，一定不要气馁，请坚持到底。

### ✔ 行动起来

● 仔细观察孩子现阶段的行为，并认真思考他在过去一段时间内的行为表现，然后填写本章中的各种评测表。特别注意"冲突行为调查问卷（父母版）"所反映出来的孩子的行为表现问题，看看孩子在父母面前的表现有何差异。

● 根据你在各项评测表中的回答，判断孩子是否真的存在叛逆问题，以及这本书是否会对你有所帮助。

● 确定自己是否需要除本书之外的专业帮助。如果是，那你需要找一个合格的临床医师帮助评估孩子的情况，并提供恰当的治疗方案。

● 弄清楚自己在改变孩子叛逆问题中所处的位置。

 – 你觉得孩子的叛逆行为对你、孩子和你的家庭来说是个棘手的问题吗？如果不是，那你可以暂时将本书放到一边，继续观察孩子的行为以及你们之间的互动。如果现有的问题无法在几周内自行化解，那么请再次拿起本书，重新完成本章列出的评测表。如果你此次的回答跟上次一样，或者变得更糟，那么请继续阅读本书余下的部分。

 – 如果你认为孩子的叛逆问题需要解决，那么请先读完本书，再决定是要自行根据书中的执行计划来操作，还是在专业治疗师的帮助下一起完成。

 – 如果你已经准备好采取行动了，那么请仔细阅读本书的第一部分，因为这是该计划的准备阶段。

接下来一个阶段便是行动——依次执行该计划列出的 10 个步骤。在你掌握了所有的技能和技巧后，你将进入维持阶段——将所学的技能运用到自己的生活之中。在最后这个阶段，你会发现孩子的有些状况时不时还会"复发"，这是完全正常且可逆的。这时，不妨参考本书第二部分，看看是不是哪个步骤需要重温一下。我们在每一个步骤中都提供了大量的操作提示，以帮助你排除各种困扰，并重新回到计划当中。

# 第二章
## 叛逆是如何形成的

对 14 岁的珍娜和她的妈妈玛拉来说，这一天都不好过。珍娜一整天心情都不好，每次妈妈对她提点儿什么要求，她不是出言顶撞就是怒目相向。母女二人之间的气氛极度紧张，简直到了一点就爆的地步。现在已经是晚上9 点了，和往常一样，珍娜还没开始写作业，只顾着跟朋友发短信聊天。"珍娜！"妈妈朝着楼上女儿的房间大喊，"别聊天了，赶紧写作业！"

玛拉听到女儿打开了房门："过一会儿！"

玛拉有所期待地等了一会儿，然后又催了一次："珍娜！"

"我都说过了，过一会儿，老妈！"

玛拉摇了摇头，深吸了一口气，然后又试了一次："我喊你写作业都喊了一个晚上了，现在已经很晚了，你还在这儿浪费时间。你是为自己学习，再这样下去，你数学要不及格了。"

珍娜从房间探出头来，用手遮住手机屏幕，对着玛拉大喊："我都说了一会儿就去写！我现在忙着呢！"

玛拉被女儿不耐烦的语气激怒了，又想到自己一直都在提醒女儿她的话费太高了，于是她气冲冲地上了楼，砰砰地敲女儿的房门。

"干吗？"女儿在里面嚷道。

"干吗，干吗，你说干吗？你赶紧出来，珍娜！"

"都说过会儿了！"珍娜不满的声音从门后传来。

玛拉气不打一处来，继续敲女儿的房门。珍娜完全不理会。

最后，玛拉怒火中烧，但又感到无助，她高声喊道："我们回头再算账，珍娜，你这次有大麻烦了。"说着，她冲下楼，给自己倒了一杯酒，然后瘫在厨房的椅子上，眼泪一下子就涌了上来。她心想，这就是被一个 14 岁的孩子欺负的感觉。每天和女儿频繁的对峙让她整个人精疲力竭、沮丧受挫。她回想起珍娜 10 岁那会儿，那时女儿总想着在家里帮这帮那，她还为自己的孩子长大了而感到特别自豪。可自那以后到底发生了什么？

而这会儿，珍娜还在楼上若无其事地跟朋友闲聊："快告诉我杰森怎么了……"

在这场较量中，妈妈玛拉得 0 分，女儿珍娜得 1 分——或者可以说 100 分，如果算上她们家这周发生的其他类似事件的话。

## 叛逆是逐渐形成的

孩子不会在一夜之间就变得叛逆起来。通常而言，叛逆行为是随着时间的推移而逐渐形成的，有时可能会经历几年的时间。这种行为最初的表现看上去可能跟孩子接受家长管教时的互动没有什么两样。你 9 岁的儿子好像很喜欢挑战你的权威，每次都逼得你不得不三令五申，他才肯去完成哪怕最基本的家务，比如收拾他房间里扔得到处都是的脏衣服。或者，你四年级的女儿经常跟你顶嘴，每每和朋友谈起她时，你总是说她比家里的其他孩子"暴躁得多"。你发现自己不管跟女儿说什么，最后都会被她气得血压升高、大喊大叫。例如，你不得不叫她做点什么事情时，她总是一如既往地抗拒；即使你只是跟她聊聊家常，问问她第二天有没有足球训练，或者她喜不喜欢你给她准备的午餐，结果也是不欢而散。

　　渐渐地，你发现，只要你想让孩子做的事情是他们觉得无法接受的，哪怕你对此只是略有暗示，也会让你们之间的互动变得越来越不愉快。等到孩子进入青少年时期，你们之间已经进行了无数次针锋相对的"交流"，孩子会逐渐对你（或者其他成年人）形成一种固化的叛逆反应和态度，程度轻微时表现出不尊重，或至少容易冲动，程度严重时就是公然的挑衅和对抗。[①]

　　大多数叛逆的青少年之所以叛逆，是因为他们知道这样做对他们有利。或许你的孩子这么做就是想摆脱你无休止的唠叨，又或许他知道只要再和你僵持一会儿，他就能跟朋友多聊几句。甚至有时候，他这么做就是想引起你的注意。因为有时候父母把精力放在生活中的其他需求上，很难给予孩子足够的关注去引导其积极的社会行为，所以孩子只好用消极的行为方式来吸引父母的注意力。如果起初孩子轻微的叛逆行为成功引起了父母的关注，他就会不断地用这种方式去得到更多的关注。一旦孩子发现自己渐渐失去了父母的关注，他最明显的反应就是进一步做出更为消极的行为。这就是导致青少年长期叛逆的一种情况。

----

① 顺便说一下，如果孩子的叛逆情绪确实是突然出现的，那么你应该带他去看医生，以确定孩子是否有身体上的问题，或者去看心理医生，以确定孩子是否经历过一些你不知道的情感创伤事件，是否经历过校园霸凌、性虐待或滥用药物等，从而导致孩子行为的急剧变化。

　　另一种可能让孩子变得更叛逆的情况是，父母无法忍受孩子的叛逆行为，于是就干脆屈服于孩子的无理要求。例如，你让儿子去扔垃圾，他不理你，你就对他大喊大叫，命令他去把垃圾扔了，可他还是不理你。你便走到坐在电脑前的他的面前，把他拽起来，再次命令他去扔垃圾。这次，他也朝你大吼了起来，你又吼了回去。他大声嚷道："我每次看个节目，你都不能让我清净一会儿！"说完，他就跑回自己的房间，砰的一声关上了门。结果，你只好自己去把垃圾扔了，让家里少一点争吵。

　　跟珍娜的情况差不多，你的儿子最后也得到了好处：拖延或者完全逃避了你分配给他的家务。他对你大喊大叫，甚至跑回房间，都让他成功地避免了去扔垃圾，这正是他想达到的效果。那么下一次，如果他还想逃避你给他安排的任务，他极有可能还会这么做，因为这种反应模式大概在几年前就已经形成了。如今你的儿子比你高出一头，还有自己的驾照①，你们俩面对面时，他根本不用再笑脸相迎，反而更有可能对你表示不屑。这么多年来，你既尝试了各种各样的纪律约束，也试过连哄带骗、实行奖励的方式，可结果也只能是听之任之。或许你们之间的冲突还会不断升级。

　　珍娜 13 岁时，有一次和妈妈玛拉大吵了一架。两人吵得实在太凶了，吓得只有 2 岁的泰勒在一旁不停地抽泣，7 岁的双胞胎兄弟也坐在旁边用双手捂住耳朵。玛拉一惊，愕然发现自己正抬起手臂要打女儿，她突然间就停住了。她那会儿想动手是因为珍娜朝她说了一连串脏话，她感到难以置信，不敢相信女儿真的能说出那种话来。也许是女儿眼神中透出的恐惧让她停了下来，她才没有真的动手。母女二人瞬间崩溃了，哽咽落泪，玛拉祈求得到女儿的原谅，发誓再也不会朝她动手了，而珍娜随后便回房间睡觉去了——显然，

---

① 与中国不同，美国持有驾照的法定年龄通常为 16 周岁以上。——译者注

碗也不用她洗了，她们刚才可就是为此事争吵起来的。接下来的一个星期，母女二人都情绪低落，基本不愿意待在同一个房间里。①

# 胁迫行为是叛逆的催化剂

我们称之为"胁迫"的行为模式，是指通过使用带有消极性、攻击性、敌意或其他威胁性的语言或行为来达到自己目的的行为。珍娜通过不断激怒妈妈来逃避写作业。玛拉通过要揍女儿的架势让女儿停止尖叫谩骂。她们都以表达敌意的情绪、提高音量、使用侮辱性的语言，甚至实施暴力等方式威胁对方以达到自己的目的。这种胁迫行为的问题很明显。珍娜的做法奏效了：她不用洗碗了，也不用服从妈妈的要求了，今后她还会有意无意地用上这一招。玛拉的胁迫行为虽然结束了母女间这场愤怒的争吵，但这只是暂时的，她这样做，代价又是什么？

也许你选择阅读本书，只是想让孩子乖乖地听话，你让他做什么他就做什么，至少有时能做到这样，至少能在一些重要的时刻做到这样。但是，你不知道该怎么办。这种状态通常被称为"习得性无助"②。你发现自己处理问题的所有方式都不起作用，而你也完全不知道接下来该怎么做，整个人情绪低落甚至懒得再去解决问题。你的这种无助感源于与孩子的每一次交流，它让

---

① 如果你和孩子之间的冲突已经达到了这种程度，那我们强烈建议你去看心理医生。暴力是不可取的。如果你或你的孩子曾经以任何方式实施过身体伤害方面的威胁，或者曾经出现过身体暴力，那么仅依靠本书提供的自助方式解决问题很可能还远远不够。

② 习得性无助（learned helplessness）的概念由美国心理学家马丁·E.P.塞利格曼（Martin E.P. Seligman）提出，指个体由于多次努力仍无法达成目的后形成的一种对现实绝望和无可奈何的行为及心理状态。这种无助不是先天的，是人类在生活经验中后天习得的一种乏力感。——译者注

你明白自己根本无法强迫孩子做你需要他做的事情，同时还明白，无论你做什么，都只会让情况进一步恶化。下图是父母与孩子之间的胁迫行为模式示意图，它能帮助你清楚地了解你们的每次互动是如何一步步导致你产生习得性无助的。

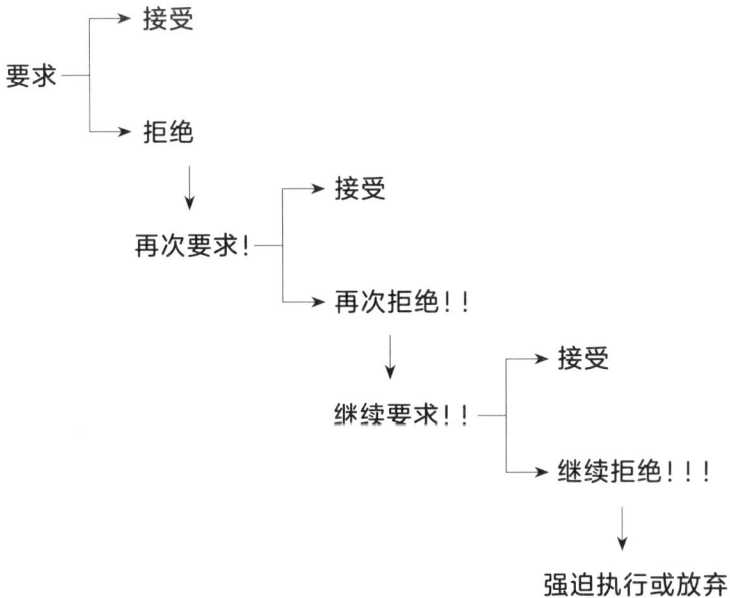

```
                    →  接受
            要求  ─┤
                    →  拒绝
                          ↓
                                    →  接受
                      再次要求！─┤
                                    →  再次拒绝！！
                                          ↓
                                                    →  接受
                              继续要求！！─┤
                                                    →  继续拒绝！！！
                                                          ↓
                                              强迫执行或放弃
```

从这种胁迫的行为模式可以看出，你提出要求的次数和你想要孩子接受你的要求的强度随着你们之间每次的互动而增加，而你采取的策略却始终未变。孩子断然拒绝的态度也没有任何改变。在许多情况下，父母早就预料到这种结果，所以干脆跳过中间的步骤，有时甚至连第一步都略去。有些父母发现自己只要一和孩子讲话，就仿佛立刻化身为"匪徒克星"，时刻准备着面对对方的抵抗，只能小心翼翼地步步试探。而孩子也是戒备心十足，哪怕只是讨论要在晚饭前还是晚饭后写作业这种小事，他也会暴跳如雷。

如果你和孩子之间已经是这种状态，那你大概会感到绝望，但其实办法还是有的。要扭转这种胁迫行为的恶性循环，你不仅要做到不轻易让步，还要停止动怒、恐吓或使用暴力。我知道，这些事情说起来容易做起来难，所以，这正是本书制订行动计划的初衷。它将帮助你寻找其他途径来应对孩子的叛逆行为，让孩子变得听话些，也让你的无助感随之慢慢消失。

# 导致孩子叛逆的 4 个因素

在此之前，你可能因为各种误导走过不少弯路，导致你和孩子之间的关系走到了今天这一步。不过现在，你完全可以振作起来。你和孩子之所以如今只能用互相胁迫的方式来处理问题，孩子也变得越来越叛逆，并不是因为你不称职或者孩子品性恶劣，而是以下 4 个方面的因素相互作用使然。

- 孩子的特质
- 父母的特质
- 压力
- 教养方式

## 孩子的特质

人格和性情这类天生的特质可能会为孩子的叛逆行为埋下伏笔。比如，有些孩子容易产生挫败感、易怒，有些孩子容易冲动、注意力不集中、自制力差，还有些孩子单纯就是情绪化些。这些都属于正常的人格特征差异。除了这些与生俱来的特质，还有一些青少年时期的发展特征，比如，这个时期的孩子需要变得独立，需要拥有一种脱离父母的独立身份，还需要准备好独立地生活。孩子在实现这些需求的过程中，难免会在行为上出现一些不同于往常的表现。此外，有一些青少年还面临着其他方面的挑战，可能是身体方面的残疾，也可能是心理方面的疾病，例如患有注意缺陷多动障碍、双相情感障碍、抑郁症和其他影响思维、情绪与行为的心理疾病。上述的所有这些特征都将极大地增加青少年叛逆的可能性。为什么？因为它们都涉及情绪调节问题。与恐惧和抑郁一样，愤怒也是情绪调节失败的结果。如果孩子患有某种神经生物性的疾病，那么他的情绪调节能力就会远远低于正常水平，也就比其他人更有可能出现叛逆的行为。如果你的孩子存在这方面的情况，那么你可能还需要帮孩子寻求其他形式的心理治疗，包括药物治疗，以帮助孩子治疗那些有可能导致其无法控制情绪的心理疾病。

## 父母的特质

孩子有天生的人格特征，父母也一样。你可能也会因为身体上的某些缺陷而备感压力，所以在应对孩子的某些叛逆行为时一反常态。例如，你背部受伤了，疼痛难忍，或者你正遭受长期焦虑的困扰。和那些没有这种额外压力的父母不同，这时候的你是不会有足够的耐心或精力来应付一个容易冲动、喜怒无常的叛逆孩子的。然后，还有契合度的问题。也许你天生爱整洁、有条理，而你的孩子恰恰相反，那么你们俩很可能会天天为此事争吵。另外，你也可能和孩子一样存在某些心理方面的障碍，例如焦虑、抑郁或注意缺陷多动障碍，这些都可能导致你与他人发生冲突，原因与前面提到的青少年的心理障碍相同。如果你存在这方面的问题，可能也需要借助其他形式的心理治疗和药物治疗来帮助你更好地调节自己的情绪。

你还可能对自己的孩子有一些根深蒂固的看法，它会影响你应对孩子叛逆行为的方式。比如，你可能认为如果女儿不按照你为她精心规划的路走，她最终就会沦落为不良少女；你也可能认为，孩子的人生使命就是为了让你痛苦；你还可能认定自己的儿子"没什么出息"或者女儿"没什么希望"。假如你对孩子抱有这些看法，那你很难在家庭氛围上做出必要的改变，进而解决孩子叛逆的问题。心理学家称这些夸大其词的看法为"认知扭曲"。一旦我们对孩子有了这些扭曲的看法，我们对孩子的情绪反应就会加剧，从而导致我们无法采取任何有建设性的行动。

## 压力

我们每个人都面临着各种各样的压力。有些人刚刚经历了重大的人生变故，比如家人去世；有些人面临法律纠纷或经济问题；也有些人面临婚姻冲突或工作压力：这些都会消磨人的耐心，降低人对哪怕是轻微不当行为的容忍度。由于压力大，你很可能会冲动地对孩子的行为进行惩罚，由此导致你们之间的冲突加剧。当然，面对压力，你可能会变得孤僻、心烦意乱，无法一如既往地坚持执行家庭规则。虽然这种状态只是暂时的，可以随着你压力的缓解得到改善，但因为这段时间家庭规则放松了，孩子逃避了一些责任，在你想要再次严格地执行的时候，孩子可能就不愿意配合了。这也可能是导致孩子出现叛逆行为的另一个因素。

当然，别忘了，孩子在青少年时期也承受着很大的压力，例如学业压力、被霸凌或骚扰、丢了兼职工作、早恋问题，或只是想努力融入一个向往已久的同龄人群体。除此之外，还有一些所谓好的压力也会影响孩子的行为表现，例如在舞会上被邀请跳舞时的兴奋紧张、翘首以盼等待暑假时的焦灼难耐，以及拿到属于自己的驾照时的狂喜激动。关于这一点，你可以去问问学校老师，四年级的也好，十一年级 ① 的也好，了解一下他们在圣诞假期来临之前管

---

① 相当于我国的高二。——译者注

理班级的体验，之后你大概就能明白了。

你大概已经开始思考这些因素是如何导致孩子出现叛逆行为的了。不过，有一点需要明白的是，不论你的个人情况如何，以上讨论到的 3 种因素基本不会发生根本性的改变。首先，一个人的人格和性情通常都是先天的，很难发生大的改变。其次，类似于注意缺陷多动障碍和双相情感障碍等心理问题虽然可以治疗，但目前还无法治愈。最后，目前还没有人能够找到消除压力的灵丹妙药，也没有人能阻止生活中压力的出现。只有接下来的最后一个因素是你能够主动改变的。

# 教养方式

我们所说的"教养方式"主要是指你对青少年行为的回应方式。即使现在你们之间已经开始出现冲突，但你依然可以考虑改变一下自己回应孩子行为的方式。想想看：你现在对孩子的所有要求，有些是不是并没有太大的必要？不妨做个简单的尝试：不再要求孩子去做某种类型的家务，不再要求他在某个时间点必须上床睡觉，不再规定他必须穿某种风格的衣服去上学，看能否暂时减少你们之间的潜在冲突。也许你认为这不过是另一种形式的让步而已，但请别忘了，即使你提出这些要求，最终还是会被孩子拒绝。所以你可以选择先跟孩子大吵一架，无奈之下自己再去把垃圾扔了，也可以选择干脆自己来完成这件事。当然，我们并不是说要一直这样，但建议你至少当下可以尝试一下。想要彻底改变孩子的叛逆行为，让他遵守规则，否则就要承担相应的惩罚，这个过程是需要我们深入思考、学习技巧并反复实践的，我们会在本书第二部分的行动计划中详细探讨这些问题。但就现在而言，你还不具备这些能力。

所以，不妨在接下来的一两天里，尝试这样做：当你想要让孩子去做某件事情、要求他遵守某项规则或是满足你的某种期望时，先停下来问问自己：我有精力和孩子为这件事耗到底吗？对于此事，我是否已经预料到了结果？我是否应该降低一点对孩子的要求，让事情变得好处理一些？如果你还没有想清楚这些问题，那么最好干脆不要提出你的要求，至少现在不要提出来。

　　教养方式是本书第二部分着重探讨的问题，当然这并不代表孩子叛逆就是父母的教养方式出了问题，而是因为这是我们最能掌控的部分。虽说十几岁的青少年在很多方面还只是个孩子，为人父母者总希望自己有能力把儿女塑造成健康快乐的人，但我们没有谁能真正改变另一个人。我们唯一能改变的只有自己的行为方式，以及在一定程度上改变自己的思维方式和感受。通过学习第二部分介绍的技巧来改变教养方式，虽不能完全消除其他 3 个因素的影响，但至少可以起到一定的缓冲作用，减少其对孩子的影响——它就如同筛子，在孩子出现叛逆行为之前，帮助过滤一部分因孩子的特质、父母的特质以及压力所带来的负面影响。

　　如果你的孩子从小就不听话，特别是如果他的逆反行为主要是由注意缺陷多动障碍引起的，那你可能已经熟悉如何通过一种叫作"行为管理"的策略来改变自己的育儿方式。通过一系列的行为管理训练，你将学会预测孩子的问题行为（比如不听话或逆反），并为这种行为设定相应的惩罚。如果你面对孩子的问题行为时做好了准备，并且能够让孩子为自己的行为承担相应的后果，那么你就能很好地掌控孩子的行为。此外，行为管理策略还会帮助你预测孩子出现逆反行为的场景，并帮助你尝试在实际问题出现之前改变他的行为，从而避免接下来的麻烦。这些行为管理策略包括：用更有效的方式来发出命令或提出要求；改变提出要求的时间；在提出要求前几分钟给孩子一个温和的"提醒"警告，让他能有所准备；或者将复杂的要求或家庭任务分解成相对简单的步骤，让孩子一次完成一个等。

# 特别针对青少年：行为管理之外的策略

行为管理策略依旧是本书行动计划相当重要的基础，但你会发现还有一些其他的策略和技巧是专门针对青少年叛逆问题的。这主要是因为孩子所处的发展阶段比较特殊，而且在度过儿童期之后他们经历了巨大的变化。这些针对性的策略具体包括以下几种。

1. **问题解决技巧和沟通技巧**。你已经知道自己不能再对这个阶段的孩子发号施令了，而且你应该接受孩子努力想要获得自主权利的事实。所以你必须寻找新的办法来与孩子共同解决问题，并以相互尊重的方式进行沟通。

2. **改变对孩子的负面看法**。我们前面提到过，父母和孩子往往都对对方有一些错误的看法和过高的期望。带着这些看法去交流，气氛就会不对，要么会直接引发冲突，要么会让孩子的叛逆问题变本加厉。在孩子走向成熟的这一阶段，这一点比以往任何时候都更重要，父母应该不断审视自己对孩子的看法，并考虑转变那些会引发亲子冲突的负面看法。

3. **了解自己家庭的秩序**。等孩子到了青少年时期，你的家庭秩序早已形成了一些特定的模式，而其中某些模式很容易导致孩子出现叛逆行为，并制造家庭冲突。你希望孩子跟自己是"亲"还是"疏"？孩子慢慢长大，父母对孩子生活的安排和监管也应该做出适当的调整。如果父母不能及时察觉某些变化，无疑会引发孩子的叛逆情绪。此外，你和孩子的另一位家长（如果有的话）立场是否一致？在养育孩子方面，包括纪律规则方面，你们二人是"结成统一战线"还是"分而治之"？你会采取强硬的方法还是会适时与孩子协商？你的教养方式是宽容型还是纵容型？你是否曾因无可奈何而放弃过对孩子的管教？事实上，有许多叛逆问题过于严重的孩子，他们的父母就是这样的。

以上种种表明，孩子叛逆的形成并非只在一朝一夕，而是漫长又曲折的过程。孩子的叛逆之路也并非由他一人所致，而是涉及诸多因素，包括孩子天生的特质、家长固有的特质、家长无法控制的压力源、青春期带来的心理和身体变化、多年来在家庭中形成的各种秩序，以及家长处理所有这些问题的方式。因此，我们认为，叛逆问题准确来说是家庭的问题，而不是某个孩子个体的问题。在你努力想要扭转孩子目前出现的叛逆问题时，应该将所有这些影响你家庭的因素都考虑在内。

# 叛逆是家庭成长的一部分

珍娜的叛逆行为让母亲玛拉觉得情况已经难以扭转，因为叛逆的种子已经在女儿身上生根发芽。虽然叛逆行为从表面看都是如此，但实际要复杂得多。当然，珍娜一直都有点急性子，又过于敏感。在她 6 岁时，家中双胞胎弟弟的到来让一向受独宠的珍娜不太好过，她发现与弟弟们争宠不是件容易的事情。好在后来她慢慢适应了，至少在 3 年前泰勒出生前，她已经不再为此事感到烦恼了。玛拉当时真的很需要大女儿的帮助，但珍娜又恰逢青春期，哪里能顾得上，11~16 岁那几年她自己的烦心事都不少，而玛拉很多时候都是让珍娜自己去想办法面对。在珍娜上七年级之前一切都还过得去，可那之后玛拉看到女儿总是沉迷于社交活动，便开始紧张起来，不知道女儿想要干什么。

玛拉不知道自己是从什么时候开始与女儿之间出现嫌隙的，也不明白女儿为什么总是对自己充满敌意。她知道这个年纪的女孩情绪多变、反复无常，急切地想要独立于父母，但珍娜对她的那种长期的敌意有些过头了，比她姐姐的孩子或朋友的孩子情况都要极端。如果一直这样下去，珍娜以后会怎样？她们母女之间的关系又会变得怎样？

珍娜八九岁的时候，玛拉能顾得上的就是不让她那两个刚满 2 岁的调皮儿子把家给"拆"了，或者把对方给弄伤了。所以每次当珍娜试图引起妈妈的注意时，玛拉总是让她等一等，等有空了再说，可是珍娜最后根本等不到。于是，珍娜开始乱发脾气，跟她双胞胎弟弟的闹腾有的一拼。妈妈偶尔也会招架不住，只好满足女儿提出的要求。比如，在哄完弟弟们睡觉之后，再去陪陪珍娜，以弥补自己对女儿关注的不足，但这时候玛拉已经太累了，跟女儿玩棋盘游戏也提不起劲来。丈夫格雷格意识到妻子已经快要崩溃了，于是开始主动承担起更多的家务。接下来的几年，日子稍微平静了一些。珍娜也变成了一个有爱心的姐姐，妈妈偶尔需要去便利店买牛奶时，珍娜会帮忙照看弟弟，为此珍娜还感到很自豪。

后来泰勒出生了，家里又开始变得一团糟。玛拉觉得珍娜已经长大了，就经常让她自己做决定。等到泰勒 3 岁、双胞胎兄弟 8 岁时，家里才慢慢平静下来。玛拉想多花点时间陪陪大女儿，这是多年来她一直期待的时刻：跟女儿一起去购物，聊聊女儿的梦想、恐惧和希望。但每次她问珍娜想不想一起出去吃饭、理发或去健身房锻炼时，珍娜都说自己有其他事情要做。珍娜成天都忙着给朋友发消息，妈妈有时试图跟她聊聊她的生活，问她在跟谁聊天，珍娜总是说："噢，你不会想认识她的。"

慢慢地，珍娜的回答就从"这跟你没关系，老妈"变成了"你别管我了，老妈，你怎么现在有兴趣管我了？"。于是，玛拉开始担心起来。而后珍娜开始违反宵禁，有时从学校回来身上还有香烟味。玛拉不得不管了，质问女儿在跟什么样的朋友一起玩，又将她的宵禁时间提前，还没完没了地追问她的作业和学习情况。对于妈妈的管束，珍娜表现得越来越不耐烦。母女俩整天对对方大吼大叫，而最终多半都是玛拉败下阵来，默默去完成自己要求女儿去做的家务；珍娜则冲回自己的房间将房门反锁。

这几年，珍娜倒是学到了一个让妈妈不再烦她的绝招，那就是，如果她想要得到什么东西，或者逃避妈妈让她做的事情，她只要表现得越来越强硬、越来越蛮横就好。她知道总有那么一刻，妈妈会绷不住的——要么是被女儿的行为震惊到了；要么是被反复的争吵折腾倦了；要么是觉得这么做不值得；要么干脆妥协，毕竟眼下的事情总得有人来完成……总之，妈妈最终都会让步。要是你问珍娜为什么要这么做，她会回答"我不知道"或者"这都怪我妈，她总把我当小孩子看"。但其实，她并不知道自己为什么要这么做。她并没有制订一个计划去针对妈妈、让妈妈崩溃，她并不是有意这么做的：嗯，让我看看，上次我说妈妈刻薄，这次我要叫她浑蛋，看她会不会把我怎么样。珍娜只知道，只要她足够强硬，妈妈就会让步。玛拉只知道，无论自己怎么做，女儿都不会听话，只有自己让步了，女儿才会停止那些胡闹的行为。

所幸，事情并不一定要发展成这样。在接下来的 4 章中，我们将帮助你更仔细地审视自己和孩子，这样你就能更全面地了解孩子的叛逆行为是由什么原因引起的。了解了这些以后，你就可以开始做出改变了，而现在，你最好花上几天的时间来观察家里潜在的胁迫行为模式。

## 行动起来

- 在你继续阅读这本书的同时，请特别留意观察接下来几天你与孩子之间的互动。如果你们发生冲突，请在纸上做记录，如"今天因为蒂娜上学的穿着而争吵"或"丹尼今晚什么作业都没有做"。

- 如果你和孩子的"战斗"不是很激烈，那么过不了多久你就会忘记你们之间争吵的细节，所以不妨试着参照第 36 页的胁迫行为模式示意图记录下你们每一次的交流，包括：你对孩子的要求、孩子的反应（服从还是不服从）、你接下来的要求，以及你们之间的冲突是如何升级的。尽可能详细地记录你们之间的冲突，并且一定要记录你们之间的每一次互动是如何结束的。

- 完成这样的记录一段时间之后（大概几天或 1 周，或任意时间段以后），再回头看看记录的内容。你和孩子之间的每次冲突有没有什么共同之处，又有什么不同之处？你发现有什么规律吗？你发现的这些规律与你在第一章填写的问卷内容是否一致？如果不一致，你会怎样更正你的问卷选项？

- 现在，尽量先不要去揣摩孩子的动机，也不要去责备孩子，而是从自身出发，思考一下：在与孩子的每次互动中，是否因为你做过什么或是没做什么，你们之间的冲突才加剧呢？你能否想到其他的处理方法？

# 第三章
## 青少年发展与叛逆

14 岁的儿子已经连续 6 天不清理猫砂了，尽管你已经无数次提醒过他这是他的日常责任。

**这算是叛逆吗？**

13 岁的儿子一到周末就往外跑，你根本来不及提醒他：周六你要外出采购下一周的食品，需要他在家帮忙照看妹妹；周日他还需要和家人一起去教堂做礼拜。

**这算是叛逆吗？**

12 岁的女儿走到哪儿就把哪儿弄得乱糟糟的，没心没肺地戏弄弟弟，总是跟你顶嘴，甚至有时还对你说脏话。

**这算是叛逆吗？**

15 岁的女儿在过去 2 周有 3 次违反了宵禁规定。

**这算是叛逆吗？**

　　如果你对这些问题的第一反应都是"算"，那么请先停下来思考一下为什么。孩子没有在你的再三催促下完成他该完成的事就代表他叛逆？孩子13岁了就应该自然而然地清楚大人对他的期望？孩子把家里弄得乱糟糟的，就代表她对家人不尊重？还是说违反了宵禁规定就意味着孩子一定不守规矩？

　　这些理由足以让你将上述行为称为叛逆。但问题是，你可能看得还不够全面。如果你再对一些细节仔细斟酌一下，你的答案还会一样吗？

　　史蒂文（前面提到的那个不清理猫砂的男孩）如今脑子里除了女孩什么也装不下了，整天都琢磨着女孩们会不会注意到他。很多与他同龄的男孩都已经长成了大高个儿，就连他曾经的朋友都开始取笑他是个"窝囊废"，现在连他自己都开始这么觉得了。于是，他开始练习举重，想让自己看上去更强壮些，不过他只能在完成足球训练和家庭作业以后再练。结果他往往越练越精神，毫无困意，然后经常上网到半夜，累到不行才倒头睡下。第二天早上6：30的闹钟响起时，他整个人都昏昏沉沉的。放学回家妈妈提醒他清理猫砂，他总是说"等一会儿就去"，倒也并不是敷衍，只是没过一会儿他的心思就飞走了，回想着白天在学校某个女孩给他的"眼神"，或者某位男同学在午餐时间取笑他，有时就只是在发呆。等妈妈一遍又一遍地催他去清理猫砂时，他嫌妈妈把他当小孩子看，就故意拖着不去了。

　　周末一早，尼克就匆匆出门了，压根没想过要照看妹妹或者去教堂做礼拜。他从床上一爬起来就直接跑去公园，赶去和八年级的其他男孩打第一轮即兴篮球赛。他下定决心下一年要加入新生篮球队，希望在进入高中时能有一群玩伴。他觉得父母应该能明白这对他有多重要。

　　那位不好相处的12岁女孩叫梅西，正值青春期——她的父母认为这可能是导致她行为改变的原因，但她的姐姐就没像她那样。梅西自己也时常为此感到困惑。

　　莉娜多次违反宵禁，有时只晚了几分钟，有几次晚了半小时，还有一次晚了整整 1 个小时。她每次都说自己在同学家做历史课的小组作业，还说这个作业的成绩占期末成绩的 40%。她的父母并不认识她口中的这位同学，而且莉娜晚半小时还没回家时，父母给她打电话她也不接。事后莉娜对此的解释是，她们待在同学家的地下室，所以手机没有信号。莉娜的父母没有处理过类似的问题，所以他们每次只能威胁莉娜，要是下次再这样就不让她出门了。

　　如果你不了解事情的前因后果，其实是很难去界定一个问题的，更别说解决了。青少年的行为问题总是与青少年发展脱不开关系。发展就意味着变化。你当然也知道孩子进入青少年时期会发生一些变化，只是你在发火时就容易忽视孩子叛逆行为背后的阶段性发展需求和欲望。而且，有时候孩子的行为也并没有什么显而易见的动机，也许连孩子自己都不明白是怎么回事。本章的目标就是帮助你更仔细地审视孩子出现叛逆行为的背景。当然，这么做并不是要让你将一切叛逆行为理所当然地归因于青少年发展，而是为了让你对一些不可接受的行为做出最有效的回应。因此，了解并谨记一些青少年发展的事实会对此有帮助。

　　**1. 停止给孩子以及孩子的行为贴标签。**我们的大脑具有将新信息进行分类以供将来检索和使用的功能，所以我们才能不断学到新的东西。可遗憾的是，这种功能有时候也会误导我们。假如孩子不听话或不尊重人的行为频繁出现并形成一种模式，那么他们就会因为这些"叛逆"的代表性行为而被贴上"叛逆"的标签。尼克周末早上不去照顾妹妹，也不去教堂做礼拜，这让他的父亲非常生气，他认为尼克就是在一味地逃避责任，认为尼克甚至有可能失去宗教信仰和道德基础。史蒂文需要妈妈反复提醒他去清理猫砂，这只会让妈妈觉得他不懂事，只想逃避责任。

你如此重复的提醒可能很快会引起孩子的不快："哦，不会吧，又来了。"而你呢，正在气头上，也早已料到自己再怎么催都没有用。果不其然，这种条件反射似的反应只会让你重蹈覆辙，继续采取以前那一套"行之无效"的办法。史蒂文的妈妈只能继续朝他吼，不断提高音量和催促的频率，但这样做没有任何效果，史蒂文还是无动于衷。尼克的父亲也只能对他加强管束，给他更多的任务让他待在家里，哪怕尼克想要解释也总是被打断："不准找借口！"现在尼克怨恨父母不理解自己，在家时也总是闷闷不乐的。

只需很短的一段时间，这种模式就会在你的大脑里变得根深蒂固，以至于你每次和孩子交谈时都持消极的态度，冲突自然在所难免。我们的大脑擅长高效学习，却不乐意忘记所学。如果你想要做出一些积极的改变，那就需要主动忘记你对孩子的行为所做出的负面猜想。毕竟，一旦你笃定孩子只会不停地与你作对，你又怎么能指望顺利地改变现状呢？

**2. 开始寻找更好的办法来解决问题**。处于青少年时期虽然不是孩子出现不良行为的借口，但这肯定会对这些行为起到一定的激发或助长作用。如果史蒂文的妈妈知道儿子心里在想什么，她或许会想出比不断唠叨更有效的激励措施。如果尼克的父母理解儿子的动机，他们可能就会调整日程安排，让每个人的需求都得到满足。如果梅西能及时得到帮助，那她可能会更容易遵守家庭中相互尊重的规则。

莉娜的例子就很好地说明了处理孩子的叛逆问题有多么复杂。起初，她的父母尝试用威胁的方法表示"下次再犯就要惩罚"。几次威胁之后，爸爸终于大发雷霆，要禁足莉娜 1 个月，妈妈站在一旁嘀咕："你不觉得这样的惩罚太过严厉了吗？"经过一番漫长的争吵，大家都筋疲力尽，垂头丧气地上床睡觉。第二天，爸爸妈妈把莉娜叫到楼下，撤销了前一晚对她的惩罚。短短几周的时间里，莉娜父母对她违反宵禁问题的处理办法一直在变，从一开始不做任何反应，到后来过度反应，再到予以惩罚，紧接着又撤销了惩罚。他们根本不知道为什么女儿会打破长期以来的规矩，他们也不知道应该如何恰当地对待这些违规行为。所以，他们需要反思，也需要和女儿进行沟通，找到双方都可以坚持下去的解决方案。他们可以从了解女儿行为的动机开始，弄清楚是否存在青少年发展的因素。

## 不可否认的青少年发展事实

青少年时期带来的变化会让孩子表现得有点疯狂，这一点恐怕已经是老生常谈了。对你而言，这种解释太过泛泛，无法针对性地解决自己家孩子的问题。然而，如果你能更具体地了解青少年发展为什么会带来变化以及会带来怎样的变化，将有助于你解决问题。了解青少年发展的需求并对此做出恰当的回应，可以减少孩子的叛逆行为和你们之间的冲突；相反，忽视或拒绝孩子的这些需求，实际上是在助长孩子的叛逆，最终父母只能自食其果。

**事实一：青少年发展的首要任务是独立于父母。**这种需求对孩子来说不仅重要，而且是一种本能的需要。它就如同自我保护的本能，成长中的青少年所做的一切事情几乎都是由它驱动的。无法独立于父母的孩子，长大后也不太可能健康地生存下去。

如果你能始终记住，孩子想要独立于你只是一种基本需求，甚至是他长期生存的需要，你就不会轻易断定孩子的每种叛逆行为都是想要惹你生气。作为一名青少年，他本就不应该轻信或轻易听从一位成年人的话，即使这个人是他的父亲或母亲。如果你的孩子对你百依百顺，短期内你的生活可能会轻松很多，但从长远看，这对孩子的影响是灾难性的。如果孩子总是不假思索地顺从，他就不可能成长为一个独立的、能够自我指导的人。所以，有没有可能孩子的种种叛逆行为，如违反规定、挑战你的极限、要求一些你在自己十几岁时不曾享受的特权等，只是他在告诉你他需要开始独立了？当然，这么说并不代表你应该接受孩子随意违反规定或其他的叛逆行为。这由你来决定。你需要明确的是，对你来说什么才是真正重要的，以及在长远的计划中它是否一直都那么重要。

- 孩子是否执意摆脱你在生活中某个领域，比如着装、发型、音乐品位对他的影响？这些明显都是想要独立于父母的表现。你认为这些事情是小是大，还是介于二者之间？

- 孩子是否坚持拥有更多的个人隐私和社交隐私？你可能会发现孩子总是紧闭房门，和朋友打电话时故意压低音量，也不告诉你朋友的名字。你能给孩子多少私人空间，才不至于让他们因缺少管束而偏离正轨？

- 回想过去几天或近几周，你是否有过未经思考就逼着孩子按照你的方式去做一些事情的情况？只是因为你一直以来都是那么做的，或者你认为那种方式好一些。事后想想，你还觉得使用什么方式真的很重要吗？你会不会不再坚持那样做？

如果孩子愿意遵守宵禁的规定，你是不是就能容忍他染蓝色的头发？还是说，你无法接受女儿染蓝色的头发，但你会因为她刚满16岁而稍微推迟宵禁的时间？问题的关键在于你要提醒自己，这个时期的孩子有主张一些自主权利的需求，这样你就能发挥自己的创造力，想办法让孩子在相对安全的领域行使这些权利。

在第十四章中，你将有机会系统地了解导致你和孩子之间冲突的具体问题，帮助你厘清在哪些方面可以妥协，而哪些方面完全不能让步。眼下你可以开始留意与孩子交流的方方面面，看看孩子是否存在因青少年时期独立需求而导致的叛逆行为。当然，如果孩子想同时满足多种需求，那么可能就不太容易分辨了。

尼克就是这样的。他一方面选择了在周末早上做自己想做的事来坚持他的自主权利，另一方面又选择了对此事不做解释，这也是青少年赋予自己的另一项权利。他认为父母能够或应该理解他的行为及背后的原因，当然也不排除他怕父母生气才不告诉他们。这样一来，尼克的父母就只能自己去揣摩儿子的想法，谨慎地决定哪些做法可以接受、哪些做法必须制止，以免儿子在追求走向独立的基本需求时产生挫败感。

莉娜的父母知道女儿想要独立，但问题在于，他们不知道如何把握给予孩子自主权利的程度，他们不希望自己的放手让女儿误入歧途。那么，他们有没有办法既满足莉娜对独立的需求，同时又保护她的安全呢？他们有没有办法在不伤害女儿自尊的情况下，让女儿变得坦诚又贴心呢？如果他们想避免在"谁说了算"的问题上与这个15岁的女孩发生冲突，那么他们就必须想办法这么做。当孩子因想要独立而疏离你时，你们之间有一点冲突也是很正常的。而这种冲突是否会引发孩子的叛逆，取决于你对孩子想要独立这件事情的看法，以及你如何巧妙地消除早期出现的冲突苗头。本书第二部分的行动计划对此会有很大帮助。

**事实二：青少年逐渐独立于父母，并开始探究自己是谁，立场是什么——**

**也就是说，他们在慢慢定义自己的身份**。这一点与"事实一"紧密相关。青少年在自我发现和定义身份的过程中，往往会拒绝父母的想法、观点和价值观，而与同龄朋友站在一起，这是很正常的。处于青少年时期的孩子不是一张毫无内容的白板，由你在上面写写画画来决定他们的喜好、目标、需求以及要成为什么样的人。相反，你的孩子更像是一个独一无二的聚合体（基因及其他方面），集祖祖辈辈家族成员的特征、才能、个性和兴趣于一身。即使你明白这一点，你仍然会难以接受自己的孩子不愿意和你一样。如果你的孩子坚持自己的选择，你会认为他是在违抗你吗？当然，可能很难相信有人会真的喜欢蓝色头发。或许你的孩子也没有那么喜欢蓝色的头发，也不是非要染成那样不可，可他还是想尝试一下，无非想要证明那是他的头发，由他说了算，可这并不代表他认为你的个人风格很烂。

**事实三：青少年在寻找自我身份的过程中内心十分脆弱，但他们不想表现出来，尤其不想被同龄人看到，甚至连自己的父母也不行**。这一点与前两点都有关联。青少年想要独立，希望感受到自己是独一无二的，而不是你和其他家庭成员的附属。所以，他们可能会突然变得桀骜不驯，尤其是在事关他们独立权利和独立个性的事情上。就算上学穿什么衣服、周六晚于宵禁时间15 分钟回家这种小事，他们也似乎准备要争取到底。其实，对孩子来说，重要的并不是今天穿什么，也不是一定要多玩那 15 分钟，而是自尊问题。青少年时期的孩子（特别是青少年早期的孩子）如果发现父母还是把自己当小孩子来对待，那他们很有可能会用叛逆的行为来表达不满。

顺从对方可能会让人感觉挫败，在面对冲突时尤其如此。你的孩子可能不会愿意忍受这种"羞辱"。假如你感觉再与孩子吵下去也不会有什么结果，那么你一定要记住，你们这时在吵什么已经不重要了，重要的是你能否找到一种办法让孩子听话,但又不让他显得软弱、愚蠢或幼稚,也不让他觉得丢脸。

如果你的孩子患有注意缺陷多动障碍或其他任何常见的慢性疾病,可他在这个阶段又想在朋友面前表现得无所不能,那他可能会拒绝与这种疾病的任何关联,包括治疗。他这样做必然又会导致你们之间一些不必要的冲突。而且,这也可能意味着孩子不会愿意配合你参与到本书的行动计划中来。如果是这样的话,请参阅第七章来寻找解决办法。

**事实四:孩子想要独立并开始疏远你、与你产生冲突的年龄通常在12~14岁。**当然,你也许不这么想,你可能觉得你们之间最大的冲突应该会发生在一些"重大"里程碑事件到来的时候,比如,孩子取得驾驶资格、开始课后兼职、选择上大学还是读职校、变得越来越独立等。所以,很多人在看到自己的儿子或女儿突然开始突破界限而快速成长时,都会感到猝不及防,因为明明昨天他们还是那么天真烂漫。你会不会因为儿子看起来还小而不愿相信他正在长大成人呢?或者相反,你是不是因为女儿看起来比实际年龄成熟而期望她有理性的逻辑和常识呢?孩子迈向青少年时期,不仅仅是他的声音会阶段性地变得嘶哑和不稳定,他对独立权利的追求也经历着同样多的变化。

**事实五:孩子的心理时间区间与你的大不相同。**随着孩子逐渐长大成人,一种无形却极其重要的心理能力正在显现并发展,也就是他们的远见,即对未来进行思考的能力。我们不妨把它看作一个不断扩大的时间区间或窗口,孩子可以通过它来思考自己的未来,并对未来做出决定。这种能力在一个人的童年时期到成年时期,以及在不同的人之间都存在很大差异(经济学家称之为时间偏好,即一个人对时间的优先选择)。我们最好还要了解,通常只有某个事件刚好进入或者超出人们的心理时间区间时,他们才会行动起来,去为将来做准备。

学龄前儿童是没有这种心理时间区间的，他们只活在当下，根本不考虑将来。因此，他们只对当下的事情做出回应，其行为完全是反应性的，而不是主动性的。他们没有时间概念，只有此时此地才是最重要的。你可以跟孩子聊明天或下周的事，只不过他们完全不懂，也根本不在乎。

到了小学低年级，孩子开始对未来有一定的感知。他们开始思考并谈论最近发生的事情，以及他们接下来想做或需要做的事情，只不过这个"未来"的区间只有 6~12 个小时。但不管怎么样，他们的话题和行动都开始聚焦在这个不久的将来。这就是为什么孩子要等到晚上你帮他掖被子时才告诉你他第二天上学需要带哪些美术用品。

尽管这个时间区间还很短暂，但孩子的时间窗口正在慢慢打开。到了童年尾声，孩子的心理时间区间会扩大到 1~2 天。他们会在周四或周五开始思考并计划接下来一两天想要做的事情。进入青少年早期，这个时间区间可能会进一步扩大到 3~4 天。青少年晚期到成年期，再扩大到 1~2 周。到了 30 岁，则是 1~3 个月——这是一般成年人思考、做决定和行动的典型时间区间。心理时间区间到底持续多长时间其实并没有那么重要，重要的是了解这个概念，并明白这个时间区间是随着年龄的增长而扩大的。

我们还需要明白，青少年在思考、做决定和行动时的依据是他们自己的心理时间区间，而不是你的！因此，孩子所考虑的未来其实比你考虑的未来要近得多。他们只会考虑接下来一两天的事，对于更远的事情，他们丝毫不关心。而你却不一样，你要为接下来几周甚至几个月的事情做打算。难怪你们之间会出现分歧。你认为孩子的心理时间区间和你的一样，只是他不上心。你觉得他们应该和你一样去考虑更远的将来，一旦他们没有这样做，你就会备感受挫。而实际情况是，你和孩子的心理时间区间相去甚远。所以，暑假结束前几周，你不停地唠叨孩子的阅读作业还没完成，但这根本不是他关注的时间，他最多只关心这周末的事。只要父母不提暑假作业的事，大部分孩子不到开学前几天是不会想着去写的。

了解了自己和孩子在时间观念上的巨大差异，你就更容易明白为什么孩子会那样思考、做决定和行动，也就明白了为什么你们总是闹矛盾。青少年所关心的未来是短期的未来，因为他们只能看到那么远。所以，你发现孩子每天只关注自己的朋友们在做什么，谁又在他最喜爱的社交媒体网站上发了帖子，而你考虑的则是他这个月还有任务没完成，甚至考虑他明年应该申请哪所大学。你和孩子优先考虑的事情完全不同，一来是你们的想法不同，二来你们在时间观念上更是天差地别。

既然孩子与你不在同一个时间频道上，那么想要与他们同步，你就得将自己的长期计划拆解成一个个小步骤，让它更符合孩子的时间区间，而不是反复折磨孩子，让他们去适应你跨度更长的时间区间。那样做肯定行不通。孩子对未来的眼光总是比你短浅得多。要想让他们配合，你必须学会按照他们的方式去思考。先帮助他们规划一个近期要实现的小目标（子目标），再一步步向你关心的长期未来和更大的目标靠拢。

如果你发现自己的孩子在青少年晚期的叛逆行为比他在青少年早期时更严重，那么可能有以下两方面的原因。

（1）就像本书开头介绍的 17 岁的马克，他在青少年早期甚至更小的时候就出现了叛逆的苗头，但是他的问题没有得到及时处理，如今已经发展到明显需要专业人士帮助的程度了（关于如何寻求专业咨询师的帮助，详见附录 2）。

（2）比起同龄人，孩子心智成熟的速度比较缓慢，或者，他正被其他的问题所困扰，而这些问题引发了他的叛逆行为，参见下述案例。

### 孩子患有注意缺陷多动障碍或对立违抗性障碍（ODD）

患有注意缺陷多动障碍的青少年和其他同龄人一样也经历着身体和心智上的剧烈变化。然而，在某些方面，他们的心智发育跟不上身体发育，这尤其体现在他们对自我的控制、对未来的看法以及对自身行为结果的判断等方面。他们对独立、同伴关系的渴望也和同龄人一样，但他们的心智可能又不够成熟，无法预测自己的提议或行动会带来什么样的结果。他们也许会比同龄人更冲动、更没有条理，还缺乏独立的条件。这意味着他们最严重的叛逆行为可能不会出现在 12~14 岁，而是可能会晚几年。有时父母会因他们在心智上的不成熟而感到为难，但面对孩子的问题时又不得不始终牢记他们与同龄人不同。此外，对患有对立违抗性障碍的青少年，或者叛逆行为持续时间长达数月或数年的青少年来说，情况也是如此。

**事实六：在青少年发展时期，孩子往往会更多地刁难母亲而非父亲。**倒不是因为母亲有意或无意做错了什么，而是在于男女之间的基本差异。以体型和肌肉力量为例，通常父亲比母亲更高大、更强壮，声音也更低沉，所以父亲往往被赋予更高的权威性。孩子在这方面有着天然的洞察力，他们很清楚违反谁的规则或指示会给自己带来更大的麻烦，让他们更不好过。而且，父亲通常少言寡语、缺乏耐心，一言不合就直接惩罚；而母亲总是动之以情、晓之以理，会不厌其烦地与孩子协商并希望达成共识，或者唠叨个没完，但她们不会轻易动用惩罚。这一点，大多数孩子在很小的时候就已经意识到了。这也是为什么孩子会更频繁地挑战母亲的极限，因为他们知道自己的胁迫行为在母亲身上可能会奏效。

　　而且这种情况更可能发生在儿子和母亲之间，尤其是当父亲出差几天不在家的时候。记住，男性比女性更倾向于将社会关系建立在权力甚至体力的等级差别上。因此，当父亲（也可以说是家中的"老大"）外出时，儿子就比女儿更有可能试图填补这个"老大"的位置。不过，事情还不止这样，这个年龄段的女儿也会挑战母亲的极限。和许多女性一样，女儿建立社会关系的途径一般不是通过权力，而是通过建立共识和社会声誉影响。因此，她们与母亲之间的分歧点可能与社会形象、社会关系和声誉纠纷有关，这一点与儿子有所不同。你需要认识到的是，儿子和女儿都在挑战与你之间的关系，以确定他们在家庭或更大的社会环境中的地位。也许在某个阶段，他们天天都会这样做。理解这一点能帮助你耐心地面对这些挑战。

　　母亲和父亲的这种权力差异会在许多层面引发问题。作为孩子的母亲，如果你发现孩子更愿意配合父亲，你会觉得这一切肯定是自己的问题。这种想法会令你内疚自责，变得不自信，也没有精力去解决孩子出现的问题。最终，你可能就不想面对了。如果这个时期是父母二人共同来面对的，那么你们能否协调一下，时不时给母亲松松绑，让她有足够的时间去放松并重新振作起来？毕竟，良好的精神状态是我们学习第二部分重要技能的必要前提。

　　作为孩子的父亲，如果孩子将一些问题归咎到母亲身上，那你一定不能认同孩子的说法。在阅读本书后面的内容时你就会发现，孩子说的并不是事实。他这么做可能只是想利用你与他之间更融洽的关系，在母亲处碰壁时，从站在他这一边的你这里得到他想要的东西。如果你已经意识到这种可能性，那么你可以想办法与孩子的母亲形成统一战线，尽量减少你们夫妻之间的冲突，并对孩子的叛逆行为保持坚定的反应。

**事实七：朋友开始在孩子的生活中扮演更重要的角色，有时甚至取代了**

**父母的角色。**孩子开始更多地认同自己朋友的意见和价值观，而不愿意听取父母的，同样，他们想花更多时间跟朋友待在一起，而尽可能少地和父母待在一起。这是青春期又一项重要的发展任务，那就是建立更紧密的同伴关系。青少年需要为进入成年期的伴侣关系、职场合作及社区联盟等做好准备，而与同龄朋友的交往就是他们迈出的第一步。所以，你能否放下因被孩子拒绝而产生的被伤害感，让他与其他人，尤其是与同龄人一起，在更大的人际交往环境中成长，让他去完成这一项青少年时期的重大任务？当然，要平衡这一点很难，甚至可以说是难上加难。你也许可以忍受孩子一到周末就跑去与朋友待在一起，但如果他的朋友无论从价值观还是风格上都与你截然相反，而且你的孩子与这个朋友一起时与平日判若两人，那么你会认为这个朋友对孩子有"不良影响"。你可能会出面阻止，而孩子又认为你这样做不公平——实际上，这可能的确不公平。就这样，你们俩又起冲突了。

# 适时调整

青少年不再是儿童，这一点似乎显而易见。但是，因为孩子与我们在同一屋檐下生活了这么多年，我们很难看出他们在青少年时期发生的变化，尤其是每个人经历的这些变化还有所不同，步调节奏也各有差异。关键在于，当孩子的叛逆行为在青少年时期出现或增加时，我们既不能盲目猜测，也不能顺其自然。我们需要了解孩子在这个时期的发展变化，并明智地做出相应调整。我们可能需要在一些方面放松约束，而在另一些方面加强管束。尽管我们希望孩子少与自己顶嘴，但我们可能还是需要多与孩子聊聊。我们需要保证孩子的人身安全，维持家庭的和谐氛围，同时让孩子有足够的空间来建立其独立于父母的个人身份。我们还需要理解自己面对孩子成长时的复杂心情。对于孩子行为的约束，我们需要更多地采用协商而不是命令的方法。如果没能及时干预，孩子很可能不只是偶尔逆反发发脾气，而是会形成一种叛逆模式，并且在他们最需要我们的这个时期，会与我们越来越频繁地发生冲突。

那么，青少年发展的这些重要事实到底向我们说明了什么？以下列出一些简单的指导原则，在你读完这本书之后，你会发现它们很好执行。

1. **建立对孩子合理的期望**。孩子目前还处于不断变化的阶段，也许这一刻他不如你想象的成熟，下一刻又比你想象的成熟。

2. **不要轻易与孩子争吵**。对孩子约束太严格会让他们觉得自己的独立需求不被认可，从而会遭到他们的抵触，甚至会引发你们之间的争吵，而那时再想要心平气和地谈一谈几乎是不可能的。

3. **赢得孩子的认同**。在你向孩子明确解释你制订规则的原因后，他们会发现自己也会得出同样的结论。当然，这种做法并不是万无一失的，只是如果你能让孩子自己想到你希望他们做的事情，他们会更愿意去做。

4. **给孩子选择，而不是下最后通牒**。给孩子几个选择，哪怕只是有限的几个，而不是简单地设定条件并让他们照做，那样他们更有可能会配合。无论是在穿衣、交友、宵禁、零花钱、音乐，还是其他任何方面，给孩子提供几项合理范围内可供考虑的选择，而不是要求他们一定要按照你所设定的那个片面的、狭隘的办法去做，这会大大减少孩子的反对意见。

5. **看到孩子好的方面**。这一养育原则适用于任何年龄段的孩子，但是对青少年来说更为重要，因为他们更容易与你起冲突。你需要强化这条原则，去发现孩子做出的你赞同和欣赏的行为。

6. **开始从解决问题的角度思考问题**。既然你正在阅读本书，那么你显然已经意识到自己给孩子定规矩、试图让孩子听话的方法都不奏效。一方面可能是因为你的策略只适合更年幼的孩子，另一方面也可能是因为你和孩子经常发生争执，导致你们俩互不配合。无论是哪种情况，最有效的策略始终应该是能解决问题的策略。你和孩子要先就目前的问题达成一致意见，一起罗列出可能的解决方案，再决定你们要尝试哪些方案，如果这些方案行不通你们又会怎么办。这个过程会让你们变得互相尊重，并避免激烈争吵带来的情感伤害。同时，它也能帮助你去适应孩子将来进入成年期的变化。

## 可协商与不可协商

所谓的解决问题并不是让你宣布孩子和你一样拥有成年人的权利，而是让你正视自己的角色正在发生转变，你不再充当孩子生活的唯一领航人，而更多的是孩子的守护者和解惑者。你仍然可以而且有必要制订一些规则，并且确保它们的顺利执行，只不过现在你需要就此与孩子协商。这样做的挑战在于要弄清楚哪些事情可以协商、哪些事情不可协商。清楚了解二者的区别是减少孩子叛逆行为和你们之间冲突的前提。

我们可以把生活在文明家庭的底线规则看作不可协商的原则，它们都与价值观紧密相关，是保证一个家庭正常运转的前提。通常这些底线规则涉及的内容并不多，大概6~10条，且一般都是你愿意去坚持的事情，比如"不酗酒""不使用暴力""尊重他人"以及"尊重他人隐私"。除此以外的事情其实都可以协商。把可协商和不可协商的事成对地结合起来看，会更清楚些。或许一些涉及家庭生活的基本规则是不可协商的，但是相应规则实施的条件往往是可以协商的。

我们再回头看看本章开头介绍的两位青少年，并记住要把可协商和不可协商成对地结合起来看。尼克应该去教堂是不可协商的，但他是否需要每周去教堂是可以协商的。所以，他们后来达成如下约定：每隔一周，尼克可以选择在周六帮忙照看妹妹，作为交换，他可以在周日和朋友出去玩，而不用去教堂。再比如，尼克作为家庭成员要做家务是不可协商的，但是做哪些家务以及什么时候做都是可以协商的。尼克和父母也就此达成了一致，他会帮忙打扫房子并修剪草坪，以此来换取零花钱。

在莉娜的案例中，父母想要让女儿看到他们对她的信任，因为他们知道一定的相互信任可以帮助他们保护女儿的安全，而这是他们首要关注的问题。允许她与父母保持一定的距离也会赢得女儿的信任。所以，他们告诉莉娜，如果她在宵禁时间赶不回来，就必须在 15 分钟之内给他们打电话，这一点是没有商量余地的。并且，他们坚持要能通过电话联系得到莉娜，所以如果她是待在朋友家，那么她需要告诉他们朋友家的座机号码，这样他们也能知道女儿在什么地方。而莉娜父母过去一直坚持的一些事情现在则可以协商，比如，他们打电话找莉娜时，如果莉娜与朋友在一起，那么他们要与对方家长通话，以确保有成年人在场；他们得先见见莉娜的朋友，才允许她们晚上一起出去；莉娜晚上在外面和朋友一起玩时需要随时跟父母打电话报备。后来他们只保留了个别情况下坚持这些事情的权利，承诺会倾听莉娜的合理解释，而不是每次莉娜晚上去朋友家都要这样做。

莉娜的父母发现要分辨哪些事情是可协商的、哪些是不可协商的其实很简单。对他们来说，更难的是如果女儿违反的是不可协商的规定，他们和女儿如何在应承担的后果方面达成一致，以及如何把这些规则的执行坚持到底。我们在第九至十二章会讲到他们是如何做到的。现在需要明白的是，作为父母，你必须决定什么是可协商的、什么是不可协商的，因为没有人能告诉你如何划清界限。有些家长可能会坚持对孩子实行相对严格的规定，而有些家长可能会愿意采用相对宽松的约定。有些家长认为染蓝头发和穿朋克服装只不过是孩子寻找自我身份的简易途径，而有些家长认为这类事情不可接受，是没有商量余地的。所以，我们无法替你决定对与错，我们能做的只是帮助你自己去确定哪些事情能够帮助孩子走向独立，又不至于让孩子把你推开得太远，以至于你们之间形成难以跨越的鸿沟。

## 行动起来

- 列出你认为不可协商的规则的清单。将清单内容控制在 6~10 条。按照本章的例子，在每一条不可协商的规则的后面，对应列出一些可协商的问题。记录下孩子在一周内违反每一条不可协商规则的次数。

- 在接下来的几天里，记录下你和孩子之间发生的冲突（就像第二章末尾建议的那样，或者，如果你之前记录得足够详细，你也可以直接使用之前记录的内容）。不过这一次，你需要从青少年发展的角度来审视你和孩子之间的冲突，看看自己能否回答以下问题。

  - 在冲突过程中，孩子是否一直在努力争取自己的独立权利？如果是的话，以什么样的方式？

  - 你对孩子的期望是否合理？你对待孩子的方式是否合理？你是否把他想得太不成熟了或是太过成熟了？

  - 这次争吵是否有必要？如果有机会再来一次，你会吵得更凶还是会避免争吵？

  - 你制订的规则和你的期望是否清楚明确？它对孩子来说合理吗？为什么？

  - 这次冲突中孩子有没有值得你关注的积极行为？

  - 你是否调整了自己的计划时间范围以适应孩子的时间区间（1~3 天），还是你坚持让孩子为 1 周或更长时间之后的事情做准备？你是否可以将你计划的这项任务分解成更小、更短期的步骤，现在只去关注它的第一步？

— 如果使用本书提供的解决问题的策略，这次的沟通结果会有什么不同？

# 第四章
## 叛逆是孩子的性格问题吗

虽然青少年发展的有关事实为我们了解青少年叛逆提供了重要背景，但如果想要有更全面的把控，还需要了解一些与孩子性格特征相关的事实，以及孩子出现的任何可诊断的障碍迹象，这样才能帮助我们了解自己孩子的个体特征。

## 孩子的叛逆是与生俱来的吗

不见得。叛逆是一种态度、一种情绪，也是一种行为，而这一切都受到外在因素和内在因素的影响。的确有一些孩子天生就有一些特征，使他们会更容易叛逆，我们将这些特征统称为性情。这些与生俱来的特征会指引我们每个人看待世界的方式，本质上，它们会帮助塑造我们最终的性格。

我们经常将"性情"和"性格"这两个词互换使用，但其实它们之间是有区别的。一个人的性情是相对稳定的，不会随着成长、发展或学习而发生太大变化。我们每个人生来就具有某种性情，而且它会一直伴随着我们。

而一个人的性格则是由天生的性情和后天的生活经历共同构成的。在接下来的几章中，我们会看到孩子的生活经历会与某些性情特征共同发挥作用，形成一种叛逆的倾向。从理论上讲，这种倾向有可能会变得根深蒂固，从而被认为是青少年性格的一部分。"性格是否在某一时刻完全形成"是心理学家经常争论的一个问题。但是，由于我们的研究表明青少年叛逆是可以改变的，那么将其视为青少年永久性格的一部分，在解决青少年叛逆问题方面会适得其反，而且通常也不准确。

相反，看看孩子某些天生的性格特征（性情）将如何影响他的叛逆倾向，可能会为我们带来一些启发。你大概已经听过许多不同的性格分类方法，其中最新的"大五人格"（外倾性、宜人性、尽责性、神经质与开放性）是 20 世纪后期心理学家总结出的核心特征，并在很大程度上得到了认可。无论哪种分类方法都能帮助你了解孩子的性格特征。不过，在本书中，我们谈及性情本身时，通常指的是 20 世纪中期亚历山大·托马斯（Alexander Thomas）、斯特拉·切斯（Stella Chess）和同事共同确定的 9 个维度，只是我们的用词与原始版本略有不同。

- 活跃度
- 规律性
- 接受度（指对新事物）
- 适应性
- 反应强度
- 心态

- 专注度

- 注意力分散度

- 敏感度

这些科学家根据以上各个维度的评分,将孩子(尤其是婴儿,这个系统是为他们设计的)归为3种性情类型:"随和型""难缠型"和"慢热型"。那些在我们看来"意志坚定"的青少年(或成年人,或更小的孩子)可能属于"难缠型","无忧无虑"的青少年属于"随和型",而"慢热型"可以从不同角度来看——这些孩子通常一开始比较难缠,但一段时间后会变得随和。

不难猜测,总是被归为"难缠型"的青少年比其他人更有可能叛逆。他们很难很好地适应新环境,对各种事和人的反应可能消极又强烈。他们的叛逆可能就是这些性情特征反应在行为上的一种表现方式。研究表明,具有以下性情特征的青少年更容易出现叛逆行为。

- 高度情绪化[对应前述维度中的心态(消极心态)和反应强度(高)]

- 易怒(同上)

- 难以规范自己的习惯[对应规律性(低规律性)]

- 高度活跃[对应活跃度(高)]

相对而言,注意力不集中和易冲动的青少年更有可能发展出叛逆行为。这些都是注意缺陷多动障碍的典型症状,我们将在稍后讨论。现在,想一想你的孩子在情绪化、易怒、规范自己的习惯和活跃度方面的表现。我们先以本书序言部分介绍的3个孩子为例。

马克的父母回想儿子的童年,想起马克还小的时候他们总说他是"无拘无束的灵魂",因为他那时就无法做到坚守常规或坚持到任务完成,只是因为那时他还小，不会那么令人生厌。每次只要他们逼着马克早点上床睡觉或是晚饭后抓紧写作业，马克就会对他们发火。他们逼得越紧，马克就闹得越凶。最后，马克就会通过一些行为来发泄不满。见劝说不动儿子，他们会沮丧地下楼待在客厅，马克就在房间对着墙壁扔网球，直到累得筋疲力尽。要么，他就跳上滑板，直奔滑板公园，任凭父亲在他身后呼喊，父亲让他最多在外面待半小时就回家，但是没什么用，他自然不会在规定时间回来。

据劳伦的妈妈简回忆，劳伦小时候绝对是个可爱的孩子，只不过总是容易"反应过度"。有好几次，简都不得不在回家的路上琢磨，该怎么跟女儿说一些会令她失望的消息，比如某天晚上她们不能去看电影了，因为简把工作带回了家。或者，对其他孩子来说能从容应对的生活常规的改变，简都得费尽心思去帮劳伦适应，比如周六早餐不吃煎饼。劳伦的爸爸迈克总是告诉简，不要对女儿过于悉心，这样她才能"强大"起来。但是，随着劳伦慢慢长大，简反而开始回避与女儿接触，除非她能确定她们不会吵起来。

凯文的父母倒是觉得自己的孩子一直都比较"早熟"，不过其他人好像不这么看。尽管凯文小时候又聪明又有趣，老师们大都很喜欢他，但从凯文开始蹒跚学步时起，大多数人就觉得这个孩子"不太好管"。他胆子很大，总是挑战规则。他到哪儿都搞破坏，尽管有时不算是太大的麻烦，比如弄坏玩具、穿着脏鞋在朋友家满屋跑，或者不关冰箱门致使食物变质。

如果你觉得自己的孩子在进入青少年时期之前有以下表现，如喜怒无常、易发怒、无条理、注意力不集中、敏感、难以捉摸、坐立不安、不知疲倦、急躁鲁莽、行为夸张、不可信赖、散漫等，那么他们有可能会出现叛逆行为。虽然我们没有科学证据表明性情特征的其他维度会让孩子有叛逆倾向，但其实这一点不难看出。那些不能接受新体验的孩子、在过渡时期或生活常规变化适应方面有困难的孩子、在遇到不容易完成的任务时放弃的孩子、容易分心或冲动的孩子，或者容易被噪声、强光、粗糙的衣服或有"奇怪气味"的食物困扰的孩子，通常都不能顺利地完成童年时期的大多数活动。对他们来说，进入一个新的环境、调整自己的日程安排、完成家庭作业、听老师的话、忍受天气的突然变化、穿刚洗过的衣服或者吃朋友妈妈准备的小点心，都有可能引起他们的抵触。如果当下的条件不能满足孩子的偏好，那他们下一步可能就会用叛逆的行为来回应了。

以上情况是不是听上去很熟悉呢？

## 孩子的叛逆是疾病引起的吗

某些精神障碍，包括前面提到的注意缺陷多动障碍，可能会为孩子在童年时期和青少年时期出现叛逆埋下隐患。如果你的孩子被诊断出患有这些精神障碍中的一种，你应该能体会到这些障碍会如何引发冲突。例如，患有社交恐惧症的孩子可能会拒绝参加学校或课外团体组织的活动，而父母则会反复逼着他参加，双方因此出现紧张的推拉关系。患有双相情感障碍的青少年极有可能在病情发作时出现一些不切实际的想法和高风险的行为，进而与父母发生冲突。我们列举这两个例子是为了说明精神障碍会引发孩子某些看似叛逆的行为，但要帮助你确定自己的孩子是否患有这些精神障碍则超出了本书的讨论范围。本书第二部分的行动计划不是为了解决与这些精神障碍相关的行为问题，不过你可以将"可诊断的精神疾病警示信号列表"作为参照。如果出现了这些信号，则意味着你应该认真考虑带孩子诊断一下他是否患有焦虑或情绪障碍，特别是当孩子的问题持续了至少 6 个月时。

## 可诊断的精神疾病警示信号列表

- 如果你和孩子之间发生冲突多是因为孩子总是回避某样东西或某种场景（如蜘蛛或血），而且他的回避已经干扰到他的正常生活，并且给他带来了很多痛苦，那就应该考虑特定恐惧症问题。

- 如果孩子总是不想去上学、不愿意见朋友、不喜欢家庭聚会，也不想去任何其他会令他感到尴尬丢脸或者他的表现不被欣赏的地方，而且他的逃避已经干扰到他的正常生活，并且给他带来了很多痛苦，那就应该考虑社交恐惧症问题。

- 如果你和孩子之间发生冲突多是因为他总是对各种事情表现出过度的担忧和焦虑，比如工作、学业表现和成绩，而且这些情绪已经干扰到他的正常生活，并且给他带来了很多痛苦，那就应该考虑广泛性焦虑症问题。

- 如果孩子过于易怒、悲伤或激动，时常感到绝望，无法集中注意力，且（或）有食欲或睡眠问题，并且这些问题持续了至少两周，那就应该考虑抑郁症问题。

- 如果孩子兴奋狂喜、膨胀浮夸或烦躁易怒的状态持续了至少 1 周，几乎不怎么睡觉，说话比平时多很多，对手头上的一些事情过于执着，思维敏捷，但总是从一个话题快速跳到另一个话题，那就应该考虑双相情感障碍问题（一种非常难以诊断的疾病，通常是根据以上列出的类似狂躁症的症状来诊断的）。

- 如果孩子多年来就是"不懂"社交（总是错过重要的社交线索，也不知道如何与同龄人相处），而且他好像总是沉迷于某一个主题，且该主题几乎占据了他的全部生活（比如，所思所想所做就只有电子游戏、某项运动或电脑等），那就应该考虑孤独症谱系障碍问题。这是一种广泛性发育障碍（PDD），一般表现为严重的社交障碍和有限的个人兴趣。

## 注意缺陷多动障碍

我们前面提到的注意力不集中、冲动以及过度活跃等表现都属于注意缺陷多动障碍的标志性症状，它们与孩子的叛逆行为密切相关。如果你的孩子在婴儿时期或学步时期表现出这些症状，你和孩子的保健医生很容易认为这是孩子的性格所致。但是，当这些倾向伴随着孩子的成长持续存在时，你和孩子之间的冲突会越来越频繁。这是为什么呢？因为患有注意缺陷多动障碍的孩子通常还有另一个不常被关注到的特征，那就是情绪调节能力差。患有注意缺陷多动障碍的孩子不仅在思想表达和行为表现方面过于冲动，他们在表达自己的情绪时也是如此。这就意味着，别的孩子可能会抑制、缓和并调节自己的情绪以适应当下的场合，而患有注意缺陷多动障碍的孩子则会表现出更为直接、未加修饰的原始情绪。从本质上讲，注意缺陷多动障碍是一种自我控制障碍。因此，患有这种疾病的人很难像其他人一样调节他们的情绪，这是完全合理的。

还记得第二章提到的胁迫性行为模式吗？如果一个孩子无法集中注意力、行为冲动，又经常坐不住（注意是惯常性的，而不是偶然性的），他的父母（和老师）可能会发出更多的命令，对他监督得更严、批评得更多，这样他们与孩子之间的负面互动远比正面互动多。注意缺陷多动障碍症状越严重的孩子，对父母的监管或要求就越可能产生消极的情绪反应。而且，相较其他人，孩子还会快速、直接地表达他的沮丧、不耐烦甚至敌意。一旦青少年的这些反应让他成功逃避了父母的额外要求（胁迫父母，而父母屈服了），那他自然会加大赌注，更频繁地用这种方式来给自己争取更多无拘无束的时间。

我们从多年来的大量研究中得知，孩子缺乏冲动控制这一点尤其会使他们和父母产生更多的冲突。

还记得本书序言部分介绍的吉娜吗？她今年 13 岁，学习成绩很差，有可能会影响毕业。吉娜和妈妈因为补作业提成绩的事情吵得很凶，以至于这个刚步入青少年时期的女孩错过了很多重要的父母引导和支持。在持续的药物治疗的配合下，本书的行动计划不仅帮助她们修复了母女关系，也帮助吉娜坚持完成了学业和其他方面需要做的事情。我们会在后面的章节介绍吉娜的父母是如何使用书中的工具和技能实现这一点的，当然这也少不了几年前诊断出吉娜有注意缺陷多动障碍的治疗师的一些帮助。

## 品行障碍

除此之外，你还应该知道另一种障碍的迹象。一旦孩子被确诊，你肯定需要专业的帮助。第二部分的行动计划也许会有一定的帮助（至少从本计划的指导原则来看），但这种情况下，自助不会成功，实际上还可能弊大于利。如果孩子表现出特别具有攻击性、破坏性，可能有暴力和（或）违法的倾向，那他很可能患有品行障碍。这个问题很严重，必须尽快解决，以防止青少年成年后表现出反社会或可能犯罪的倾向。想一想，在过去一年里，你的孩子是否有打架、离家出走、频繁逃学、偷窃、欺凌他人、破坏财物或使用暴力等行为，以获得他想得到的东西，无论是钱、他人的物品还是其他什么。

序言中 17 岁的马克就表现出了一些品行障碍的迹象。他三天两头地逃学，还经常威胁父母甚至试图对父母动手。周末很晚才回家，跟在外面过夜没什么两样。马克的问题太严重了，自助根本解决不了，不过，他还是能从本书的计划中受益。我们会在后面的章节介绍他和父母是如何在治疗师的帮助下，循序渐进地使用本书第二部分的各个步骤的。

## 性格和疾病是命中注定的吗

是，也不是。本章开头我们说过，一个人的性情是相对稳定的。天生"难缠"的孩子可能会比较易怒、情绪化、没条理或难以捉摸，但这并不代表有这些特征的孩子就一定会出现你现在所面对的叛逆问题。所以，明白这些性格特征对孩子行为的影响，能帮助你区分要修复什么（孩子的行为）、放过什么（孩子的性格），这样孩子的行为就更容易发生改变。第二部分列举了大量的实例，告诉你如何利用你对孩子性格的新见解来制订最有效的计划，帮助解决孩子的叛逆问题。

至于疾病对青少年叛逆的影响，这很大程度上取决于具体问题及其严重程度。例如，如果患有注意缺陷多动障碍的孩子接受了最好的治疗，引发孩子叛逆的症状就会减轻，甚至有可能被消除。然而，实际上你还是得继续处理孩子的一些症状，因为注意缺陷多动障碍、焦虑症、抑郁症和双相情感障碍等疾病无法治愈，至少目前还无法治愈。但是，只要治疗得当，孩子的病情可以得到极大的改善，而与之伴随的叛逆问题也会有所缓解。有些疾病，例如注意缺陷多动障碍和双相情感障碍，实际上在成年后通常会变得不那么严重（或没有那么棘手）。

## 孩子的叛逆是压力引起的吗

不用说你也一定知道，压力原本就是生活的一部分。只不过成年人时常忘记压力除了来自成年人的责任和他们自身的问题，还有其他来源。即使是刚进入青少年时期的孩子（以及更小的孩童），也面临着各种各样的外在压力，比如考试不及格、在学校受到纪律处分、被欺凌或是被同伴孤立等。这些都是我们所说的坏压力。此外，家庭环境也可能带来其他形式的负面压力（见下一章）。当然也有好压力，就像我们在第二章中提到的，这种压力通常与兴奋和期待有关。无论哪一种压力，都会让青少年的行为更冲动或更反常。这意味着孩子可能会以一种不符合自己性情的方式与父母作对。这可能会对父母产生负面影响，他们会对此予以压制，从而引发与孩子之间的冲突。你的孩子是否正受到一些压力的影响，而你没有考虑到呢？

慢性疾病，如糖尿病，也是导致青少年叛逆的压力来源之一。13 岁的费思患有青少年型糖尿病，她每天要检测 5 次血糖，注射 3 次胰岛素。她每天都要根据自己的饮食来计算注射胰岛素的剂量，还要确保自己不摄入太多的碳水化合物。如果她没有遵循这一生活规律，她的血糖可能会升高到危险水平，那么她就可能要住院治疗。

费思恨透了糖尿病。她觉得自己和犯人没什么两样。不管去哪儿都不能忘记检测血糖、注射胰岛素。她也不能和朋友那样放肆吃喝，总觉得自己和他们不一样。她觉得自己得糖尿病太不公平了。于是，她不再愿意去遵守那些烦琐的注意事项，大概有一半的时间会"忘记"检测血糖，还偷偷吃不该吃的食物。有时候血糖升高了她也不告诉妈妈。妈妈不停地嘱咐她要严格遵守糖尿病的护理细则，她们也经常因为血糖检测和饮食问题发生争吵。在过去的一年里，费思因为没有控制好血糖 3 次入院。糖尿病显然是费思的一个压力源，它引发了她的叛逆行为以及她与父母之间的冲突。患有其他慢性疾病的青少年也面临着类似的挑战。

## 行动起来

● 以下列出的是与叛逆有关的性格特征，请从中勾选出匹配你孩子的特征。如果可以，将所选项按照引发冲突的次数或孩子表现出这些问题的时间降序排列。

- 高度情绪化

- 易怒

- 难以规范自己的习惯

- 高度活跃

- 冲动

- 注意力不集中

保留你列出的这个清单，我们在后面还会用到。

● 现在想一想，孩子可能正承受着来自哪方面的压力——学校、社交场合或是家庭？孩子是否患有注意缺陷多动障碍这类的精神障碍或者慢性身体疾病？

● 现在不要再盯着孩子一些不好的性格特征了，是时候去发现并欣赏孩子在心理方面和社交方面的优势了。尝试填写下表。

**我的孩子有以下爱好，擅长以下运动和娱乐活动：**

_____

_____

**我的孩子在学校以下科目和课外活动方面表现良好：**

_____

_____

**从以下方面来看，我的孩子是一个很好的朋友：**

_____

_____

从以下方面来看，我的孩子是一个很好的兄弟／姐妹（孙子／孙女等）：

_____

_____

我的孩子成年后可能会在某方面做得很好（填写职业、专业或业余爱好）：

_____

_____

在我需要的时候，孩子可以帮我做这些事：

_____

_____

- 认真思考导致孩子出现叛逆行为的某种性格特征，并回顾与孩子发生的最后一次冲突，想想自己可以怎样做以减轻孩子这种性格对冲突的加剧作用。

_____

_____

_____

_____

# 第五章
## 孩子叛逆与父母有关吗

"我真不敢相信长得这么像的两个人却如此不同！"

"你们当然会不停地闹矛盾了，因为你们俩实在太像了！"

这些话听起来是不是很熟悉？没错，任何冲突都会涉及至少两个人，所以了解亲子冲突的双方在性格方面有什么交集是很有必要的。在本章中，我们需要你（双亲家庭则是父母双方）花几分钟时间客观地审视一下自己的脾气以及个人情况，就像你在前两章中对孩子所做的那样。这么做的目的并不是让你指责自己或另一半成了亲子问题的"罪魁祸首"，要知道互相指责没有任何益处，只会带来愧疚、伤害，甚至更多的家庭冲突。我们之所以这么做，是想找到一些能够帮助我们在第二部分行动计划中成功的关键因素。就好比你得先弄清楚自己的"囤积癖"是如何将地下储藏室塞满的，你才知道今后该如何清理房间，使家里不再那么杂乱。或者，你得先弄清楚到底是什么促使你去吃不该吃的食物，你才能达成一个你原本无法实现的健康目标。

# 父母是如何影响孩子的叛逆行为的

里昂的家人总是叫他"爱因斯坦"，一是因为家里随处可见他的半成品"发明"，二是因为他跟爱因斯坦一样喜欢穿不成双的袜子。他们还有一本流水账，专门记录里昂在孩子放学或足球比赛后忘记接孩子回家的次数。

恩里克说自己对孩子及其日常活动的担忧只是作为父母的正常警惕。可是，孩子越大，就越是对这些保护措施感到恼火。

拉托娅一直都比较情绪化。有时她心情很糟请假在家，就会一直在床上躺到中午。孩子们在家都得蹑手蹑脚的，不敢弄出半点声响，生怕妈妈朝他们大吼："给我安静点！"而大女儿克里斯托总是在这时候偷偷开溜。

这些家庭里都有个叛逆的青少年。里昂15岁的儿子克里斯蒂安总是因为逃避做家务或其他事惹得里昂发火。不过，克里斯蒂安觉得无所谓，因为他知道父亲反正不会硬逼着他去做，也不会去实行那些威胁他的惩罚。尽管里昂对儿子的无礼感到愤怒，但也实在想不出什么办法来。

恩里克的儿子杰昆已经开始用敷衍的方式来应付父亲对他放大镜般的严格监管，他总是撒谎以避免被过多追问。恩里克意识到自己正在慢慢失去对儿子的管控，所以他试图用更严格的方式来约束儿子，当然这样做的结果就是，他们俩每次都会大吵一架，最后杰昆就会夺门而出。

拉托娅情绪低落的那些日子里总指望大女儿克里斯托能给她搭把手。可最近，她起床时只看到小一点的孩子自己在玩，克里斯托却早不见了踪影。每每发生这样的事情，她就会撤销大女儿的一项特权作为惩罚，但克里斯托不屑一顾，只是闷闷不乐地说："随便吧。"面对这个新的问题，拉托娅更是提不起劲来。

里昂、恩里克和拉托娅这几位家长都不是他们孩子行为叛逆的直接原因，你也不是。但或许你还是在无意之间从以下几个方面助长了孩子的叛逆行为。

**1. 你与孩子每次接触时的表现**。你觉得自己脾气暴躁吗？你在开口之前，是不是经常想都不想就脱口而出？你是不是发现自己戒备心很重？你是不是发现自己经常无言以对或者表达不到位？如此种种都还只是一些显而易见的例子，这些反射性反应可能会在无意之间引发或加剧你与孩子之间的冲突。此外，还有许多更复杂、更微妙的方式也会引发同样的问题。有些家长觉得自己管教无方，便时不时用过度反应的方式来维护自己在孩子面前的威信。或者，你在不经意间把工作中的压力带回了家，把对老板愤愤不平的怨气发泄到了"犯了点事"的孩子身上。又或者，你一时的情绪或冲动也可能会让你与孩子之间的互动变得失控。这些情况很快会引发你们之间的胁迫行为。可见，每次与孩子的沟通都是危机四伏的，稍有不慎就会引发冲突。

里昂向来和颜悦色，只是他在受挫的时候就会变得不管不顾的，想到什么就脱口而出，所以，他和儿子克里斯蒂安总会因为一些莫名其妙的原因争吵起来。

恩里克想方设法让儿子杰昆待在家里，即使自己并不生气也会时不时大吼几句，就是为了能让儿子听到。

拉托娅在自己情绪低落时寄希望于大女儿克里斯托身上，想让她来接手看管孩子的职责，这显然是不恰当的。随后，拉托娅又因为大女儿自己跑出去玩没能代其履行看管孩子的职责而批评她。如果我们因为自己的问题需要孩子临时担任父母的角色，那么孩子出现一些叛逆的反应也是理所当然的。毕竟，他们现在想要做自己——青少年，而不是成年人。

**2. 你长期以来的行为模式**。你每次和孩子的沟通方式都是一致的吗？当你对孩子的不当行为或不听话的行为表示要惩罚他时，你是否坚持按照你说的去做了？你是否假想自己与孩子的每一次交流都会以争吵而告终，因为你们过去都是如此？我们在第二章解释过，父母对孩子无计可施，再想不出来任何新的、有效的方法，长此以往，一种胁迫的行为模式就会形成。

虽然里昂的出发点是好的，但他无法始终如一地坚持自己的计划（如果有计划的话）。他偶尔会一改自己专注的教授风格，化身成严厉的"工头"形象，但是克里斯蒂安根本不买账，依然我行我素。久而久之，克里斯蒂安的母亲布伦达指出，里昂的做法让儿子变得不受约束、缺乏管教。于是，里昂比以往更频繁地"唱黑脸"，但遗憾的是，这样做并没能使他的努力奏效。克里斯蒂安倒是发现，只要他加深父母之间的分歧，就可以分散他们对自己行为的注意，在他们俩争得不可开交的时候，他就可以随心所欲地做自己想做的事了。

另外，别忘了有句老话说得好，孩子不听我们的，他们模仿我们。所以，如果你为孩子的行为制订了非常严格的规则，但你与其他人都不遵守这些规则，那孩子会认为自己同样可以无视这些规则。肖娜的父母每次让她先完成作业再上网，她要么嘴上答应得好，要么磨磨叽叽，就是不肯去写作业，最后他们只好吼她。他们想不明白为什么女儿总是用这一招，其实这压根就没什么用。但肖娜这一招可是从妈妈身上学来的。每次妈妈和爸爸在大大小小的事情上意见不合时，妈妈就开始抱怨、念叨或者说好听的，最后逼得爸爸只好让步。以上两个例子都说明，胁迫型的亲子互动模式往往是在父母和孩子的共同参与下形成的。

你的性格特点再结合孩子的性格特点、你正面临的压力以及你日常的养育方式，这种种因素在你与孩子的每次交流中都会多多少少对孩子的叛逆行为产生影响。这里我们首先要考虑的是，你和孩子的性格中是否都有一些容易引起叛逆的特征。

# 有时孩子跟父母一模一样，有时又完全两样

　　克里斯蒂安的亲戚、朋友总是告诉他，他和父亲多么相像。克里斯托的家人也是，说一见到她就想起她的母亲。有这样一个普遍的观点：如果两个人性格相似，拥有着类似的"难相处"的特征（比如过于敏感、过度情绪化或固执），比只有一方拥有这些特征更容易发生冲突。对儿童和青少年叛逆行为的研究印证了这一观点。研究表明，那些容易沮丧、生气或情绪激动的青少年，以及那些自制力差的青少年，他们的父母往往也具备相似的特征，这是基因所造成的。因此，你和孩子经常发生冲突的原因，有可能就是你们俩太像了。

　　如果你家孩子到了青少年中晚期，那这一点会尤其适用。通常孩子越大就越不服管，你对他所处的环境掌控得越少，就意味着他不太会因为环境原因与你争吵。并且，随着你和孩子都慢慢适应了青少年时期带来的变化，孩子面临的青少年发展问题也会相应减少。所以，如果这时你们之间仍然冲突不断（甚至加剧），那么很有可能是你们共同的性格特征所致。

　　这样的话，你是不是就应该因为考虑到"本性难移"这一点而认命了？绝非如此。既然性格方面改变不了什么，那么学习一些策略来充分发挥你的个人优势并避开那些容易引发冲突的性格特征就显得尤为重要了。

　　回想一下，别人在提起你和孩子的时候都是怎么说的？他们都用什么词语来形容你们俩？急性子、暴脾气、喜怒无常？他们会不会说你不太喜欢改变，或者适应能力比较差？我们一般很难看清自己，但你不妨问问自己的亲友，看看他会怎么说。当然，这个人首先得可靠，不要让他逮住机会来训你一通。或者，你也可以简单回顾一下这些年来别人对你性格的描述。总之，你要试着去接受一种可能：你叛逆的孩子可能从你或者你的另一半身上继承了一种

"难相处"的性格特征。要知道，如果孩子拥有某种"难相处"的性格特征，你们之间发生冲突的概率就会很高；而如果你和孩子拥有相似的性格特征，那你们之间发生冲突的概率则会呈指数增长。

## 你和孩子都患有注意缺陷多动障碍吗

我们的基因不仅会将个人性格传给下一代，也会将各种影响行为的疾病风险传给下一代。现如今已经有大量有关注意缺陷多动障碍、情绪障碍、焦虑症以及其他遗传基础的研究，并且相关研究还在持续增加。我们在第四章中提到，注意缺陷多动障碍的标志性症状与孩子叛逆的行为表现如出一辙。克里斯蒂安在四年级时成绩下降，而且经常注意力不集中，对他进行注意缺陷多动障碍评估的医生认为他并不完全符合诊断标准，所以他当时没有接受治疗。不过，克里斯蒂安很幸运，他遇到了一位经验丰富的老师，这位老师擅长行为管理策略，经常帮助患有注意缺陷多动障碍的孩子保持良好状态。在老师的帮助下，克里斯蒂安的学习成绩有所提高，课堂行为得到了改善。但是现在，他在家里的叛逆行为又开始影响他的学习成绩和学校表现了。他的妈妈布伦达对照第四章中有关注意缺陷多动障碍的描述后，决定再次对儿子进行评估。这一次，克里斯蒂安被诊断患有轻微的注意缺陷多动障碍。在布伦达的催促下，里昂也被安排去做了相同的评估，看看他是否跟儿子一样也患有注意缺陷多动障碍。结果表明他确实也有。在接受相关治疗的同时，里昂也使用了书中的一些策略，如今他与儿子之间的冲突开始有所缓和。

如果你的孩子已经确诊或表现出注意缺陷多动障碍的迹象，那么很有必要确定你或你的另一半是否也患有注意缺陷多动障碍。通常，患有注意缺陷多动障碍的叛逆青少年，其父母中一方也患有成人注意缺陷多动障碍的概率占40%~50%（其中母亲约占15%~20%，父亲约占25%~30%）。与没有注意缺陷多动障碍的成年人相比，患有注意缺陷多动障碍的成年人会更容易出现焦虑、抑郁、人格障碍以及婚姻问题；他们频繁换工作、搬家；受教育程度和社会经济地位也更低。我们在稍后会讨论到，这些问题只会增加青少年叛逆的风险及其与父母发生冲突的概率。事实上，如果父母中有一方患有注意缺陷多动障碍，那么他们患有注意缺陷多动障碍的孩子再患上对立违抗性障碍的可能性也会显著增加。也有证据表明，患有注意缺陷多动障碍的父母执行本书的行动计划的能力会受到干扰，这种干扰在接受注意缺陷多动障碍治疗后会有所缓解。

不过，即使没有伴随注意缺陷多动障碍的所有其他问题的影响，我们也会经常看到，父母与孩子的冲动、注意力不集中和（或）高度活跃是如何让双方不再心平气和的，这与父母和孩子拥有类似"难相处"的性格的情况如出一辙。

当克里斯蒂安问父亲自己能否去朋友家玩时，里昂起初应了一句"好吧"，克里斯蒂安就开始往外跑。但是，母亲布伦达拦住了他，说："等一下。明天还要上学，你的作业做完了吗？"

克里斯蒂安应道："我晚点再做。我玩一会儿就会回家的。"

布伦达接着说，"不，你不会的，因为你今晚别想出去。对吧，里昂？我们不是说好了吗？"

"噢，布伦达，我觉得他出去没什么问题，他也应该玩玩。"

"里昂，我们定好的规则不能总是变。"

"别烦了，妈，"克里斯蒂安这时插嘴，"爸爸都说可以了。"

"哎，等等，克里斯蒂安，"里昂打断他，"你可不能这么跟妈妈说话！现在赶紧道歉，然后回房间写你的作业去！"

"可是，爸——"

"你自己想想，你被禁足了！该做作业的时候你从来不做！"

"喂，这不公平！你不管什么事都改变主意！你明明说了我可以去的，直到她把事情搞成这样。"克里斯蒂安生气地指向妈妈。

里昂从椅子上跳了起来，抓住儿子指向妈妈的手，把他一个转身推向楼梯。克里斯蒂安又转过身来面对着里昂，朝他狠狠地瞪了一眼，就从前门跑出去了。

这种冲突当然也可能发生在没有患注意缺陷多动障碍的父子身上，只不过在双方都患病的情况下，注意缺陷多动障碍症状会让情况变得更加混乱。里昂当时正兴致勃勃地观看电视台转播的比赛，他根本无暇来扮演父亲的角色，而且他也不记得和布伦达商量好的关于孩子在上学日的夜间的活动规则。克里斯蒂安呢，因为想着有更有趣的事情可做而无心做作业。要不是妈妈出面，克里斯蒂安可能就跑到朋友家里，也不会写什么作业了。尽管妈妈把父子二人从自己沉浸的世界中拽了回来，但是一场冲突在所难免。儿子对母亲的无礼让里昂克制不了自己的愤怒，而里昂最终拒绝了儿子的请求并且羞辱了他，这也让克里斯蒂安怒气冲冲。尽管父子二人都在接受治疗，但他们如果不希望冲突越来越多的话，还需要掌握一些方法来长时间地保持他们之间有序的互动。

## 你们是否都有其他心理问题

其他情绪和行为障碍也可能是造成家庭冲突和青少年叛逆的原因。拉托娅多年来一直在与抑郁症做斗争。研究指出，母亲的抑郁是导致孩子叛逆的一个高风险因素。如果你深受抑郁症的困扰，你可能无法集中精力，也很难始终如一地保持权威家长的形象，尤其是在孩子叛逆程度愈发严重的情况下（见第四章）。拉托娅肯定不行，事情只会变得更糟，因为处于青少年早期的孩子（克里斯托刚满 13 岁）通常会让母亲比父亲更为难，这一点我们在第三章讨论过。

　　拉托娅最不希望的就是伤害自己的孩子。为了保护孩子们（避免他们面对妈妈患有精神疾病的耻辱），她不想"外人"介入而是独自面对自己的焦虑症。但是，克里斯托愈发严重的叛逆行为不仅正在伤害她自己，也对拉托娅和她的其他孩子产生了负面影响。

　　假设你经常情绪波动很大（虽然没有严重到需要寻求治疗的程度，但别人经常说你是个高度情绪化又难以捉摸的人），你可能和拉托娅一样，也会时不时情绪跌到谷底，根本无心无力处理日常生活事宜。这时候孩子又不怎么听你的话，你又没什么精力去管教他，他就会觉得自己可以逃脱一些事情。这样只要有了第一次，就会有第二次。事实也确实如此。

　　恩里克可能患有轻微的焦虑症。他的妻子在杰昆 9 岁时去世了，从那以后，他就觉得自己在尽好父亲的职责之外，还有义务像孩子的母亲一样照顾孩子。既要当"超级爸爸"又要当"超级妈妈"，还得胜任自己高要求的工作岗位，这种压力让他累得筋疲力尽。可到了晚上他又睡不着觉，他总是躺在床上担忧，如果自己稍稍放松警惕，孩子就有可能遭遇不好的事情，他将多么对不起自己过世的妻子。现在儿子杰昆总是一有机会就离开家，这更是让恩里克胡思乱想。

　　如果你和拉托娅一样容易情绪波动，或者和恩里克一样过度焦虑，而现在你又要面对一个叛逆的青少年，那你应该去寻求专业咨询。本书"附录 2"会为你提供一些指引，帮你找到可以帮助你的人。

## 你与孩子的契合度高吗

　　"契合度"这一概念最初源于儿童发展领域：孩子与其成长环境，尤其是

与孩子抚养者（通常是父母）之间的契合度越高，那么孩子就越有可能健康
快乐地成长。父母是孩子成长环境的重要组成部分，因此父母性格与孩子性
格之间的契合度问题就自然而然受到了关注。影响父母和孩子之间契合度的
因素很复杂。父母和孩子在性格方面的相似之处有一些恰巧能让他们契合，
而另一些则会让他们较难契合（比如因为遗传，孩子继承了父母的某些性格
特征和疾病）。同样，父母和孩子在性格方面的差异有一些会引发他们之间
的激烈冲突，而另一些则会让他们的相处变得轻松有趣。对此，虽然我们还
无法进行建设性的概括，但是希望你能开始思考自己与孩子之间的关系。

　　探索亲子契合度的一种方法，就是去发现哪些问题容易引起你们之间的冲
突。现在不妨快速翻到第 269 ~ 270 页的"亲子问题核对表"，看看其中是
否有你与孩子时常争吵的问题。如果有的话，把它们记录下来，看看能否找
到一些共同的线索。比如，这些问题是否与你和孩子之间某种不同的或共同
的性格特征有关？这些问题之间还有什么其他的关联吗？

　　哪怕引发你们之间分歧的只是某一种不同的或共同的性格特征，它也有可
能会发展成持久的冲突。许多青少年都不太注重自己房间或家里其他地方的
整洁，诺拉也是如此。她的妈妈盖尔觉得女儿的房间乱得没法看，多次要求
她整理房间，但是诺拉根本不听，还还嘴道："你把房门关起来不就行了。"
诺拉一直称妈妈为"洁癖狂"，对此，爸爸布兰登也有同感。女儿不听话，
盖尔就觉得这完全是对她的感情、她的房子以及她的生活的不尊重。她觉得
自己根本无力改变女儿的行为，于是试图用其他方式来惩罚或控制女儿，尽
管有时候她并没有意识到自己在这么做。一天早上，盖尔被胡乱扔在地上的
衣服绊倒，准备用洗衣机洗衣服时，发现里面塞着一堆女儿要洗的衣服。
所以，当天诺拉提出想要开车去朋友家时，盖尔拒绝了，并且还说自己要出
门办事，让女儿在家照看妹妹。要知道，在其他时候，她都会迁就诺拉，要

么换个时间再出门，要么就自己把小女儿带上。诺拉被拒绝后很生气，对妈妈进行了猛烈的抨击，指责她这样做是另有原因。事实上大部分都被诺拉说中了，盖尔一肚子的火更是没憋住，就以女儿的态度差为由罚她不许出门。

那么，盖尔想让诺拉保持房间整洁对不对？可能对。她希望女儿不要把屋子弄得乱糟糟的对不对？可能对。只不过，这些应该是每个家庭都设定好的界限问题，关于这个话题我们会在后面的章节再讨论。目前，重要的是要思考一下，像"父母爱整洁、孩子爱邋遢"这样的差异会在多大程度上引发冲突，这些差异是基于相对固定的人格特征还是其他可以改变的东西。只要比平时多考虑一下这个问题，也许就能避免发生像盖尔和诺拉之间的那些小冲突。至少，它可能会激励你去学习一些避免将来发生类似冲突的技能。

盖尔和诺拉就是父母与孩子之间契合度低的众多例子之一。如果父母性子慢、行事谨慎，急性子的孩子可能会不耐烦，双方在面对日常琐事或其他任务时可能会鸡飞狗跳。如果父母思想开明、大方爽快，孩子的过度谨慎可能也会让父母感到郁闷。如果孩子对政治问题和社会问题的接受度高，可能会一次又一次地激怒保守的父母（反之亦然），到最后双方什么话题都"不能聊"。像恩里克那样谨慎的父亲，可能会把爱冒险的儿子杰昆逼得忍无可忍，致使其一有机会就想离开家。

想想你和孩子在哪些方面有分歧，又在哪些方面合得来。有些问题可能只是因为你们的习惯或偏好不同，而有些问题可能会涉及更深层次的原因。在看待孩子身上那些你不喜欢的特征时尽量客观一些，也许你会发现这些特征或倾向本身并不是"坏"的，只是它们与你的有所不同。所以，你和孩子之间的问题可能在于你们之间有所不同，而不是孩子本身有问题。

如果你的孩子是领养的，那么你们之间很有可能不太契合。毕竟，在领养这个孩子之前，你对他的性情一无所知。而且，还有一种合理的可能，被领养的孩子亲生父母本身比较冲动，也不打算要孩子，他们这种冲动的行为倾向和坏脾气会遗传给孩子。如果你领养的孩子在青少年时期有很多叛逆行为，你也许会质疑自己当初领养这个孩子的决定，甚至想知道是否应该放弃。这种情况下产生这种想法是完全正常的。试着再耐心点，按照书中提供的建议去做，因为不论是领养的孩子还是亲生子女，这些情况都可能出现。

# 你和家人面临怎样的压力

上一章你已经了解了青少年面临的种种压力，以及这些压力对孩子叛逆的态度或行为造成的影响。作为父母，毫无疑问，你也承受着一些压力（除了对付叛逆孩子的压力！）。谁又不是呢？

## 社会隔离、经济压力以及婚姻问题

我们在研究和为许多家庭提供咨询的过程中了解到，父母面临的一些外部压力因素，如经济问题、社会逆境和职业压力，当然还有婚姻状况，都会对青少年的叛逆造成影响。

数据显示，单亲母亲抚养的孩子较有可能出现叛逆倾向。父母共同抚养的孩子出现叛逆的情况较少。长期处于社会隔离状态的母亲抚养的孩子也容易出现叛逆倾向。夫妻不和的家庭也经常会有叛逆的孩子，尽管其中的影响机制仍在研究争论之中。类似的压力源在单亲父亲身上同样适用，只是相关领域的研究仍在进展之中。

很显然，父母在处理社会或经济方面的不利状况或处于逆境时会变得易怒，这也会影响他们在管教孩子时的状态，他们有时会前后矛盾，有时又会不分青红皂白。这些都可能让青少年时期的孩子开始叛逆或者继续叛逆。

吉姆对儿子泰森的反应就容易受到他当下情绪的影响。在吉姆的成长过程中，他的父亲就是这么对他的，他心想自己不也活下来了，何必还要浪费时间去剖析自己？泰森小时候很崇拜爸爸，所以那时爸爸吼他，他只会悄悄走开。可现在不一样了，他开始为爸爸的反复无常感到愤怒，所以总是跟爸爸吵架——他觉得这是早晚的事。

看到儿子这样的反应，吉姆觉得自己最担心的事情还是发生了：因为自己没有读完高中，而且几乎不会阅读，现在连儿子也看不起自己了。失去儿子的崇拜是他无法忍受的，所以他用唯一知道的方式去反击。每次跟儿子吵起来，他都会吼得比儿子更大声，并且威胁儿子要动手——这一点让泰森更加坚信，再也不能指望爸爸理性行事了。于是，泰森变得更加叛逆。面对父子二人的争吵，泰森的妈妈束手无策，内心十分恐惧，担心两个人哪天就动起手来。

来自社会和家庭的压力带来的问题在于，它们加剧了孩子的叛逆，孩子的叛逆又使压力进一步加大，形成一个恶性循环。基斯和莎蒂的婚姻极不稳定，期间他们数次分居。儿子利亚姆经常成为双方争吵时的棋子，他们都想让儿子站在自己这一边，还怂恿他一起蔑视对方作为还击。利亚姆 14 岁时已经对父母双方都不太在意了，几乎完全按照自己的想法行事。他的行为问题最终超出了家庭范围，他总是在学校和其他地方惹事，给父母双方都带来了更大的压力。可他们也只会互相指责，还时不时摔门大吵一架。

## 健康问题

你和孩子还可能面临来自疾病、残疾或伤痛的压力。简言之，这些压力所带来的痛苦会耗尽你的体力、精力和创造力，让你无心无力与孩子好好相处，至少会让你时不时想要放弃一如既往的管教方式。我们接下来就会谈到，父母在教养方式上保持一贯性对有效管理青少年行为，尤其是青少年的叛逆行为，发挥着至关重要的作用。

## 你的教养方式是哪种类型

你可能对"教养方式"这个概念还不太熟悉。毕竟许多人都只是按照自己觉得正确的方式，或者用父母养育他们的方式，又或者他们看到别人养育孩子的方式来抚养自己的孩子。也有些人花了很多时间思考如何与孩子互动。你也可能读过很多养育孩子的相关书籍，或者只是想采用不同于自己父母的养育方式。总之，你可能对养育孩子的方方面面都有自己独到的见解，却不完全了解自己的教养方式是否会影响孩子在青少年时期的叛逆行为。

和所有人一样，卢和珍妮特也无条件地爱着他们的孩子。不过他们的教养方式可能用"即兴型"来描述最为贴切。他们有时会采取父母管教他们的方式（当然结果就是彼此互不认同，因为他们是在不同的教养方式下长大的）。其他时候，他们就随机采用在早间脱口秀节目中看到的方式或在牙医办公室的杂志上读到的育儿小贴士来养育孩子。所以，他们的孩子永远都不知道接下来会发生什么。他们对大儿子盖瑞十分严厉，采取的是一种连他们自己都不太相信的方式——年长的孩子应该为年幼的孩子树立一个好榜样。对小女儿莫琳就不一样了，只要她的哭闹声打扰到爸爸看电视，那她几乎要什么就能得到什么。二儿子埃里克则时而像哥哥一样被严管，时而又像妹妹一样被纵容。孩子们现在都已经摸清门道了，只要他们不顺着妈妈的意思，她可能就会发飙，但如果他们做错了什么事情，爸爸可能会尽量视而不见。假如真的想要得到父母的关注，他们只要大闹一场就行。假如他们不想做家务或写家庭作业，他们就会迅速联合起来抗议，免得父母唠叨个不停。现在，盖瑞14

岁了，他不是对父母冷嘲热讽，就是对他们大吼大叫，跟父母没大没小的，还丝毫不觉得愧疚，卢和珍妮特很是沮丧。埃里克倒是没有什么出格的行为，但他似乎从未完成过自己该做的家务，总是一副心不在焉的样子。小女儿莫琳还是动不动就发脾气。

## 一贯型还是多变型

对孩子的消极行为，卢和珍妮特有时严厉惩罚，有时又视而不见。孩子们不知道界限在哪里，所以他们一直在挑战界限。而且，因为每个孩子都被区别对待，他们觉得很不公平，但是父母根本不理会他们想要被公平对待的要求。其实，每一次他们与孩子的争吵最后都会回归他们之间最爱争论的话题上，那就是到底谁的父母管教孩子的方法是对的。如果父母的教养方式总是变来变去，孩子们根本就不知道父母会带给他们什么，因此往往会拒绝合作。

## 冷静型还是易怒型

珍妮特一直以来情绪都不稳定。每天被几个吵吵嚷嚷、不听话的孩子包围着，对她一点帮助都没有，所以，她总是发脾气，这让孩子们感到不安。卢虽然冷静一些，但他一有机会就逃避作为父亲的责任。孩子们没有机会学会冷静，只要他们想从父母那里得到什么，或者想要逃避一项任务，他们就会竭尽所能地胡搅蛮缠。这种状况持续的时间越长，珍妮特就越恼火。她现在都开始觉得自己是个不称职的母亲了，因为她并不太喜欢孩子在身边的感觉。

## 突出好的行为还是坏的行为

卢和珍妮特时常感到疲惫不堪，所以他们有时会完全避免跟孩子们相处。所以，孩子们好的表现他们根本看不到，孩子们没在身边时，他们只会因为没有各种麻烦事而感到如释重负，还迷信般地认为，要是打破这种平静就一定会爆发另一场闹剧。孩子们也发现，如果他们不想做家务或者完成父母布置的其他任务，只需像上次那样跟父母面对面地大闹一场就行了。一旦卢和珍妮特没有坚持让孩子们完成他们该做的，孩子们就会得寸进尺。夫妇俩没有因为对孩子过度使用惩罚而感到内疚，而许多叛逆青少年（和儿童）的父母却有这种负罪感。正是因为他们总是不加思索地对孩子的任何违规行为进行惩罚，孩子们才会觉得还不如抓住机会反抗一回，反正都是一样被罚。

## 家庭等级是正常的还是颠倒的

家庭自然而然存在着一种等级制度或"等级秩序"：父母管孩子，即使孩子是青少年。我们会在下一章中进一步讨论这一点。不过，现在重要的是，卢和珍妮特其实没有家庭等级意识。他们把自己放在与孩子同等的权力水平上，对孩子没有起到管教的作用。对青少年时期的孩子而言，父母应该逐渐给予他越来越多的自由，一步步提升他在等级制度中的权力地位。而卢和珍妮特对孩子表现得似乎很随意。如果家庭缺乏明确的等级制度，孩子的叛逆行为就会趋向严重。

卢和珍妮特的这些管教方法让孩子的叛逆行为变本加厉。家庭整体的教养方式也会影响孩子的叛逆行为。心理学家有时将整体教养方式分为专制型、放纵型、失职型和权威型。专制型父母对任何质疑他们权威的回应通常都是"因为我说了算！"。他们的方式不一定始终如一，他们也不会身体力行地为孩子树立行为榜样，他们所做的就只有命令。放纵型父母想和孩子成为朋友，尽可能让孩子得到他想要的东西，所以他们不会设立过于严格的规矩，对待孩子可能显得过于宽容。失职型父母在宽容方面则更进一步——他们完全不管孩子。权威型父母在教养孩子时保持一贯性、公平性，孩子能预知父母遇事时的反应，这样的父母在原则性问题上保持坚定，同时又愿意同孩子进行合理协商。相较于放纵型和失职型的教养方式，采用专制型和权威型教养方式的父母会制订一些遭到孩子质疑的规则，因此更有可能引发与孩子的冲突。但是，由失职型父母抚养长大的孩子适应能力最差，由放纵型和专制型父母抚养长大的孩子适应能力好坏参半。权威型父母习惯同孩子讲道理和协商，所以他们的孩子适应能力最强。如果自己制订的规则遭到孩子的质疑，甚至被孩子违反，权威型父母一般能够接受这种情况，但是他们知道该如何合理应对，不让孩子在成长过程中变得叛逆或对他们充满敌意。

## 那么，你能做些什么呢

答案可能是显而易见的。众所周知，无论是你还是你的孩子，你们的性格和性情都不可能再改变了。即使你能设法缓解一部分压力，也终究无法彻底消除所有压力，甚至连消除大部分都很难做到。那么，还剩下什么呢？只有教养方式了。这正是本书其他章节努力的方向。

### 行动起来

- 对自己进行一次坦诚的评估，再和熟悉你的人聊一聊，从以下列举的特征中选出符合自己的。可以的话，思考这些特征引发你与孩子之间冲突的情况，按照降序的方式重新排序。
    - 高度情绪化
    - 易怒
    - 难以规范自己的习惯
    - 高度活跃

  – 冲动

  – 注意力不集中

　　现在，对比一下第四章结尾你所列出的孩子的性格特征，有没有发现什么共同点？如果你按照要求完成了这个列表，你应该能清楚地看出哪些特征影响到你和孩子之间的冲突。请记住这些点，你会在本书第二部分再次使用这些内容来帮助你确定需要优先解决的问题类型。

- 孩子不听话或者叛逆，你可能会采取什么样的步骤去处理？

- 如果这些办法都不奏效，孩子的问题行为依然存在，接下来你可能会怎样解决孩子的问题？

- 通过对上述两个问题的回答，你认为自己采取的是哪种类型的教养方式？你的教养方式在多大程度上接近权威型、专制型、放纵型或失职型？

# 第六章
## 如何寻找解决方法

玛丽亚和乔都说他们"不知道麦克到底是怎么了"。14岁的儿子麦克以前跟他们无话不说,可现在他不是阴郁沉默,就是跟他们争吵不休。

麦克以前可是家里的得力助手。他总是会在玛丽亚兼职不在家时帮忙照顾弟弟妹妹,又会在玛丽亚忙着准备晚餐的时候辅导他们做作业。等爸爸乔回到家检查弟弟妹妹的作业、陪他们玩时,麦克才会去完成自己的作业。麦克上七年级时,个头蹿高了一大截,成了他们中学篮球队的明星前锋,妈妈开玩笑说:"他现在得低着头才能进家门了。"一时间,女孩们开始疯狂给他发短信,玛丽亚得时不时提醒他放下手机来帮弟弟妹妹做功课。麦克的朋友们也总是在放学以后跟着他回来,要一起再打打篮球。有好几次他们放学后去了篮球场,玛丽亚回家时发现只有七八岁的弟弟妹妹两人在家。她责怪麦克不该这么做,可他大吼说自己不过就在一个街区之外,他们如果有什么需要,可以来找他。作为惩罚,玛丽亚没收了麦克的手机,一个星期不允许他使用。两天后，乔把手机还给了麦克，还说打篮球能帮他读上大学。

"我不敢相信你竟然不跟我商量就把手机还给了他！"玛丽亚情绪很激动，"你就这样撤销了我对他的惩罚，那还能指望他以后听我的话吗？"

"你要是辞掉兼职工作，我们根本就不需要麦克来帮忙照看弟弟妹妹。"乔反驳她。

"我们需要这份收入，你又不是不知道！"玛丽亚大喊。

"啊，好吧，又来了，又要说我赚得不够多了，又让你逮到机会说我了。这一点儿也不意外！"

"我们现在说的是麦克。"

"噢，是吗？我还以为又是在挑我的毛病呢。"

他们就这样没完没了地吵起来。麦克呢，早已经把自己关在房间里玩起手机来，压根不记得要写作业的事。

第二天玛丽亚气还没消。麦克放学后，她每隔半小时就打电话去"查岗"，麦克总是阴阳怪气地回她说自己乖得很，哪儿也没去。玛丽亚严厉警告他："别用这种语气跟我说话，你得马上道歉。"麦克没理她就挂了电话。她再打过去时麦克也不接。她又接着打，麦克就说自己刚才上厕所了，没听到。玛丽亚说她能听出儿子声音里的嘲讽。接着她就挂断了电话。

下班回家后，玛丽亚要查看孩子们作业的完成情况，包括麦克的。麦克表示不满："嘿，这不公平！我都在忙着当'保姆先生'，还没时间做自己的作业呢。再说了，别人放学了都能出去玩，我根本连朋友都见不着！"

"你要是做事情有效率一点儿，'机灵鬼先生'，你的作业这会儿也都能完成了，那你也就有时间去见你的朋友们了。"

"你无非想找借口把我关在家里。"麦克大喊道。

"你错了，我可不想。我可受够了你没完没了的抱怨！"

"你就是这么想的。你总是把我当仆人一样使唤来使唤去，我要是不为你做事，你就把我当个不懂事的小孩子。"

"不，我可没有！我只是希望你的行为和你的年龄相符，你做不到，我才会那样对你。"

母子俩一直吵到爸爸乔下班回家。

他刚进家门，还没来得及问玛丽亚今天过得怎么样，她就先声夺人："看吧，你儿子又开始闹了。"

"这是什么意思？"乔问道。

还没等玛丽亚开口，正在厨房给自己弄点心的麦克就冲了出来："爸，我可没做错什么。你得让她别再把我当小孩了！看看我的朋友，他们都不用待在家里陪着弟弟妹妹。我也有自己的生活。"

"他说的也没错，玛丽亚——"

"你们俩别又想联合起来对付我。家里谁是大人？"玛丽亚立刻打断他。

"好吧，那你来告诉我，亲爱的，"乔略带讽刺地说，"你觉得你能冷静下来，告诉我发生了什么事吗？"

"爸，她只会告诉你我蛮不讲理！她根本就不听我解释！"

"儿子，她也不怎么听我的呀。"乔笑着回答。

玛丽亚气呼呼地看着丈夫和儿子，跺着脚走进了厨房。麦克问乔："我要去见我的朋友们了，行吗，爸？"

"去吧，你最好在你妈给你找点儿什么事做之前赶紧离开。"乔对儿子眨眼示意，还开玩笑地轻推了他一把。

玛丽亚从厨房出来，环顾四周，发现儿子已经走了，就挖苦地埋怨起乔来："干得漂亮，亲爱的。那现在谁来辅导蒂娜和汤米做作业？谁来准备晚餐？谁来洗衣服呀？"

"等麦克回来他就可以帮忙了，别担心。"

"别担心?! 那你觉得他要什么时候做他自己的作业? 你简直令人难以置信。我都不知道你们俩到底谁才是孩子。"

玛丽亚和乔觉得他们把家庭生活安排得还算井井有条。正如我们大多数人一样，他们也面临着金钱、时间和养育子女方面的压力。一直以来大儿子都在帮忙照顾家庭，对此他们感到很自豪。但他们万万没想到的是，麦克长大了反而靠不住了。可实际上，麦克的性格并没有变，他并没有变成一个不如从前可靠的人。如果玛丽亚和乔回看第三章中介绍的青少年发展事实，他们就会发现自己儿子的行为不过是在向他们传递着某种信息：他现在需要一些自己的空间和自主权，而且他的重心也需要逐渐从家庭转向朋友。他不想再听从父母的命令，也希望父母能理解并支持他成长过程中不断变化的需求。

在和父母相处的过程中，麦克让妈妈难受的时候比较多，一方面因为妈妈是他大部分时间打交道的"对手"，另一方面则因为第三章中所描述的人的本性。因此，玛丽亚开始感到压抑、被孤立、提不起劲来。她讨厌自己永远充当那个"坏人"，可这个家里总得有人承担成年人的责任。麦克察觉爸爸是有可能站在自己这一边的，因为他知道爸爸希望与喜爱运动的儿子走得近点，于是他经常利用这一点跟爸爸"结成统一战线"。乔认为玛丽亚对麦克太严厉了，必须有人缓和一下气氛，要不然孩子可能会被逼得离家出走。他们两人对麦克最近的行为都表示担忧，害怕曾经引以为豪的孩子在懒惰、叛逆的路上越走越远，甚至还有可能沾染酗酒等恶习。

与此同时，他们与孩子沟通的技巧也受到了极大的挑战，他们似乎已经无计可施了。只要玛丽亚和乔在教育孩子的问题上有一点小小的分歧，他们就很容易互相攻击。和儿子讲话时，情况也好不到哪里去。玛丽亚很难冷静地与家人交谈，乔有时也一样，所以他们根本不知道对方真正需要的是什么，也不知道他们的儿子需要什么。这一家三口沟通时不是气急败坏地冲出房间，就是不由分说地挂断对方的电话，压根没耐心等对方诉说其需求。麦克的怨气也变得越来越重。只要他稍有叛逆的迹象，玛丽亚就开始对他大吼大叫，这时候麦克要么挂掉妈妈的电话，要么去别的房间待着，总之他会快速结束交谈。他知道只要这样做，妈妈就没办法逼他做任何事情，他也就耳根清净了。

麦克经常会和朋友谈起自己的父母，说他们已经"无可救药"了，什么都不让他玩，还指望他能像大人一样照顾弟弟妹妹。他有什么事都尽量不去找妈妈，因为他感觉爸爸比较好说话，总是当"老好人"，他想要怎么样爸爸都会答应。现在玛丽亚和乔发现他们已经管不住儿子了，可又想不出什么好的办法，只能用强制的措施，但这样做只会适得其反。

本章开头描述的场景体现出了消极沟通、偏袒行为、胁迫行为以及一些不切实际又过于僵化的想法，这些不仅会为青少年叛逆埋下种子，还会在父母试图解决孩子的叛逆问题时进一步激化它。玛丽亚、乔和麦克之间的这种关系缺乏适当的等级秩序，乔夹在中间，进退两难，以至于在孩子挑战父母权威的极限时，玛丽亚和乔无法建立坚定的"统一战线"。他们的做法削弱了自己作为父母的权威，所以在管教孩子时不得不采取一种扭曲的方式，而这么做危害极大，他们很难照顾到孩子在青少年时期特殊的发展需求。所幸，还有一些办法可以改变与孩子沟通的方式以及父母的教养方式，帮助父母恰如其分地管教正在一步步走向独立的孩子，同时也能改变青少年的叛逆行为，重建一种充满爱心和同理心的亲子关系。

我们该如何摆脱对孩子不切实际的想法，采用更灵活的沟通技巧，找到有效解决问题的方法，并重新建立起行之有效的家庭等级秩序？我们将怎样使用前文中讲到的有关孩子和自己的一切来调整家庭惯例、家庭规则以及你与孩子之间的所有互动？这些我们都会在本书的第二部分进行详细的步骤分解。不过现在，你需要像我们刚才分析玛丽亚一家的情况一样来仔细审视一下引发你们亲子冲突的问题点。

# 家庭等级秩序：合理有效还是不堪一击

你家里谁说了算？依据传统观念，双亲家庭中自然应该是父母双方说了算。研究也证实了这一点。当然，即使不是科学天才我们也都知道，青少年还没有准备好做成年人需要做的所有决定，这些决定往往交由家庭中地位最高的那个人来做。一旦孩子被赋予了超出他应该拥有的权力——也就是说他拥有的权力比你的还大，那情况就会变得非常糟糕。孩子叛逆、不受管教的家庭恰恰就是这种状况。玛丽亚和乔给了麦克太多的责任让他照顾弟弟妹妹，这让他觉得自己更像是父母而不是孩子。这种错误的做法在孩子年龄差距较大的家庭中时有发生。麦克憎恨被赋予的这份责任，他认为如果要承担照顾弟弟妹妹的责任，那他也应该拥有随之而来的特权，也就是自己有权选择照看他们的方式。但遗憾的是，麦克的父母并没有意识到他是按照这种逻辑行事的。

从实际的商业操作角度来看，分散责任从而使家庭运转顺利似乎是完全明智的做法。因此，在麦克的父母看来，儿子长大了，给他委派越来越多他能承担的责任似乎是完全合乎逻辑的。但问题在于，家庭不是企业，在商业领域适用的原则在家里不一定行得通。麦克也不是一个要靠在工作上积累成就来证明自己价值的上进员工。他正步入青春期，这个阶段孩子的发展情况时好时坏，因此他需要良好稳固的家庭秩序来助力他的成长和进步，同时也接纳他时不时犯的错。

然而，麦克家的等级秩序已经发生了变化。就如同用纸牌搭建的房子，只要地基的一部分稍有松动，整座房子就会随之坍塌。对麦克期望过高引发了一系列事件，父母如今放松了对他的监控，而孩子此时正需要父母的监督来帮助他远离一些麻烦。不过，你要明白，过多的监控可能同样有害，就像玛丽亚和乔在儿子出现叛逆行为后过度警惕一样。如果父母时时刻刻盯着孩子不放，孩子会认为自己的隐私受到了侵犯，这自然也会引发孩子与父母之间的冲突。

麦克需要的是父母对他成长的关注，而不是对他行为的监控。与父母之间充满温暖和关爱的联系，将有利于青少年的顺利成长。如果父母能与孩子保持一种不近不远的亲密关系，孩子就会明白自己虽还未完全准备好，但他仍然可以大胆地去面对外面的世界，因为在他的身后始终有一个安全的避风港。

孩子和父母走得太近会扼杀他尝试独立的需要，不够亲近又会让他感到与世界疏远，阻碍其自信心的发展。麦克只是与爸爸搞好关系还不够。乔需要尽自己的一份力来维持家庭的等级秩序，这样做可以帮助麦克重建与妈妈之间良好的亲密关系，而这是孩子成长中不可或缺的。

身处家庭等级秩序顶层，玛丽亚和乔有必要形成"统一战线"，否则他们将面临越来越多的纪律问题，麦克也会变得越来越叛逆。如果父母中的一方站在孩子这边与另一方作对，就像麦克联合乔来跟玛丽亚作对那样，那么父母在纪律以及其他方面的权威就会被削弱——大概被削弱一半，这毫不奇怪。同样，如果争吵的双方将第三个家庭成员牵扯进来，而这个人左右为难、摇摆不定，那么家庭结构也会迅速动摇。乔一下班就被卷入了麦克和玛丽亚持续不断的争吵之中，他先是支持一方，然后又支持另一方。在麦克眼里，父母立场不坚定，所以他可以通过改变家庭结构来达到自己的目的。

　　玛丽亚和乔在家庭等级秩序上新近出现的问题并非源自根深蒂固的结构缺陷，而主要是因为他们没能认识到儿子在新的发展阶段的需求。但是，有许多家庭从一开始就存在某些结构性问题。一旦再遭遇孩子在青春期的波动，各种小问题就会一触即发，逐步削弱家庭基础，由此带来巨大的破坏性。

　　养育子女的方式会影响家庭的架构设计，你可以使用在第五章中学到的相关知识来了解自己的教养方式。再婚家庭更容易出现家庭的结构性问题。例如，再婚妈妈的儿子如果处于青少年时期，她可能会发现自己的新配偶和儿子经常发生冲突，而她夹在中间左右为难。又或者父母离异后，生父总会让孩子在亲生父母的冲突中犯难。对于这种长期存在的家庭冲突，许多家庭感到无助，需要通过家庭治疗得到改善。

## 信念与期望：合情合理还是不切实际

　　每个人都有自己的核心信念和底线期望。我们对养育子女和家庭生活的信念与期望通常源自生活经历和原生家庭带给我们的思维习惯。如果你在对待孩子时某些下意识的反应连你自己都没想到（因为你知道这种反应是不合逻辑或者不合时宜的），那么很有可能是某些你认为不容置疑的核心信念在作祟。早已扎根心底的这些信念无疑会影响你对待孩子的方式。尤其是，如果你长期恪守这些信念，即使面对与之相悖的证据，你解决问题以及处理与孩子之间冲突的能力也依然会受到这些信念的干扰。

　　卡尔认为，要是儿子连该做的家务都无法完成，那他长大后必定毫无志向、一事无成，找不到工作，只能靠政府福利度日。所以，只要他们俩一为这事争吵，卡尔就冷静不下来，更不用说什么协商出一个双方都能接受的方案来。但是，如果你在其他时候问他，他会欣然认同处理这事应该有其他可以接受的替代方案。

当然，孩子也会有不切实际的期望。15 岁的杰克逊就觉得这个年纪就应该完全自由，让他做家务简直就是毁了他的大好时光。对此，他也不愿意让步。

卡尔认为孩子该做家务的这种信念源于他的父亲。从小，他在大部分的闲暇时间里都在家里帮忙，尽力做好自己分内的事，因为父亲总是告诉他，这都是为他好。为了逃避专制的父亲，杰克逊一有时间就跑出去跟朋友们玩。这些刚上高中的孩子在一起就互相打气，声称自己有享受自由的权利，不用什么都听父母的，反正他们也"根本不在乎我们"。

玛丽亚和乔都是在大家庭中长大的，兄弟姐妹多，家里最大的孩子总是要负责照顾小的，所以他们从来不觉得让麦克照顾弟弟妹妹有什么不妥。玛丽亚经常独自生闷气，因为她觉得自己永远不会像麦克对她那样和自己的父母讲话，但现在她已经想不出办法来让麦克对她表示应有的尊重了，所以只好"以其人之道还治其人之身"，比如在他们通电话的时候挂断电话。乔是家中的长子，他们家彻头彻尾地信奉"男孩就该承担责任"这一说法，所以一直以来他都在努力"学习成为男子汉"，在成长过程中基本没受到过什么约束。

玛丽亚和乔都没有意识到这些信念对自己教养方式的影响有多大，但随着他们和麦克之间冲突的不断发酵，他们发现自己确实总是抓住这些根深蒂固的信念不放。然而，在某种程度上，正是这些信念妨碍他们理性地解决问题，让他们无法与儿子（以及与对方）进行有效的沟通。我们将在第十六章进一步讨论极端信念和不切实际的期望问题，现在重要的是我们要了解这些因素对我们解决冲突的能力造成的影响。

# 你擅长沟通和解决问题吗

如果你最终想要达到的目的是解决问题——确切来说是解决由孩子叛逆引起的问题，那么擅长沟通可以说是必备的技能了。你和孩子都需要果断地表达自己的观点和感受，但前提是不能冒犯对方，同时还需要倾听对方，并能准确理解你所接收到的信息。指责、否认、威胁、命令、频繁插嘴、冷嘲热讽以及不正视对方都是消极的沟通方式。除此之外，还包括挂断电话、翻白眼或通过其他肢体语言来表达藐视和沮丧。双方固有的极端信念和不切实际的期望都会使父母和孩子之间的沟通成为负面沟通。

玛丽亚和乔都算是能说会道的人，他们当然也深爱着自己的儿子麦克。可是，玛丽亚总是在被逼急了的时候打断儿子的话，用拒绝继续沟通的方式来表明自己作为家长的权威立场——她都是为了麦克好。她希望他们之间的"对话"就此结束，并指望儿子能遵从她的意愿。但很显然这么做没有用——谈话确实是结束了，但麦克不是摔门离开，就是躲在房间，变得越来越叛逆。在第十五章中，我们将帮助你学习与孩子沟通的方式，就像我们与同事或其他同龄人那样心平气和地沟通。

你之所以这么做，并不是想要向孩子妥协，也不是要放弃孩子，而是要解决问题，方法就是由一人或多人按照一系列步骤来达成一个双方都能接受的解决方案。即使你以前从未尝试过这么做，现在也有必要采取这样的方式，毕竟对十几岁的孩子发号施令已经行不通了。本书一开头我们就讲到过，处于青少年时期的孩子已经会用摔门离开的方式来表达对你的不满，也会想其他的办法来逃避你对他的约束。此外，一味地指挥孩子并不能让他学会处理步入成人阶段后面临的种种冲突，而你一定希望他在成人之前做好这样的准备。指责、威胁和命令之类的消极沟通方式还有可能激怒孩子，让你们最终偏离解决问题的初衷，反复纠缠在"不，我没做""是的，你做了"的抱怨和指责之中。在第十四章中，我们将帮助你学习有效解决问题的步骤，将你和孩子之间的冲突扼杀在萌芽状态。

# 预防或改变孩子叛逆的 9 条原则

到现在为止，你应该已经很好地掌握了所有可能导致青少年叛逆的因素，对自己家里存在的相应问题和情况也有了初步的了解。那我们接下来还可以做些什么？以下 9 条原则可以帮助你应对孩子的叛逆问题。也许其中有些是你现在已经在做的，但并没有奏效；还有一些可能听上去遥不可及，有点说起来容易做起来难的感觉。不管是哪种情况，本书第二部分的内容都会对你有所帮助。我们至少会用一个章节来详细解释每一条原则，并举出现实中的例子加以说明。在实际应用这些原则时，你还可能会发现自己原来对它们有一些误解。我们还会为你提供大量可行且贴近生活的方法来帮助你实施这些原则。

1. **看到孩子积极的一面**。如果你对这条原则的第一反应是"什么是积极的？"，那你大概知道自己和孩子的关系离有效解决问题和冲突还有很长一段距离了。玛丽亚和乔始终看不到儿子积极的一面，所以他们和孩子之间无法协商出双方都能接受的解决方案来避免冲突。如果你也从来都看不到孩子积极的一面，那结果也是一样的。在第八章中，你将学会关注孩子积极的一面——没错，你的孩子还是有积极的一面的，你们之间的关系也有望转好。你甚至还需要帮助孩子来发展他那些被你忽视的天赋和才能——无论是艺术、运动还是计算机，甚至是电子游戏方面的。

2. **争取良好的沟通**。前面我们提到过，想要有效地解决问题，良好的沟通是前提。这样的沟通提醒双方要用积极的态度去对待对方，从而将冲突化解于无形之中。你与孩子的每一次互动都会涉及沟通，你可以通过阅读本书的第二部分，尤其是第九章和第十五章来打磨你的沟通技巧。

3. **善用奖励和惩罚**。影响一个人行为最有力的手段就是让他承担相应的结果，你的孩子也不例外。只不过你需要做到的是，要始终如一地对孩子的积极行为进行奖励，对消极行为进行惩罚。不妨先多多尝试用奖励的方式。只有在他们不良的行为始终得不到改变时，你才应该引入惩罚或让他们承担消极结果。在许多有叛逆孩子的家庭中，父母总是会错用奖惩措施。本书第十至十二章会教你如何善用奖惩措施。

4. **建立家庭底线规则并坚持执行**。父母总有一些想要传递给孩子的核心价值观念和标准，于是每个家庭都会建立一些不可违反的底线规则。可是，如果孩子的叛逆让你与他陷入无休止的冲突中，你一心想要从孩子手中夺回控制权，那你很可能总会因为一些不太重要的小事与孩子争吵。还有些家庭的生活情况则是一片混乱，底线规则没有坚持执行，时有时无。孩子违反规则的后果未卜，有时拳头来伺候，有时摆摆手了之。在第三章中，你已经罗列出了可协商和不可协商的问题清单。阅读本书第二部分时，你还需要不时地根据需要来修改和完善这个清单，我们会在第十至十二章以及第十四章讨论如何处理相应的问题。

5. **让孩子参与协商非底线问题的解决办法**。是时候放下你的家长权威来和孩子讨论解决办法了。从孩子步入青春期的那一刻开始，你那一套发号施令的做法就已经不再管用了。底线规则外的所有问题其实都应该用协商的办法来解决，因为这样才能双赢：你如愿解决了孩子的问题，孩子也学会了将来进入成人世界后不可或缺的生存办法。本书第十四章会专门探讨与孩子进行协商的技能。

**6. 适当地安排和监督孩子的生活**。什么样的安排和监督才是适当的？它是不断在变化的，这一点我们都知道。过去适当的不一定适用于今天，或者明天。父母怎样才能保持这种敏感度，灵活调整对孩子的安排和监督，避免孩子出现叛逆情绪，这是我们在有关依随性管理[①]和解决问题的章节（第十至第十二章，以及第十四章）中会讨论的问题。在本书第二部分提供的真实案例中，你会看到父母如何采用这些技巧来处理青少年经常遇到的有关生活安排和监督的问题。

**7. 支持孩子恰当的独立需求**。这又是一个需要家长谨小慎微去处理的问题。尽管你希望减少或者消除孩子的叛逆行为，但这并不意味着你可以采用过去的方式，再像对待一个 6 岁小孩那样对待如今已经进入青少年时期的孩子。如果你明白孩子在这个时期追求独立对他的身心健康是必要的，你就会仔细斟酌如何才能做到在不过度控制的情况下对孩子进行必要的管教，我们会在第十四至十六章探讨这个问题。随着孩子在成长过程中慢慢表现出责任感，你可以逐渐给予孩子更多的自由。

**8. 对孩子的看法和期望要合情合理**。孩子的叛逆一方面来源于极度消极的看法和期望，另一方面又会催生一些极度消极的看法和期望。假如你的孩子已经 15 岁了，你还觉得他就应该严格地服从你，那么你们之间发生冲突就不足为奇了。假如孩子的叛逆已经持续了好一段时间，你已无计可施，你可

---

① 依随性管理（contingency management）亦称"反应后果操纵法"，是通过控制个体特定反应的后果（后继事件）以改变该反应发生的可能性与频度的行为治疗技术。主要依据操作条件作用原理，通过给偶然发生的适应性行为以强化，培育和增强适应性行为；通过给适应不良行为以惩罚，减少或消除不良行为。[ 林崇德等，《心理学大辞典》（下卷），上海教育出版社，2003]——译者注

能会觉得孩子的将来彻底毁了。所以如果孩子接下来有些消极的想法，例如他觉得自己"反正做也是错，不做也是错"，你都会觉得这正印证了你的预感。另外，孩子认为父母的所有规定都是不公平的，并且这些不公平的限制会毁了他们的生活，对父母的这种看法也往往会助长孩子的逆反。我们会慢慢带着你思考自己的一些极端看法，而在第十六章我们会专门关注那些会引发孩子叛逆的消极看法。

**9. 尊重家庭的等级秩序。**无论是站在孩子这一边与继父/继母对抗，还是让孩子夹在你和配偶无休止的争论之中，都会动摇家庭稳定的基础。同样，让自己的父母（或其他人，如果是单亲家庭，需要其他亲戚来帮忙照顾孩子）来扮演孩子父母的角色，你的家庭结构也会出现一些漏洞，导致你和孩子之间无法保持良好的关系。我们会在第二部分中用案例来向你展示不稳固的家庭等级秩序会如何让孩子的叛逆行为愈演愈烈。

## 行动起来

- 你现在已经完全了解了孩子的叛逆行为是多种因素共同作用的结果。孩子的特质、你的特质，以及婚姻不和、经济问题、工作压力等家庭背景因素统统叠加在这个正处于青少年快速发展阶段的孩子身上，而此时的他正迫切想要独立于父母，寻找自己的个人身份。所有这些因素不仅影响着孩子对你的行为，也影响着你对孩子的行为。你可以时不时翻看一下前几个章节中你所记录的有关你的家庭和孩子的具体问题，并想一想情况是如何恶化的，有哪些因素需要引起注意。如果你愿意，可以列出你想要在教养方式（本章和第五章均有涉及）方面做出的改变。

- 我们这个预防或改变青少年叛逆的行动计划已被证实行之有效，而本章所列出的9条原则是该计划执行的基础，所以请尽量将它们牢记于心，把它们当成你接下来行动的指导原则。你可以做一个副本，放在方便你取阅的地方。如果孩子变得肆意妄为，你不知如何应对，就赶紧看看这 9 条原则，根据指导原则来行事，切忌冲动应对。即使你无法从中获得直接的帮助，单单停下来看的时间就能够让你冷静一点，接下来的行为也会理性一些。

● 现在回顾一下上周你与孩子之间的互动，看看你们的家庭等级秩序是否正常。列出你的家庭中出现以下情况的情形：你和你的另一半意见不合时，其中一方站在孩子这边来反对另一方；父亲、母亲和孩子这三方中有两方各执一词，并将第三方置于争执之中，使之左右为难。只要你能意识到自己的家庭等级秩序被破坏的频率以及如何被破坏，本书就能帮助你阻止问题进一步恶化。

# 第二部分
## 十步改善亲子关系，
## 为孩子打造美好未来

# 第七章
## 准备阶段

如果你读完了本书的第一部分，那你已经掌握了很多有关青少年叛逆行为的信息；如果你还没有，请在开始行动计划之前先完成第一部分的阅读。我们在接下来的 10 个章节中要介绍的行动指南基于大量的研究和临床经验，所以我们知道，只要按照要求执行这些步骤，就可以有效缓解青少年与父母之间的冲突。但是我们无法解决每个家庭的个体差异问题，这时就需要你根据对自己家庭的了解来调整计划。只有你最清楚自己孩子最敏感的问题，以及为什么"A 方案"在你家行不通，只有你最清楚自己与孩子有哪些特质是冲突的，孩子又是用什么方式来表达他对独立的需求的，所以，也只有你最有可能做出灵活调整，想出"B 方案""C 方案"，从而让整个行动计划变得更有针对性。

该行动计划大致分为两项内容：第一项是行为管理，第二项是沟通和解决问题。本书的第一部分提出了一个不可回避的事实，即父母想要解决孩子叛逆问题的最佳途径就是改变自己的教养方式。因此，我们将通过帮助你改变与孩子互动的方式让你重新获得控制权，重新建立家庭的等级秩序，从而改变孩子的行为方式。

我们并不是在借机将孩子的叛逆归咎于你，而是希望你了解，任何的家庭互动都是双向性行为。在你阅读这本书之前，或许你认为孩子的行为问题要么全是你的错，要么全是孩子的错。可在真正的人际交往中，任何事情都不可能如此绝对。我们虽然还无法确定让家庭互动关系变得复杂的因素到底是什么，但我们能确定的是，家庭互动是双向的：你的行为在一定程度上取决于孩子对你的态度、孩子的性格特征以及你与孩子之间长期以来的关系状态，而反过来，孩子的行为也在一定程度上取决于你对孩子的态度、你的性格特征以及孩子与你之间长期以来的关系状态。所以，想要推卸责任是不可能的，也是没有任何帮助的。尽管青少年叛逆看上去是孩子的行为出了问题，但在这里我们会教你改变自己的行为方式，这其实是更切实可行的简便方法。毕竟正在阅读这本书的人是你，想要去改变现状的人也是你。相比孩子，你更年长、更富有智慧，也更愿意接受解决方案。所以我们希望从你开始，然后去影响你的孩子。

除了了解家庭互动的双向性，我们还需要了解进行该计划中的行为管理训练时要遵循的几项其他原则，在后面介绍第 2 步时我们还会进一步说明。

1. **变得积极主动**。大多数父母（和一般人）并不会花太多的心思去构想如何开展与他人的互动，比如和孩子讨论家庭作业或者和孩子一起购物。他们一般都是直奔主题，只有当情况不妙时，他们才会去想办法应对结果，而且往往是负面的结果。这种做法就是消极应对型的。这就好比在和一支永远只会防守的球队踢足球。但是，在接下来的行动计划中，你将学会变得积极主动，要和你的对手一样懂得进攻。所谓积极主动，指的是在你开始与孩子互动之前先要进行思考，并想办法设计你们之间的互动，这样孩子就更有可能做出积极的行为。如果你这样做了，孩子就不太可能出现消极的行为，因为你的孩子没办法既积极又消极。例如，你想让孩子写作业——这是你们总爱争吵的事。积极主动的做法是问问孩子今晚的作业是否需要你的帮助，在他开始做作业之前告诉他，你会每隔 20 分钟来查看一次，看他是否需要帮助以及他做得怎么样，让他知道你会根据他的作业登记表来检查作业的完成情况，并答应他在完成作业后会给他一个奖励。同时，还要确保孩子房间里有一个适合做作业的地方：有一张相对整洁的书桌，有时钟、笔盒、计算器、干净的纸张和其他随手可取的文具用品。

我们希望你提前思考自己和孩子的哪些互动可能会出问题，这样你就能找到避免冲突的方法。有多少次，在你不得不对孩子提出他不喜欢的要求时，你早已做好了吵起来的准备？有多少次，你发现自己大喊"我就知道你会像这样耍小聪明绕开规则的！"？也许以前你在预料到孩子会抗拒时，会尝试先发制人，一上来就对孩子采取强硬的态度。不过，现在你可能意识到这样做不但无法将冲突扼杀在萌芽状态，反而会加剧你们之间的冲突。

**2. 明确后果，明确后果，明确后果**。重要的事情说三遍。想要在叛逆的孩子面前重新建立自己的权威，最重要的就是坚持让孩子为他自己的行为承担相应的后果。也许你觉得自己已经在这么做了：每次孩子顶嘴或者发脾气时，你都会做出反应（你确实是做了！）。但是，你每次对待同样的违规行为的反应是否一致呢？可能不是。这就是大多数父母都会掉入的陷阱。我们偶尔会睁一只眼闭一只眼，自己 9 岁的孩子逃避一次家务，你也不会对他怎么样。但是，哪天孩子逃避做家务时还伴随着其他叛逆行为，你就忍不住爆发了。好吧，你采取了消极应对，这也是你策略中很重要的一部分，但是如果你积极主动的部分做得不到位，那它就会失去效果。在最初几个步骤中，你将学习如何在与孩子的互动中采取主动又适时的应对策略，以及如何坚持自己的立场——即使你不想虚张声势，即使你今天已经重复 12 次了。听起来很不错，是吗？不过你先别着急。

　　**3. 先奖励后惩罚**。你得从积极的方面开始。孩子叛逆时，父母往往首先想到的是惩罚，但这样做你就会忘记去认可、尊重、赞同、表扬、欣赏或者强化孩子的积极行为。如果你自嘲说孩子根本没有积极的方面，那只能说明你将最强大的工具丢在了一边，让它"生锈"失效。特别讽刺的是，我们发现如果家庭环境中缺少对孩子恰当行为的正面激励措施，那么惩罚措施也往往不奏效。所以，接下来你将会先学习如何对孩子的积极行为设定激励措施，再学习如何为孩子的消极行为设定惩罚措施。这种策略的效果一定会让你惊讶不已。

　　**4. 学会原谅**。孩子出现叛逆行为时，我们总是会指责孩子；自己在教养孩子方面犯错时，我们又总是会责怪自己。不过现在你已经明白，孩子的叛逆是许多因素共同作用的结果，并不能一味去指责谁。如果你习惯于指责，那你就会变得沮丧消沉，陷入习得性无助的泥沼或者愤怒的无尽深渊。你需要学会原谅孩子，原谅自己。孩子依然要为自己的行为负责，而你要在内心原谅他。在开始我们的行动计划之前，不妨先原谅自己接下来可能会出错的地方，毕竟计划不可能进展得万无一失。在你着手改变孩子的叛逆行为时，学会原谅能够帮助你保持稳定的状态。

　　简单来说，以下是你在行为管理部分需要做的事情。

### 第 1 步：养成积极的一对一相处的习惯

　　在一切行动开始之前，你需要把注意力从孩子的消极行为上转移开来。你将学会发现孩子做得好的一面，并及时地给予表扬。在你们不常发生冲突的环境下，多与孩子相处。

### 第 2 步：采用新的行为管理方式

这一步是你有效设定行为结果的基础。你将学会如何向孩子提出更加具体且一致、公正且合理的要求，并学会如何更有效地向孩子提出这些要求。

### 第 3 步：行为约定和积分制度——让孩子争取特权

现在你可以用行为约定或积分制度来奖励孩子遵从要求的行为，并激励他做出积极的（而不是消极的）行为。

### 第 4 步：制订合理的惩罚措施

先养成奖励积极行为的习惯，再对孩子的消极行为予以惩罚。你还将学习如何合理使用禁足的惩罚措施。

### 第 5 步：善用奖励和惩罚解决其他问题

你已经学会了使用奖惩措施，那么现在就可以学习根据依随性管理办法来应对一些难以彻底解决的"老大难"问题。

### 第 6 步：应对在校叛逆和作业拖拉问题

不论你的孩子在学校是否叛逆，帮助孩子完成家庭作业这件事几乎是所有叛逆孩子的父母面临的共同难题。这部分将探讨这些问题的应对办法。

如果你已经成功做到了前 6 步，那么孩子的行为就不是完全不可控的了。而且，如果孩子刚刚进入青少年时期，那很可能你只需做到这些，就能避免他接下来的叛逆问题了。不过别忘了，正如第三章中指出的，独立于父母是青少年的首要任务之一。若孩子想要自己做主，你不仅要允许，还要予以支持。所以，本计划的后4步主要是教你如何通过有效的解决问题的方法和沟通技巧来与孩子协商你们存在分歧的事情。

假如你的孩子只是轻微叛逆，且在社会成熟度和智力方面都处于中等或中上水平，你们之间也不存在多少分歧点，那你就可以直接跳到第7步，专注于如何沟通和解决问题了。不过，既然你选择了这本书，多半还是因为孩子的叛逆问题比较严重，那不妨接着读下去。如果你对要同孩子协商的事宜还无法直接掌控或者没有权限，就急着考虑如何去与孩子沟通或解决问题，那你可能会令自己陷入比较尴尬的处境。当然，如果你决定在专业人士的帮助下完成这项计划，咨询师会帮你决定是否要调整顺序。如果没有专业人士的帮助，请遵循这条规则：先重新建立起家长的掌控权，因为只有这样才有可能协商。在家庭等级秩序中，青少年与父母本来就不平等，一旦这种平衡得以恢复，你就需要表现出愿意与孩子协商的姿态，因为孩子终究是孩子，不可能一夜成长。这是你帮助孩子培养成年后顺利解决冲突所需技能的机会，同时又不必牺牲家庭的和谐与安宁。在执行第 7 ~ 10 步时，你需要谨记以下几点。

**5. 对孩子的独立要慢慢放手**。回顾第六章的 9 条原则，你会发现其中有 3 条（第 5、6、7 条）是敦促你帮助孩子变得独立，但同时要保持适当的监管的。第十四章介绍的解决问题的技巧会帮助你引导孩子变得独立而不是彻底撒手不管。想要最大限度地减少孩子的叛逆行为，就应该让他逐步获得一些自主的权利：记住每次只放手一点点，当你发现他确实能对自己负责了，那就再多放开一点点。当然，在这个过程中孩子难免会犯错，你还得准备适时收回一些权利，但绝不可以毫无理由地随意撤销，否则会引发孩子的一些叛逆行为。比方说，你想外出度周末，孩子却想独自在家。对于这件事，你内心期望的结果是，孩子晚上能锁好门，自己打扫卫生，保管好所有的家庭物品，照顾好院子里、室内的植物或宠物，不在家举办疯狂的聚会，那么，你应该做的既不是爽快答应，也不是断然拒绝，而是将这个目标分成若干个小步骤来逐步实现。你可以让他先独自在家待上几个小时，下一次待一整晚，再下一次待两个晚上，最后才是独自待整个周末。要是孩子在某个环节表现得不太理想，就可以回到上一环节再次尝试。

6. **必须明确没有协商余地的问题**。有关文明社会生活基本规则（价值观、道德观和合法性）的底线问题通常包括毒品、酒精、性、宗教、尊重和暴力等。各个家庭的情况虽有所不同，但所有家庭成员都需要明确有哪些问题是不容协商的。与孩子讨论这些问题时，你不妨使用一些沟通技巧，最重要的是要明确地列出基本家规，并确保孩子能够明白。如果你还能继续使用在前 6 步中学到的行为管理方式来执行，那么这些问题不可触犯就会变得不言自明。

7. **孩子更有可能遵守自己参与制订的规则**。之所以让你与孩子协商，就是为了你们能互相让步、达成一致，但这个过程不是为了让你尽可能多地得到"你这边"想要的东西，而无视孩子的想法。因此，要成为青少年的合格父母，最重要的原则就是让他参与决策。不要指望一个没有任何发言权的青少年来配合你的规则、计划或活动。你也许会惊喜地发现，你的孩子会想出新奇的解决方案。

以下步骤可以为你提供解决问题的技巧和与孩子进行沟通的技巧。

### 第 7 步：运用解决问题的技巧

即使内心再想，你也不能再去指挥孩子做所有事情了。对于一些非底线规则的问题，你们大可不必争吵，可以通过一系列经过验证的步骤来进行协商，从而有效解决问题，这是这一步的内容。

### 第 8 步：学习并运用沟通技巧

在有叛逆青少年的家庭里，似乎每个人都忘了如何主动倾听他人、尊重他人，也忘了如何坦诚相待。在这一步中你将学习一些积极沟通的基本技巧，并学习分辨会引发冲突的消极沟通方式。

### 第 9 步：改变不合理的看法和期望

你已经在一步步改变孩子的叛逆行为了，现在，我们还需要解决一个重要问题来彻底瓦解孩子叛逆的根基，那就是你对孩子的负面看法以及不切实际的期望，它们会让孩子的叛逆行为反复，让你们的冲突不断。

### 第 10 步：时刻牢记这些步骤

约吉·贝拉（Yogi Berra）说，不到最后一刻，一切都没结束。如果你觉得孩子的叛逆问题彻底解决了，那你就太天真了。尽管通过努力，孩子的叛逆问题得到了很大的改善，但计划结束之后，孩子的某些叛逆问题可能还会再次出现。这一步会介绍一些实用的方法，帮助你自查在哪些技巧方面可能出错，并帮你重新调整状态。

## 这个行动计划多久可以见成效

如果孩子的叛逆问题不太多且程度比较轻，那么你可能只需每周和孩子坐下来正式地聊一两次就够了。孩子的问题越严重，你需要在每一步上花的时间就越多，这样才能让上一步的技巧和实践生效，再继续进行下一步。通常，我们每个月与每个家庭见面 2 次，每个步骤给他们 2 周的时间。这样，家庭中的每位成员都有时间学习这些技巧，并利用它们切实地解决一些问题，从而慢慢地形成一种习惯。当然，你也许可以进展得快一些，但比较推荐的做法是每一步花 1 ～ 2 周时间。

# 需要告诉孩子这个行动计划吗

你可以（或许应该）自己开始这个计划，而不用去告诉孩子你这么做的意图。如果你告诉孩子你打算执行一个自助计划来减少你们之间的冲突（甚至表示希望孩子配合），那只会给孩子多制造一次抗拒你的机会，这对你没任何帮助。而且，你现在也知道，这个计划中的大部分是通过改变你的行为方式进而来改变孩子的行为，你并不需要要求或强制孩子去做改变。如果计划进展得顺利，孩子最终会发现自己有所改变，也可能他发现不了这种改变，不过，你一定会注意到这其中的变化。

计划的每一步都会告诉你如何按照指示去做，并示范如何让孩子知道你在做什么。虽然你不需要征求许可，但这并不意味着你的孩子就不会抗拒。例如，你初次向孩子介绍行为约定时，他就很可能会拒绝配合。不过，我们会告诉你如何坚持执行。而且，在那个环节之前，你可能已经改变了关注孩子的方式以及同孩子讲话的方式，所以没有必要给孩子多加解释，你只要按照提示去做就行了。

等到了解决问题那一步，就需要孩子更多地参与到计划中了。不过，那时你们之间的冲突已经缓和了很多，孩子会更愿意接受你的建议。而且，就算他不愿意花时间参加正式的家庭会议，如果他知道在参与讨论如何解决你们之间的冲突时他也有发言权，那他应该会乐意接受。

# 需要心理治疗师干预的情况

如果你决定在心理治疗师的帮助下完成这个计划，那么情况就完全不同了，你需要孩子去接受心理治疗。考虑到需要寻求专业帮助的叛逆问题一般都比较严重，让孩子配合去接受治疗绝非易事，很有可能孩子对此已经表示出了强烈的反对。

还记得序言中那个 17 岁的马克吗？我们在第四章中也提及马克的叛逆问题很严重，几乎符合行为障碍的标准，他的家庭在执行这本书的行动计划时无疑还需要心理治疗师的帮助。那么，他们是如何用说说笑笑的方式让马克去接受心理治疗的呢？对于这种早就需要干预的情况，已经没有任何时间可以浪费了，马克的父母可能不得不选择一种对马克来说特别重要的特权，并答应他在接受心理治疗之后允许他使用这个特权。特权的选择必须谨慎，既要对孩子有足够的吸引力，能对他有所激励，又要在父母的掌控范围之内。对马克适用的特权就是使用家里的车。虽然马克的父母现在管不了他待不待在家，但是车钥匙肯定在他们手里，而且会一直在他们手里。他们告诉马克，如果他下个月能一起参加心理治疗，那么他就能使用那辆车。他们还对马克说，如果他继续配合治疗，他们就会每星期往储蓄账户里存一笔钱，用于为他购买一辆二手车。

马克一开始并没有把父母的话当真，所以他虽然嘴上答应了，但头两次心理治疗他并没有到场。可当他发现自己没去父母就真的不让他用车时，他开始去接受心理治疗。他的情况进展很慢，不过到马克上大学时，他的父母感觉他已经回到正轨了，不用再担心他会葬送他自己的前途了。

吉娜的父母也很难让女儿参与到行动计划中来。最近吉娜下定决心，不想再因注意缺陷多动障碍而进行药物治疗了，于是有一段时间她拒绝服药。但后来连她自己也承认，没有药物的生活对她来说更不好过，于是她又开始定期服药了。然而，心理治疗就不一样了，想到朋友可能会看见自己走进心理治疗师的办公室，吉娜就觉得很丢脸，所以她断然拒绝了。和马克的家庭一样，吉娜的妈妈也想出了一个激励机制，不同的是，吉娜参加心理治疗换来的是使用电脑的时间。吉娜每参加一次心理治疗，她每天就能获得一点额外的电脑使用时长。几个疗程以后，吉娜的心理治疗师认为她可以不用每月进行 2 次心理治疗了，吉娜和父母可以继续按照本书来执行"自助计划"，等他们遇到问题时，心理治疗师可以再为他们提供咨询。

# 每个步骤会介绍什么

在每个步骤中，我们都会先简要介绍在 2 周的执行时间内需要达成的一系列目标。你可以不时地参考这个目录清单来提醒自己。接下来，我们会详细地说明该步骤如何执行。在每个步骤中我们都会穿插不同家庭的操作实例。考虑到沟通在实际操作中的重要性，我们有时还会示范如何在整个步骤中去突显积极的一面，并降低引发冲突的可能性。我们还会在每个步骤中提供一些棘手问题的解决思路，帮助你弄清楚你的计划在哪个环节出了问题。此外，考虑到孩子在青少年初期（12 ~ 15 岁）和青少年末期（16 ~ 18 岁）的情况有较大的差异，我们还会在必要的时候分别介绍适用于这两个不同的年龄段的方法。

# 你会从中收获什么

珍娜才 14 岁，可她的妈妈玛拉已经感觉自己要失去这个女儿了。倒不是说珍娜真的会离家出走什么的，而是她们之间的关系已经变得糟透了，玛拉担心她们之间永远也回不去了。她必须得做点什么了，于是她选择尝试本书的行动计划。（如果你想不起珍娜家里的情况了，可以回头看看第二章。）

虽然珍娜对妈妈的大部分话还是表现得很不耐烦，但玛拉现在开始咬咬牙忍着不发火。起初珍娜就站在那儿等着妈妈和她吵，后来她发现妈妈还是不作声，就阴阳怪气地喊了一声"哎——"，玛拉要么就自顾自地接着忙，要么微笑地看着女儿问"怎么了？"，就像什么事都没发生过一样。当珍娜发现妈妈这么做并不是在惩罚她时，她对妈妈那些不屑的回应也慢慢减少了。

同时，玛拉还尽力去留意女儿的行为。如果珍娜做了一些她认可的事情，她就会提一下，并对女儿的行为表示尊重和认可。现在，女儿放学后她也不是见面就指责："珍娜，你床上到处都是脏衣服，简直太乱了！"而是说："嘿，宝贝儿，你要收拾你的衣服了吧，你主动做家务可帮了我大忙了！"要是珍娜在玛拉要上床睡觉时才完成了一项作业，她也忍着不发火，而是说："噢，珍娜，你要是还没开始写英语或历史作业，你今晚怎么能睡得好呢？"她还会看看女儿的数学作业，然后说："哇，要是我在高中的时候数学能像你这么棒该多好啊！祝你顺利完成剩下的作业！晚安，宝贝。"

玛拉最希望的还是能和女儿建立起她一直想象的那种亲密关系，可她心里清楚，女儿已经一而再再而三地拒绝她想要一起吃午餐或购物的提议了。所以，她现在开始留意时机，比如周末看女儿没有忙着用手机跟朋友聊天，她会假装漫不经心地问一句："嘿，我做了些爆米花，电影就要开始了，你要不要一起来一点儿？"珍娜一开始以为妈妈有别的企图，不过慢慢地她开始接受妈妈的邀请了。有一次电影中的某个片段让她们回忆起了一件家庭趣事，两人聊得太欢，甚至错过了电影的后半部分。

几天之后，玛拉又邀请珍娜参加某个活动。珍娜理都没理她。玛拉也没有批评女儿，只是简单说了句："那就下次吧。"当她第三次邀请女儿和她一起做些什么时，珍娜答应了。她们一起为珍娜表姐的 16 岁生日做纪念册，母女两人玩得很开心。后来，她们几乎每周都要一起参加几次活动。两人慢慢发现，她们虽然平时有些分歧，但在一起时还是很开心的。

可是，当玛拉进行到本计划的第 3 步时，她立刻感觉又被打回了原形，好不容易才走出了几小步，现在又彻底倒退了。珍娜又开始对玛拉大呼小叫，说她知道妈妈是在想办法再控制自己。"凭什么要我来争取使用手机的权利？这本来就是我的手机。你把它还给我！"玛拉不为所动，冷静地告诉珍娜自己是想帮助她调整与别人讲话的方式，这样她才能与每个人（不仅仅是自己的妈妈）相处得更好。玛拉还说，珍娜只要能好好跟她讲话，每次就能获得 5 分钟的手机使用时间。一周下来，珍娜使用手机的时间和平时一样多了，在回应玛拉的时候也不再是喊"干吗？"了，而是改用"怎么了，妈妈？"。

接下来几周，玛拉又从女儿令她困扰的叛逆行为中选择了几项，把它们加到行为约定中，并针对不能遵守的情况设定了一些小惩罚。玛拉说珍娜向来不是一个能冷静思考、乐天派的孩子，她自己也不是"洁癖狂"，不过在经过了一个半月的"训练"之后，家中似乎比从前平静了许多。珍娜的房间虽然还是有些凌乱，但至少不像从前那般像"灾难现场"了；在父母向她提出什么要求时，她也不再直接出言顶撞，而是似乎习惯停下来先考虑一下。

在行为约定这一步进展顺利之后，玛拉列出了几条不可协商的规则：①不得饮酒或接触毒品；②父母不在家时，不能带朋友回家；③与别人讲话时要有礼貌（尤其不能说脏话）；④遵守宵禁规定；⑤帮忙做家务。珍娜对此极力反对，坚持自己在宵禁和做家务方面有发言权。玛拉早料到了女儿的反应，于是借机强调了可协商事宜与不可协商事宜是相辅相成的。虽然珍娜要遵守宵禁规定这一点不容协商，但是宵禁的具体时间以及可能出现的特殊情况是可以协商的。虽然珍娜要帮忙做家务这一点不容协商，但是具体做什么家务、什么时候做以及完成家务的奖励都是可以协商的。玛拉还顺势引入了第 7 步解决问题的方法，希望和女儿共同讨论有关宵禁和做家务的细节问题。让她没想到的是，女儿愿意配合讨论这些会影响她自己生活的问题。母女二人最终在有关宵禁和做家务的细节问题上达成了一致意见。

不过，这个解决问题的过程对她们来说也并不是那么容易。玛拉和丈夫格雷格后来甚至动员所有家庭成员一起来参与讨论。他们之所以让年幼的孩子也加入其中，是希望珍娜在使用电视玩互动游戏的时候更多地考虑一下其他家庭成员的感受。之前每次珍娜霸占着电视机玩游戏的时候，其他孩子都感觉姐姐在欺负他们；玛拉和格雷格也受不了游戏的音量，但是又累得不想下楼去叫她调低音量，可他们在卧室或者厨房喊珍娜她又听不到。有时他们实在忍不了了，便会冲下楼去，但是因为在气头上，又会采用威胁珍娜的老一套办法。有一次，珍娜甚至还故意调高电视音量来盖过他们的声音，格雷格一气之下关掉游戏，还把电视机开关弄坏了。玛拉想把全家人聚在一起来讨论如何解决问题，结果每个人都争先恐后地表达对珍娜的不满，珍娜说他们就是想合伙来针对自己，于是扭头跑掉，把自己关在房间里不愿意出来。

许多情况下，有关解决问题的讨论可以让全家一起参与，但如果问题与叛逆的孩子有关，那参与者最好只有这个孩子和父母。年幼的孩子可能给不了什么帮助，父母也无须在原本就充满不确定因素的互动中增加任何矛盾。而且往往这个时候，父母可能会站在年幼孩子的这一边。在讨论解决问题时，他们会想出一个最终能满足每个人需求的解决方案，他们也会询问年幼的孩子是否接受这样的解决办法，只不过不是在讨论的时候。他们还制订了一个时间表，安排了每个成员每天可以玩电脑游戏的时间，而珍娜可以在其他时间使用电视，但是在家里还有其他人的时候，她必须将音量控制在一定范围内，晚上 9 点以后音量要低一些。

与此同时，玛拉和格雷格开始观察家庭成员之间的交流，每个人都开始努力尊重并倾听对方——真正地倾听。珍娜想要和玛拉说话时，玛拉要么给她一个信号，表示自己马上就来，要么立刻停下手头的事情，抬头看着女儿。然后她会重复一遍珍娜说的话，问她是不是这个意思，确保自己理解了珍娜的话。玛拉觉得单单这个举动就已经避免了许多家庭小摩擦。不过，珍娜好像还是无法控制在弟弟妹妹面前偶尔说几句脏话的冲动，这一条是不可协商的家庭规则，所以，珍娜一家已经将这一条添加到行为约定中继续努力去遵守。

在整个行动计划快要结束的时候，有一天玛拉突然发现自己正在做一直以来梦寐以求的事情：和女儿面对面坐在餐厅，边说边笑，吃完午餐之后还一起去购物。她试探性地感叹了一句："宝贝，这感觉太好了！"女儿也跟她一起笑了。玛拉便借机跟珍娜说明了自己在过去几个星期的收获，明白了自己以往对珍娜的期望有不妥之处，比如，指望 8 岁的珍娜能够理解，妈妈因为忙着照顾 2 岁的双胞胎弟弟所以没时间跟她玩"大富翁"游戏，没有及时告诉珍娜她帮助照顾弟弟妹妹是帮了家里的大忙，甚至忘记让珍娜知道，在她心里女儿多么聪明伶俐，会有美好的未来。珍娜也很坦诚，告诉玛拉自己几个月前还觉得她"很恐怖"，想要她远离自己的生活。母女二人心照不宣，但都庆幸自己不再像从前那样了。

## 行动起来

解决孩子的叛逆问题是值得父母去做的，但任务艰巨，所以，一定不能将眼光设得太高，也不能将目标定得太大、太分散或太模糊。其实，除了实现减少冲突并改善亲子关系这两个目标，你也不需要设定其他的具体目标。但如果你希望这个任务变得更容易管理的话，你可能需要明确一下自己的目标，以便让自己在执行整个行动计划的过程中会一直关注这些目标。以下是接受过我们训练的家庭设定并达到的总体目标，你可以浏览一下，然后选出 1 ~ 3 个你想要达到的目标，或者在下方空白处写下你自己设定的目标。

- "改善我与孩子之间的沟通。"
- "心平气和地与孩子讨论可协商的事宜。"
- "设置针对具体叛逆行为的惩罚并坚持执行。"
- "把握孩子所需要和应得到的自由度。"
- "确保我和另一半在对孩子的奖罚制度上保持一致意见。"
- "列出家庭不可协商规则的完整条例。"
- "想办法减少____（婚姻矛盾、疾病或伤痛、经济负担、情绪困扰等方面）的压力。"
- "开始安排时间和孩子做一些轻松的事情。"
- "帮助孩子发展他在艺术方面的天赋。"
- "每个小时至少表扬孩子 1 次。"
- "对孩子的作业有合理的期望。"
- "避免家庭成员互相偏袒。"

你设定的目标：

_____

_____

_____

_____

_____

# 第八章
## 第 1 步：养成积极的一对一相处的习惯

先来想想孩子最近几天都做了些什么，你会怎么描述呢？只要一有事找他，他就开溜？芝麻大点的事都要和你争吵？孩子说起任何事、任何人都充满嫌弃和厌恶？我们在第一部分已经解释过，经常和孩子发生冲突的人很容易只去关注孩子消极的一面。只要你觉得自己的孩子"糟糕透了"，那你往往就只会看到他不好的一面。所以，你在回顾孩子过去一两天的行为时，如果发现的都是些破坏规矩的行为，比如顶嘴吵架、逃避自己的任务，或者整天唉声叹气，这也并不稀奇。

你脑中浮现出的画面应该不太美好。正因为我们知道只看到孩子消极的一面只会引发冲突，所以你应该开始换些新的画面了。改变孩子叛逆行为的第一步，就是认可孩子积极的行为以及符合你预期的行为。

## 达成目标

- 改用积极的态度关注孩子，从而改变你们互动的基调。
- 用心和孩子一对一相处，消除你们看似无法消除的消极情绪。
- 将对孩子的积极态度转化为行为，进行有效表扬，激励孩子遵守约定。

# 改用积极的态度关注孩子

当你的主要任务是掌控叛逆的孩子时，让你学习如何关注孩子、花时间与孩子积极相处、忽略孩子轻微的行为偏差并表扬孩子，看上去似乎有些偏离方向。而且，要做到这些也很难，因为你们在最近的相处中已经对对方充满了怨恨和敌意。看看你每一次与孩子互动时的消极态度就知道了。但是，这一步是绝对必要的。表扬孩子和与他高质量地一对一相处，对打破你和孩子之间的僵局至关重要。所以，不论这一步在你看来多么艰难或者无足轻重，你一定不要跳过或者忽略这一步。大量的研究和临床实践表明，相比之下，有效执行这一步的家长能更好地完成后面的计划。

还记得我们在第七章中提到家长要变得积极主动吗？你不必被动地等待孩子的"出击"，然后再四处躲闪避免硬碰硬，你完全可以采取一些具体且简单的措施来改变你们之间互动的基调。不妨先试着时不时改用积极的态度来关注孩子，而不是时时刻刻只关注他不好的一面。孩子还是会做一些正面的事情的，但他可能会感受到，在你眼里这些事都是理所当然的，家里没有人会欣赏他做的好事，也没有人会欣赏他独特的品质。只要你细心一点，你就会看到孩子这些好的方面。

在这一章中，你将学会如何让孩子意识到，你并不认为他一无是处。你可以不时地与孩子短暂相处一下，期间既不批评也不打探。你还将学会去忽略孩子轻微的行为偏差，而不是揪住不放，使劲打压。当你意识到和孩子在一起的时间不一定都得争吵时，你就会学着去表扬孩子，直接明确地表达你关注到的好的一面。这些方法都非常简单，经过一两个星期的训练，你就会为第 2 步的目标做好准备。那时，你将学会如何更有效地对孩子提出要求，他也更有可能去遵守。

如果你还是觉得自己不需要做这些，想要直接跳过这一步，那么请先继续往下读。

**1. 审视一下自己的"管理"方式**。作为孩子的监督者，你合格吗？你希望自己在本职工作、志愿工作或朋友关系中做出的贡献能够被认可，你的孩子同样也希望他自己好的品质和成果能够得到认可。能让员工心甘情愿在周末加班的，一定不是那个长期用开除来威胁员工或者抱怨员工工作效率低的老板，而是那个认可员工的积极贡献的老板，哪怕他只是说了句"我知道这项工作不轻松，我也很感激你尽力完成这份报告"（也许你并没有按时完成）。如果老板还指出并赞赏了你报告中的闪光点，那么下一次你就可能会更努力地在截止日期前一天完成报告。你一定有过类似的切身体验，那你的孩子又何尝不是如此呢？

道理很简单。积极的关注会让我们变得更有热情、充满善意，并且愿意配合。我们都喜欢教练对我们说"你一定行的！"，还在训练时不停给我们加油打气。我们愿意常去探望的祖母一定不会整天唠叨我们该如何把事情做得更好，而是觉得我们怎么看怎么顺眼。积极关注的力量是无穷的，可我们为什么总是忘记去做呢？

## 我们太忙了……

　　有时候这只是效率的问题。大多数青少年的家长都承担着繁重的工作。你可能还有年幼的孩子需要每天开车接送、年迈的父母需要你额外的帮助和照顾，你的事业正处于关键时期，家庭的经济状况也需要细心打理，而且还可能面临一些随着年龄增长而出现的健康问题。有时候，你的生活似乎就是一张长长的待办事项清单。所以，你只能关注到孩子还没有完成的任务，这是可以原谅的。只是，你也需要站在孩子的角度想象一下，每次孩子一回家，招呼他的就是一长串他做错的事情、忘记做的事情以及接下来必须完成的事情。有一次，我们认识的一个 17 岁的孩子在面对妈妈这样的反应时说道："天哪，妈妈，你为什么总是对我怒气冲冲呢？"她的妈妈当时愣住了。孩子解释道："有时候你跟我说的似乎都是你生我气的事情。"这位母亲并不是想要批评孩子，也不是真的在生气，她只是想在自己还记得的时候赶紧把这些事提出来，免得过会儿忘记了，事情又无法完成。正因为有时候我们并不是有意采取消极的态度，所以才会忘了努力去变得更积极。

　　不过，在孩子回家后，父母如果说一些正面的话："嘿，宝贝儿，你的房间现在整洁多了，谢谢你在周六的派对前收拾好，这可省了我不少时间呢。"或者压根不提做家务的事情，那孩子是否会变得配合一些呢？

## 我们没有接受过训练

　　我们没有利用积极关注的力量的另一个原因，就是我们根本不知道该怎么做。这并不是说我们就是不合格的监督者，而是我们压根没有去当孩子的监督者。职场上的管理者（至少优秀的管理者）都学习过激励自己员工的具体方法。例如，在非常畅销的商业管理书籍中，有一本名为《一分钟经理》（*The One*

*Minute Manager*）的小书，专门介绍了一些激励员工的办法，例如多与员工交流、给予积极反馈和赞扬、少穿梭于各个办公室去翻阅文件。如果你从来没有担任过这个职务，那你很可能没有机会掌握这些技能，也不会意识到它们在家庭中和在工作中同样重要。在行动计划的第1步中我们会教你如何去做。

**2. 暂时停止对孩子的说教和评判**。对青少年来说，只认可他们积极的一面和减少批评是不够的。自从孩子出生以来，小到系鞋带，大到学开车，大大小小的事都是父母在教，所以父母想要改掉说教的习惯并非易事。但是，孩子到了青少年时期，父母的帮助与说教也许和直接的批评一样会产生负面效果。孩子已经长大了，他们并不是时时刻刻都需要父母的帮助，况且在消极的互动氛围中，父母的帮助只会被当成另一种负面的反馈（"你做得不对！"）。甚至连父母问孩子问题——不管用多么善意的态度——都会被当成是挑战或者逼问，即使你不带任何挑衅，你的提问也可能会让孩子产生防备之心。如果孩子经常无视你的要求、逃避做家务、不按时完成家庭作业，或者达不到你的期望，你可能已经反反复复地问过他好几遍了，好让他完成他自己的任务。所以，从现在开始，尽量不要对孩子发号施令或过度指导，也不要反复质问。

# 安排优质的一对一相处的时间

**1. 在接下来的一周，安排 3~4 次与孩子一对一相处的机会，每次至少 15 分钟**。在这段短暂的相处时间里，对孩子不提问、不指示、不纠正，也不下命令。这样做的一个主要目的是让孩子来主导你们之间的互动，而若是你提问，那么主导权就在你这边。如果你能做到不纠正、不评判，也不给出任何指示，那么你们的相处就不会带有个人评价色彩，这会让你们之间的互动基调发生微妙的转变。

**注意** 不要把一对一的相处当成对孩子的一种奖励或惩罚。这个训练的重点在于，你是主动积极地与孩子相处的，你们在一起时，你希望孩子能够主导你们之间的互动。如果你把它当成孩子行为的结果，那么即使是作为奖励，你们之间的互动也是带有个人评价色彩的。

安排一对一相处时间的方式主要有以下两种。

（1）让孩子来选择感兴趣的活动（在合理范围内）。也许你的孩子想开车去商场、打打篮球，或者玩会儿电子游戏。你需要做的只是告诉孩子，你有一点空闲的时间，想和他一起做点什么——那他会想做些什么呢？对于青少年，尤其是年纪还不大的孩子，他们对这件事的热情可能会令你大吃一惊。允许孩子选择任何活动，只要它不违法、不是破坏性的，也不会花费太大，你就放心大胆地让孩子来主导这个活动。如果孩子选择玩游戏，但他在游戏过程中作弊或违反规则，那么在一对一的时间里，就按照孩子的这种"新玩法"来玩。如果孩子选择玩电子游戏，你可以让孩子教你怎么玩。总之，完全接受孩子，并试着找回孩子小时候和你一起玩耍时的乐趣。

（2）参与到孩子正在做的事情当中，例如看电视、从事某种艺术活动，这时你要去关注他，陪在他身边，并给予一些正面且不带任何偏见的简短评价。你可以说"我发现你正在用前几天我们一起买的新蜡笔"，或者"这部电影看起来挺有意思的"。然后陪在孩子旁边，时不时夸一夸他做得好的地方。你可以说说他手头上的项目进展得多顺利，或者听到他的笑声感觉多么好，又或者你觉得他在身边你感觉多么幸运之类的。如果你实在忍不住想要问问题，那就尽量问一些不会引起孩子反感的问题，而不是听上去像是在批评他的问题。比如你可以问"你不觉得这部电影很棒吗？"，而不是"看电影前你写完作业了吗？"。吉娜的妈妈选择在女儿画画的时候接近她，并夸赞了她画的猫。吉娜患有注意缺陷多动障碍，总是很难专注地做作业，妈妈努力让自己不要提起写作业的事情，而是花 15 分钟时间专心地陪伴吉娜，看她画画并称赞她的作品。

　　想要走近青少年时期的孩子，最关键的是要制造轻松和随意的氛围。上述第二种方式可能对年龄稍大一点的青少年更为适合，因为如果父母对他们提出想要一起做点什么，他们很有可能会心生疑虑，认为父母别有用意。另外，还有些孩子压根对和父母相处不感兴趣，采用第二种方式也会更有效果。

　　**2. 到第二周，看看你是否能增加和孩子一对一相处的时间。**肯尼思·考夫曼（Kenneth Kaufman）博士是纽约的一位心理学家，他在家长训练方面已经有 30 多年的经验了。他发现，如果一对一相处的时间被安排在新的一天刚开始的时段，效果会更加明显。因此，如果你要安排其他时间与孩子相处，请记住这一点。通常孩子在与父母愉快地相处了一阵之后，这种好情绪会持续几个小时。那么，接下来无论是做家庭作业，还是完成家务或其他任务，都会变得轻松许多。尽管考夫曼博士的发现还没有得到其他研究的证实，但我们在帮助众多家庭的过程中积累的经验验证了这一点。

　　**3. 忽视孩子轻微的行为偏差。**在与孩子一对一相处的时候就开始使用这个策略，而且如果你发现这样做不会让孩子的叛逆行为变得更严重，那么也可以尝试将这个方法应用到其他场合。你所要做的就是，忽略孩子的一些惹人心烦的小毛病，只要他没有违反家庭的底线规则。例如，凯文的父母在凯文打断或者想要打断他们讲话的时候，就不再说话了，转身去做别的事情；

## 先思考，后行动

**别让不充分的计划影响一对一相处的效果。**

- 开始这一步之前，想一想自己怎样与孩子单独相处。你能否安排得出这样的时间？是趁其他孩子不在家的时候，还是给其他孩子安排一些活动，比如做家庭作业或是看他们喜爱的电视节目？

- 如果你太忙了，怎么都抽不出这 15 分钟的时间，那你该如何来完成这一步呢？你能否将一些家务或琐事安排给你的另一半来做？如果孩子想要你开车送他去什么地方，你是否可以利用这段时间？或者只在周中安排一次一对一相处的时间，而把大部分相处时间安排在周末？

- 你觉得孩子可能会选择什么样的活动？这个活动在你看来是否合理？如果你知道他会选择一些不太合理的活动，你是否想好了替换的方案？比如，凯文想让妈妈开车带他去 30 千米开外的游戏商城，因为只有那里才买得到最新的游戏设备。妈妈就提出凯文可以在家里玩任何现有的游戏，或者在家附近做任何其他的事情。你可以自己设置一些备选项，但尽量避免需要开车或花钱的项目。

- 你要记住这一步的目的是让孩子卸下防备，自然而然地与你相处，但这并不是说你不能提前思考与孩子相处的最佳时机。比如，孩子通常什么时候做自己喜欢的事情？一天中的什么时间段比较合适？预知孩子在什么时候会比较放松，什么时候会被某些有趣的事情吸引，有助于你做出能够"随意"地接近他们的计划，只有这样的时候，你们之间的一对一相处才是积极有效的。

劳伦的父母虽然不喜欢劳伦花太多时间跟朋友发消息聊天，但他们决定不再阻止她了，除非到了不得不说的时候，例如该下楼吃晚饭了；马克"洗劫"家里的冰箱父母也由着他去了，只要他不拿啤酒；吉娜的父母关上吉娜的房门，免得看到她乱糟糟的房间又忍不住唠叨她。总之，你要时刻提醒自己之前列出的不可协商的底线规则，只要孩子不违反这些规则，就可以忽略他一些轻微的行为偏差。

如果孩子出现一些轻微的行为偏差，你只需转过身去等待一会儿，哪怕只是一小会儿。如果孩子的行为停止了，你就给出一些正面的评价；如果孩子的行为愈来愈严重，那就先结束一对一的相处来纠正孩子的行为问题。

**注意**　如果你是在一对一相处时间之外使用这个策略，一定要注意，对于孩子非常敏感的事情，要尽量忽略孩子轻微的行为偏差，否则好事会变坏事。所以，如果你知道跟孩子谈论用车的问题会很容易引发你们之间的冲突，那么你是否可以考虑让你的另一半去和孩子谈？这样的话，如果孩子在解释他为什么要用车时嗓门越来越大，你就不会把他的这个行为放大。而你的丈夫（或妻子）对孩子用车这件事没有这么敏感，所以他（她）也就不会对孩子的大声讲话反应过激，而是会试着忽视音量的问题，先让孩子冷静一会儿，等他声音小下来、不再激动时再继续沟通。

**问**　我儿子今年 16 岁，每次我提出想要跟他一起做些什么时，他都表示不屑；每次我试着在他做自己的事情时靠近他，他都起身走开。这种情况，我们怎么可能进行一对一的相处呢？

**答** 如果孩子一直这样抗拒，那么你需要抓住任何你们可能在一起的机会，把它变成一对一的相处时间。比如，你开车送他上学或者体育训练课后接他回家，路上需要15分钟，你就可以利用这段时间来执行这一步。很多家长都发现，自己在车里与孩子相处时，往往不会对孩子有那么多的评判，可能主要是因为开车时不用看着孩子。你不用担心相处的时间不够15分钟，哪怕一开始只是花一两分钟，对孩子说些积极的话也可以。但是无论如何，你都要着手这样去做，因为如果你不变得积极主动，你和孩子的关系是不会往积极的方向走的。

**问** 我在和女儿一对一相处时，好像都不知道该怎么讲话了。突然要用另一种方式说话，我的舌头都打结了。我该怎么办？

**答** 有的父母觉得自己像体育评论员一样，孩子一边做事，他在旁一边不停地解说；有的父母像复读机一样，一直不停地重复孩子刚刚说过的话，还问孩子是不是这个意思，让孩子继续说话来主导互动。其实，这个过程中你并不需要说太多话，慢慢地你就会觉得相处没有那么难。记住一定要坚持下去，你所说的这种尴尬的情况很快就会过去。你也可以让另一半在你面前演示如何跟孩子讲话，或者请他（她）来扮演孩子的角色，评价一下你和孩子说话的方式是否合适，这样可以帮助你在真正与孩子沟通之前调整好沟通方式。甚至有些时候，你可以不说话，你只需靠近孩子，把手轻轻地放在他的肩膀或手臂上，鼓励性地捏一捏。这种非语言的沟通方式同样能传递你的关爱。肢体上的接触往往也能表达出你们之间的亲近，其意义不言自明。

# 多表扬，激励孩子遵守约定

你需要看到孩子身上积极的方面，但仅仅这样还不够。回想一下，你上次表扬孩子的行为是在什么时候？你上次因为有孩子在身边而心存感激又是在什么时候？我们常常因为无尽琐碎的生活细节而忽略了拥有孩子的幸福感，可如果有一天孩子消失了，你会是什么感受？用内心深处的这种幸福感来消除对孩子的怨气和敌意，多跟孩子表达你是多么珍惜他给家庭带来的幸福感。

或许你的孩子已经叛逆惯了，你们之间的不愉快也持续好一阵子了，但我相信你一定还记得，在孩子小的时候，只要你夸他几句他眼中就会有光，整个人充满阳光和自信。所以，你需要学会在合适的时候表扬自己的孩子。只有学会看到孩子好的方面，并向孩子表达你对他的积极关注，你才能学会改变向孩子提要求的方式。

**1. 留意孩子好的一面。**在接下来的两周里，记得每天留意孩子好的行为表现。不需要孩子做得特别完美，只要可以接受就行。你不妨多留意以下3 种情况。

（1）你正在忙的时候，孩子没有来打扰你。这时你就可以暂时停下手头的事情，感谢他没有来打扰你。比如，你正在接听一通重要的电话，那你就可以用唇语对孩子说声"谢谢"。

（2）不论孩子在什么时候提出想要帮你的忙，记得一定要感谢他，不管那是多么小的事情，哪怕只是擦一下不小心洒在桌上的苏打水。刚开始孩子或许并不太在意这件事情，但是如果你对这些小事表现出持续关注，他就会想要做得更好来获得你的肯定。

（3）如果孩子开始做你要求他做的事情，记得要马上表扬他。

---

### 先思考，后行动

回顾一下你在第四章结尾列出的孩子在某些方面的强项，看看你能否想到一些相关的事情让孩子去做。可以是一些很简单的要求，比如：让儿子帮你拿一下你够不着的东西，因为他个子比较高；或者让女儿把她完成的地理课作业——制作的地图拿给弟弟看看，因为她做得特别棒，可以给弟弟做榜样；也可以在家庭聚会的时候，让调皮好动的孩子（许多叛逆的孩子都有这个特征）去打开电视，一起观看乒乓球或排球锦标赛。这样做可谓"一石三鸟"：既关注到孩子积极的方面，又让孩子发挥他的强项，还能让孩子遵从你的要求。而且你会发现，孩子在忙着做这些事情的时候，很少出现一些消极的行为。没有人能同时做两件事情。

---

**2. 要求孩子做一些他无法拒绝的事情，制造机会来表扬他。**如果有时候你发现孩子实在没有什么值得表扬的方面，那你可以要求他做一些事情，给孩子制造表现的机会。

对于父母的不同要求，孩子的反应是不一样的。如果你让孩子"关掉电脑，上楼去做作业"，你也能预料到孩子很有可能是抗拒的，但是如果你说，"我刚烤了蛋糕，你来尝一块吧"，你觉得孩子会是什么样的反应呢？

我们现在的目标是，在接下来的两周，想想孩子可能会遵从的要求，以此去激发孩子的积极行为，并对他多加表扬。你对孩子说"注意前面的水坑"，孩子一定会听，慢慢地他就会开始遵从你的要求。这个训练的好处在于，你从不缺少实践素材。你可以让孩子"去做家务"，也可以让孩子"从我钱包里拿 20 块钱，去买你想买的东西吧"。只要你花点心思，就不愁找不到事情。

下表中列出了一些青少年可能愿意遵从的要求，你也可以补充自己的要求。哪怕只是最简单的要求，哪怕是孩子不会反感的要求，它终究也是父母的要求。如果孩子照做了，并得到了你的表扬，过不了多久他就会习惯这种模式，逐渐会自然而然地遵从父母的要求。

**3. 因为孩子表现不差而表扬孩子**。如果孩子打断你的谈话、嘴里塞满食物时讲话、进屋留下脏兮兮的脚印，或者违反其他家庭规则，你通常是怎么做的？你很有可能会训斥他，让他改一改自己的行为。但这样做是否有效呢？如果你的孩子很叛逆，那很有可能没有什么效果。现在想想，在孩子没有违反这些规则时，你又是怎么做的呢？很有可能和大多数家长一样，你会说"什么都不做"。为什么你什么都不做？因为孩子没有违反任何规则，所以你不需要采取任何行动来纠正他的行为。

如果是这样的话，那可能什么都不会改变。

为什么不试着换种方式？挑出那些你认为孩子会不时出现的叛逆行为，在孩子没有那么做的时候表扬他。这种策略就是要在孩子没犯错时"自找麻烦"。动物没咬人的时候，你如果去招惹它，它会咬你。但孩子不是动物，他很聪明，知道如果自己没犯错时会得到表扬，那他就会继续这样做。

你可以回到第一章查看自己列出的孩子叛逆行为的类型，挑选一种他经常出现的行为。你可以看看孩子的叛逆行为是不是主要集中在某一两种类型，如果是的话，那这些行为可能就是你选择的目标，因为它们是孩子频率比较高的行为。17岁的马克身上有太多的问题，所以他的父母根本不知道选择哪种行为来进行这一步的实践。他们的心理治疗师建议从小事开始，例如表扬马克尊重他人的物权、没有随便"借用"哥哥的衣服或随身听，或者没有一回家就把冰箱翻个底朝天。劳伦的问题主要是在言语行为方面，要是没法逃避父母的唠叨，她就会发牢骚、抱怨，甚至和父母争吵。劳伦的父母还发现

## 青少年可能愿意遵从的要求

☐ "快把电视打开，足球比赛马上就要开始了。"（如果孩子是足球迷）

☐ "自己去拿瓶苏打水喝吧。"

☐ "做作业的时候休息一下，放松 10 分钟吧。"

☐ "试试我的新耳环，说不定和你的上衣很配。"

☐ "请把盐递给我。"（就餐的时候）

☐ "看看这周末有没有什么好电影。"

☐ "今天你坐副驾的位置吧，这样你就可以调你想听的广播了。"

☐ "别关门，请等我一下。"

☐ "查查你的邮件吧。"

☐ "给 5 个朋友发发消息。"

☐ "在脸书（Facebook）上跟朋友聊聊天吧。"

☐ "把最后一块鸡肉吃了吧。"

☐ "明天周六，那就睡到自然醒。"

☐ "再看 15 分钟吧，这个节目马上就要结束了。"

☐ "去跟爸爸分享一下你给我讲的这个故事吧，太有趣了。"

☐ "给我们放一下那张新 CD 吧。"

☐ "玩游戏累了，晚上好好洗个热水澡，它会让你肌肉放松的。"

☐ "帮我拿一张纸巾，谢谢。"

☐ "帮我看看我眼镜戴正了没有。"

你可以要求孩子做的事情：

_____

_____

_____

_____

　　不管你提议了什么事情，尽可能让它有吸引力或者容易完成，然后借机表扬孩子。

女儿很难适应新环境以及未预料到的变化。于是，只要劳伦没有对突然变化的行程发出抱怨（比如，父母临时需要帮奶奶搬一下家具，所以没法带她逛商场），父母就会表扬她。吉娜的妈妈会表扬女儿没有在做作业的同时看电视。凯文的父母会表扬他没有在晚饭的时候无礼地打断妹妹讲白天在学校发生的事情。

**注意** 表扬孩子时一定不要带有嘲讽的语气。比如，你的儿子没有像往常一样在妹妹旁边捣乱招惹她，你表扬他说："谢谢你这次没有欺负蒂娜啊。"这可不是我们想看到的。虽然现在很多搞笑栏目和年轻人的社交圈里经常出现类似的冷嘲热讽，但如果你想要和孩子重建良好关系，这种语气不会对你有任何帮助。

**问** 每次我对女儿丽莎说"谢谢"，丽莎总是会嘲讽地回一句"噢，我荣幸之至啊"，要不就是不屑地说"哦，当然"。我是不是哪里做错了？

**答** 你没有做错什么。许多青少年对父母在行为上的突然转变都会持怀疑态度，他们不明白一向严苛的父母为什么突然开始表扬甚至感谢他们。他们自然而然地认为你别有用心，要不就是有什么其他原因。你只需坚持这么做，最终你的孩子会明白你其实并没有什么其他的动机。

**问** 连续两周，我抓住一切机会表扬乔斯做得好的地方，可他对我的戒备心还是很重，也没有变得更配合。我应该改变些什么吗？

**答** 乔斯与他爸爸之间的冲突和与你之间的一样多吗？如果是的话，你应该让乔斯的爸爸也和你一样去做，关注孩子好的一面并表扬他。否则，乔斯依然会觉得在家表现得好也得不到表扬，因为父母双方的反馈不一致。

**问** 蒂娅帮我做一些小事时我试着表扬她，可她总是对我说些难听的话，直到现在还是这样。好像表扬对她没什么用，她没有变得更配合。为什么会这样？

**答** 孩子对你说出一些讽刺或恶意的话时，你又是如何反应的呢？如果你朝她发火，或者警告她说话小心点，或是其他类似的做法，那你就被孩子牵着鼻子走，忘记了自己这么做的初衷。试试我们前面提到过的技巧，孩子说什么你就由她去说，你可以转过身去，等她说完了，再来感谢她帮你做事情。

要知道这一步或许是决定整个行动计划成功与否的最关键一步，它能帮助你重新建立对孩子的尊重、欣赏和认同，找回那些你在与孩子冲突不断时常常遗忘或忽视的东西。作者斯蒂芬·科维（Stephen Covey）在《高效能人士的 7 个习惯》（*The 7 Habits of Highly Effective People*）一书中指出，你对孩子的每一次正面评价，都是你和孩子之间情感账户中增加的一笔财富，不论孩子是否能清楚地认识到这一点。你所需要的就是耐心一些，继续给孩子更多的正面评价，情况慢慢就会好转。但是，也有一些家庭，由于父母和孩子之间的负面关系年深日久，父母在执行这一步的时候或许连自己都看不到任何起色。如果你在尝试了好几个星期后依然不见成效，这说明你需要在心理健康专业人士的帮助下来完成这个计划接下来的部分。

完成这一步之后，你将不再被孩子的叛逆行为所左右。这时，你和孩子之间互动的氛围已经开始改善，孩子也自然变得愿意遵从你的要求。当然，这不是一朝一夕的事，不过坚持两周以后，你应该会看到一些积极的转变。至少，你的家里充满着正面的反馈，这当然是件好事。既然你已经逐渐转向了积极的方向，那接下来我们就可以开始处理负面的问题了。在下一章中，你将学习行为管理的重要原则，以及如何运用这些原则来指导自己的行为，让孩子愿意接受你对他提出的要求。

# 第九章
# 第 2 步：采用新的行为管理方式

　　在努力改善家庭交流的氛围之后，许多父母表示他们的孩子变得配合多了。有些孩子只需父母善意地提醒一下，就会按要求行动起来了。有时候，只要彼此关爱、换位思考，就能消除家里的紧张感，大家也无须缩手缩脚，时时刻刻准备"应战"。你可能发现孩子现在不会拒绝你的每个要求，而你也不会遇到点小事就开始抱怨，这样一来，孩子也就不会抓住每个机会对你冷嘲热讽了。这种非恶性的循环会随着时间和你的坚持越变越好。

　　然而，对大多数父母而言，想要通过平衡与孩子之间的积极互动和消极互动来减少孩子的叛逆行为，仅靠增加积极互动是不够的。你可能还需要学做减法，学习如何直接减少你们之间的消极互动。要学会跟孩子提有效的要求，增加他愿意遵从的可能性。需要注意的是，我们说的不是靠你的威慑力去让孩子配合。在你学会如何最大限度地减少孩子的叛逆行为之前，我们暂时先不讨论惩罚，因为如果孩子没有叛逆行为，就根本不需要惩罚。这种方法主要依据两条重要原则，并且这两条原则会贯穿整个行动计划的始终。

- 优先采取积极措施，再考虑消极措施。
- 好的教养方式就是最有力的工具。父母要通过改变自己的行为来改变孩子的行为，这就意味着你要做主动积极型的父母，而不是被动反应型的父母，你需要行之有效，而不是处处碰壁。

千万不要将父母想要改变的意愿同软弱无能或放弃家长权威混为一谈。叛逆的青少年时常会让父母感觉自己无能或者无力，因此，无奈之下父母只好诉诸自己的权威来强迫孩子做出改变，这也是很自然的。但问题是，这种策略根本没有效果。还记得我们讨论过权威型父母和专制型父母的区别吗？前者会制订公平、合理且不动摇的原则，让孩子自觉去遵守，而后者则通过自己的威慑力来控制孩子，往往会引起孩子的反抗。作为父母，你的能力和权威只有在你以身作则时才得以体现，你可以改变自己的行为来引导孩子配合，而不是通过威胁、惩罚和言语攻击等方式来胁迫孩子。

一定要用心记住这一点，这很关键。你如果无法真正认同这种观点，就很难在这个步骤中去实践并验证它，也很难做出真正的改变。这就好比你明明拥有一台顶级计算机却弃之不用，偏偏要拿起算盘来计算未来 30 年你需要支付的贷款本金和利息。

# 达成目标

- 在与孩子的日常互动中开始遵守行为管理的三原则。
- 学会向孩子提有效的要求。

　　如果你仔细回想一下自己过去是如何让孩子听话、让孩子对你表示应有的尊重的，你就会发现自己可能已经深陷于孩子的胁迫行为模式之中了，对此我们在第二章有详细的介绍。有时你变成了孩子可以操控的木偶，无奈之下只好让步；有时你们又陷入无尽的争吵中，最终孩子成功逃避了他该完成的任务；对孩子的某种消极行为，你有时罚得轻，有时罚得重，有时甚至干脆不惩罚。对于与孩子相处，你唯一能预料的就是，大多数时候你们都是以争吵收场。是时候改变你们之间的互动模式了。此时你需要采用一种在心理学领域被证实有效的方法，我们称之为"行为管理"或"行为矫正"。

　　你将会在我们的整个行动计划中学到许多有关行为管理的技巧。不过，在这一步中，我们建议你先初步运用一些行为管理的原则来改变自己对待孩子的方式。所以现阶段，你只需记住这些原则，并让自己从这些原则出发来思考问题。在以后的步骤中，我们还会更加系统地应用这些原则。该步骤的第二个目标是学习根据 6 条重要的原则来向孩子提出更有效的要求。记得在执行这一步的时候，继续保持第 1 步中学到的，多给予孩子积极的关注。

## 通过改变你的行为来改变孩子

　　如果你的孩子患有注意缺陷多动障碍，你或许已经了解了有关行为矫正的技巧和原则。比如在孩子还小的时候，通过奖励星星、积分制度和计时隔离等方法都能有效地让孩子专注于当下的任务，而这些方法与我们接下来两周所采用的方法都基于相同的原则。哪怕你没有使用过上述这些方法，行为矫正的概念也是简单易懂的。它指的是，要改变一个人的行为，我们可以使用一些奖励和惩罚措施，我们将之统称为"行为的结果"。

　　相信你对行为矫正的实践并不陌生，但如果你没能从自己的实践中看到效果，很可能与你没有一贯地执行有关。事实上，"一贯性"可以说是有效行为管理的代名词。不过，现在谈论一贯性还为时过早。你需要牢牢地记住行为管理的模式，再开始进行行为管理。其实很简单，你只需记住这 3 个词：

### 预设 → 行为 ← 结果

从箭头的指向可以看出，影响或改变行为的方式有两种。你可以对行为做出预期的设想，也可以为行为设定相应的结果：如果做了会怎样，不做又会怎样。

其实在孩子的成长过程中，你一直都在使用这种模式。孩子还小的时候，许多事情都可能对孩子造成伤害，所以你往往会想方设法地去预设孩子的行为，避免他去做伤害他自己的事情。因此，这个时期你往往都在使用"预设"的办法来影响孩子的行为。举个典型的例子，父母会给家里的插座套上塑料套，避免学步期的孩子好奇地将手指伸进插座。由于涉及孩子的人身安全，你自然不愿意选择另一种方法，也就是让孩子去承担触碰插座的后果。不过，这种方法也不一定只局限于处理有关人身安全的问题，老师也常常使用这种方法。例如，他们会把喜欢说话的两个好朋友的座位调开，让他们坐在教室的两端，因为如果安排他们坐在一起，他们可能除了聊天就不干别的了。老师通过调整座位的方式让两个孩子都能专注，有效地矫正了他们的行为。

我们总是告诉父母，如果能想在前面，通过回顾以往的经历来预设孩子将来的行为，就如同往银行里存钱。你可以随时调用这些"资金"来优化孩子的行为。当然，并不是所有的行为都是可预见的，所以这时候，你就不得不使用"行为结果"的方法来改变孩子的行为了。

积极的结果往往会激励孩子的某种行为，而消极的结果会减少孩子的某种行为，这一点你一定不会觉得意外。如果孩子伸手去够插座时，你对他说"好样的！"，那他下次还会这么做；而如果你大声喊"不能碰！"，那他下次如果还想去碰的时候，就会先想一想了。不过，比较麻烦的是，我们有时候无意中奖励了孩子的某些消极行为，所以他下次还可能会那么做；或者惩罚了孩子的某些积极行为，结果孩子就不敢再做了。在第一章中，你已经了解到对孩子积极的关注就是孩子行为的一种积极的结果。如果你关注到孩子好的行为，那他下次就会继续做；如果孩子做得好而你却看不到，那他很有可能就不会再次尝试了。孩子对你大吼大叫等胁迫行为都属于消极行为，如果你为了息事宁人，让孩子用这一招来逃避他该做的事情，那就相当于以积极的反应奖励他的消极行为。之后，他的这种行为还会再次出现——这一点你不用怀疑。

时间一长，这种对胁迫行为的不当处理模式就会让孩子弄不清自己的行为会带来什么结果。他不再认为积极的行为就会带来积极的结果、消极的行为就会带来消极的结果。所以，你之前设定的奖励和惩罚措施都变得不管用了。因此，这一步的第一个目标就是要明确 3 条原则，从而让孩子清楚地认识到自己的行为和结果之间的联系。

- 明确对孩子的要求及其行为的结果。
- 对孩子行为的反馈要即时。
- 对孩子行为的反馈要一以贯之。

我们希望你在开始这一步时反复提醒自己，对孩子的要求要具体明确，对孩子行为的反馈要即时并能一以贯之。同样，这种转变也不是能即刻实现的。但是，只要你按照这个思路去思考与孩子之间的互动，你就会注意到自己在哪些方面没有遵守这些原则，并在与孩子互动时做出一些初步的改变。

　　**1.　明确对孩子的要求及其行为的结果**。如果你和孩子总是因为某件家务事或其他任务争吵，那最好想办法把这件事情的具体要求明确下来，并在接下来的两周按照这种要求来执行。你不知道，这个年纪的孩子可太爱钻空子了。比如，你让儿子去洗碗，他可能把东西一股脑塞进洗碗机，但是不启动，要么就只洗碗，锅、瓢、盆什么的都不管。你让女儿出去扔垃圾，结果过了 1 小时垃圾还在厨房，她还一脸无辜地跟你说："哦，我不知道你是叫我现在去呢。"如果你问孩子是不是在做作业，他会回应你说"是"，但他没告诉你他在写学期论文的时候，一边跟 10 个同学在脸书上聊天，一边还在下载歌曲。

　　如果你希望孩子照你说的去做，那么你就必须让他清楚你的具体要求是什么。你可以交代孩子："把餐具放进洗碗机洗干净，用过的锅也要洗干净并擦干，离开厨房前还要检查一下水槽有没有清理干净。"你也可以吩咐孩子："停下手头的事，马上去把垃圾扔了。"如果孩子回答他正在做作业，你可以告诉他："专心写作业，关掉聊天软件，关掉手机，不要一边写作业一边下载歌曲，这样你可以更快地完成作业，然后你就可以使用那些电子产品了。"

　　同样，你也要明确孩子行为的相应结果。你不能只是告诉他"你要是不整理床铺你就会有大麻烦了"，而是应该告诉他"如果你整理好自己的床铺，你就能使用手机；如果你在明天早上 9 点前还没有整理好床铺，那你明天一天就不能使用手机了"。孩子可能经常听到你威胁他会有"大麻烦"之类的，但他知道最后可能什么都不会发生，所以这样说对他来说并没有什么效果。

　　**2.　对孩子行为的反馈要即时**。在接下来的两周，尽量做到对孩子的任何积极行为（或不好也不坏的行为）立刻表扬。结果的一点点延迟都会让孩子忽略自己的行为和相应结果之间的关联，从而让原本设定的行为结果失效。这一点不仅适用于对消极行为的惩罚，也适用于对积极行为的奖励。在第 1

步中你也许已经注意到，如果对孩子的表扬不及时，孩子的态度或行为就不会有什么改观。比如，女儿早上出去扔了垃圾，你到晚上才跟她说"谢谢你今天扔了垃圾"，这样做并不能强化行为与结果之间的关联，但如果你在她扔完垃圾回来之后马上就对她表示感谢，效果就不一样了。

对孩子的消极行为也要即时反馈，立刻告知孩子该行为带来的结果并坚决执行它。例如，孩子在家讲脏话，违反了家庭约定的底线规则，但当时因为有他人在场，你不想弄得难堪所以没有追究，几小时之后，你再告诉孩子他要接受讲脏话带来的结果——当天晚上不能使用电脑，可以肯定的是你自己也能想到你们免不了一顿争吵：孩子抱怨这不公平，因为他说脏话的时候你并没有告诉他你很生气，还说他现在必须得用电脑，因为他还要和同伴合作完成一项小组作业，如果他不在线上参与的话，这项作业就没法完成，那他们就都得挂科。其实孩子心里很清楚，在家里讲了脏话就要接受这个惩罚，但是因为你没有立刻执行，他就想当然地认为这事就这么过了。类似的情况不胜枚举。总之，关键点在于，虽说迟到的惩罚总比不惩罚强，但是如果你想要强化孩子的行为和结果在他心中的直接关联，那你最好立刻执行相应的奖励或惩罚。这也就意味着，在接下来的两周，在你重新树立孩子的行为结果意识时，你需要即时执行对孩子的奖励或惩罚。那么，多久才算是"即时"？尽量争取在 10 秒钟之内，当然对大多数孩子而言，在他的消极行为或积极行为出现后几分钟内进行相应的惩罚或奖励都是有效的。

还有一点值得注意，如果你的孩子患有注意缺陷多动障碍，对孩子行为结果反馈的即时性就更加重要了。你可能已经了解到这些特殊的孩子只活在当下，如果没有他人的帮助，他们是无法思考未来或反思过去的。所以，你需要让孩子立刻看到其行为的相应结果。

**注意**　你要行动起来，不能只是嘴上说说。许多父母在孩子没有遵从他们要求的时候，只会不停地重复要求孩子去做。很快，孩子就会发现父母没招儿——他们顶多嘴上说说，也不会采取什么行动。萨姆·戈尔茨坦博士多年来始终建议，只要父母和孩子讲明了某种行为的结果，一旦孩子做出这种行为，那他们就应该立刻执行结果，而不是继续和孩子拉锯，也不要只是威胁孩子，反复跟他强调这件事情的结果。你需要做的就是直接执行双方已知的结果。

如果孩子违反某个底线规则时，你们恰好在某个公共场合（例如餐厅或商店），很难在当下执行惩罚措施，那么你可以像警察给超速的驾驶员开罚单那样，递给孩子一张"延时惩罚单"，上面明确写着他会面临什么样的结果，并告诉他会在什么时候执行。等你们俩回家之后再遵照执行。

**3. 对孩子行为的反馈要一以贯之。**选择一项你希望孩子遵守的家庭规则，最好不是孩子特别敏感的方面，在接下来的两周里严格地执行它。注意别让孩子钻空子！要知道，父母在教育孩子时如果存在不一致性，叛逆的孩子就很会利用这个大漏洞。想一想，你在执行家庭规则时是否前后一致，还是有时会左右摇摆？你是不是会严格执行一阵子，然后过一段时间又放松了呢？是不是某些规定只有爸爸坚持，而妈妈觉得可有可无？是不是某些规定只有在爸爸或妈妈心情不好的时候才会执行？是不是某些规定只有妈妈在而爸爸不在的时候，或爸爸在而妈妈不在的时候才会执行？你是否在某些规定上对这个孩子放松，对其他孩子严格（而这种区别对待的情况并没有在规定中明确说明）？是不是某些规定只有在特定的场合或环境中才需要被遵守，在其他情况下可能只是行为指导或建议，甚至在有些情况下它们根本就不是问题？

当然，没有人可以做到绝对地一致。许多孩子都能察觉到，妈妈的规定跟爸爸的规定有出入，有些规定在一些特殊场合是可以放松的，还有在某些可预见的情况下这些规定必须得严格遵守。在叛逆孩子的眼里，这些都是可乘之机：规则可以放宽到什么程度，违反规则父母会有什么样的反应，以及哪些规则才是铁打不动的规则，这些都具有不确定性。所以，要想让孩子明白家庭规则必须一贯地遵守，违反规则就要承担相应后果，那你就得比大多数父母更加努力地坚持下去。

**4. 在接下来的两周，认真思考你想要执行的行为结果：它们有意义吗，频繁吗，合情合理吗，还是毫无作用？** 如果你想强化孩子对行为与结果之间关联的意识，你得先确保对孩子积极行为和消极行为设定的相应结果都是有效力的。现阶段孩子本来就不想配合你，同时，他也可能还不成熟，或因患有疾病，或因情绪化的特质而无法接受延时执行，所以，你不能指望一个习惯抵触你要求的孩子能突然之间转变，他不太可能单纯因为某种成就感、责任感或对权威（你）的尊重而开始遵从你的要求。你必须得为孩子的行为设定相应的结果，而且是对孩子有意义的结果。如果你想鼓励孩子的积极行为，那么你就应该对这种行为进行实质性的奖励，让孩子高兴，更有动力。这么做并不是贿赂孩子。贿赂指的是为了非法的事情而给对方财物，它不应该和奖励孩子的积极行为联系在一起。当然这么做也不代表你屈服了、放弃了、被孩子牵着鼻子走了。这么做表示你认识到，积极结果会强化孩子的积极行为，同时你也让孩子明白了这一点。

你需要不断地提醒孩子积极行为和积极结果之间的关联，所以你需要比平时花更多的时间来强化这项训练。不过，你大可不必倾尽所有来购买各种礼物和奖品。有时，积极的结果也可以（应该）是几句赞美的话、一个微笑、竖起大拇指或一个拥抱。现在你真正需要做的是，记住在孩子取得重大成就时尽可能地提供一些实质性的奖励。从第 3 步开始，你将会学习使用一个更为系统的奖励计划。这两周，你只需把在第 1 步中学到的对孩子表达积极关注的所有方式都调动起来并沿用下去。积极的家庭氛围可以帮助孩子一整天都保持积极的行为。在这个过程中，你可以假想自己是孩子的私人教练，在帮助他学习一项新的技能（管理他的行为），或者假想自己是孩子的驾驶教练，准备通过使用辅助控制装置来教会孩子独立驾驶。所以，一旦孩子的行为有所改善，你就可以放手一点，不用再持续指导或为孩子打气了。但话说回来，你那时很可能不想放手，因为赞美和其他积极的结果会成为你们互动中的一部分，进而自然而然地改变你们的相处方式。

## 充当孩子的内在执行者

有些孩子变得叛逆完全是因为与父母之间的互动模式出了问题。但是，你在第一章中已经了解到，许多叛逆的孩子容易出现问题行为的原因在于他们自身，例如他们在控制情绪、集中注意力、延迟满足、耐心和规划等方面出了问题。科学家将这些能力视为一个人的执行能力或技能：一种控制我们对周围世界的反应，调节我们的行为和情绪的心理能力。就好像我们大脑中都有一个管理者，他会告诉我们什么该做、什么不该做，什么该说、什么不该说。患有注意缺陷多动障碍的孩子以及许多有叛逆行为和态度的孩子，就可能被认为在执行能力方面有问题，他们的执行功能时而正常，时而不正常。你在使用行为管理技巧的时候，其实在一定程度上是临时充当孩子大脑中那个缺失的管理者，代替孩子行使执行功能。在整个行动计划中，你会教会孩子一些他缺失的技能，为的是最后把执行权交给他，让他尽可能地独立控制自己的行为。

让行为结果变得有力的最后一个方法就是要保持平衡。我们一直在讨论积极的结果，但是你也必须设定相应的消极结果。我们在第 1 步介绍的技巧是，通过集中精力给予孩子积极的关注、淡化消极的关注，重新建立起平衡。如果你执行的消极结果比积极结果频繁，孩子很快就会泄气，失去配合的动力。所以，你还需要学会向孩子提出有效的要求，这也是这个步骤的第二个目标。在实现这一点时你将应用上述所有原则。

5. **根据行为管理的原则以及你在过去两周对你和孩子之间互动的观察，再列出最新的不可协商问题的清单。**如果连你自己都不能坚定地遵守这些行为管理原则，你就很难做到具体、一贯、即时并严厉地执行行为结果。既然你已经细致地观察并对照了自己的行为，也知道自己在哪些方面遇到了麻烦，那么不妨问问自己，你是否真正想一直遵守这些原则，对于你不想遵守的原则，你就要删掉它。再问问自己，你是否遗漏了一些自己想一直遵守的原则，如果有，也要添加上去。另外，你还要考虑自己是否真的可以遵照执行下去。想想从过去两周的观察中你发现了什么。当你告诉孩子要遵守规则时，你是认真的吗？对于孩子的行为，你是否有计划好的积极结果和消极结果？如果你的答案是"否"，那么你最好删掉你未能遵守的原则。接下来，继续朝着第二个目标努力，它将帮助你了解如何坚持遵守那些你真正想要坚持的原则。

## 向孩子提更有效的要求

在接下来的两周，你在向孩子提要求时可以遵循以下 6 条原则。

1. **确保自己是严肃认真的。**随随便便对孩子提要求是非常简单的事情，但是这样做的话，要执行下去可能就很难了。所以，在接下来的两周，在你让孩子做任何事情之前，先停下来问问自己，你是不是认真的。你是否有时间和精力来确保孩子听从你的要求？如果孩子不按要求做，你是否设定好了相应的惩罚？如果孩子表现得很好，你是否准备好了真诚的积极反馈？你提出的要求是真的很重要，还是可以忽略？如果你对这些问题的任一回答是"否"，那就还是咬咬牙，不要提出要求了。除非你所有的回答都是肯定的，否则你的要求就会显得微不足道，也没有效力，只会让孩子的叛逆行为继续下去。

2. **提要求时尽可能简单、直接，用一本正经的语气而不是询问或者请求。** 你可以为孩子提供选择，但是要分清合理的选择和不合理的选择。如果你想要提出的要求是让孩子做作业，那么你可以问他"你想现在做作业还是吃完晚饭后再做作业？"，而不是"你想做作业吗？"。

3. **一次只提一个要求。** 跟青少年时期的孩子说话时，你说的话超过10个词，他就不会再听了。要记住，你的目标是强化孩子对于行为和结果之间联系的意识。如果你提出了一连串的要求，那么要对孩子的每个行为做出即时反馈就变得很困难，而且孩子也很难厘清行为与结果之间的关系。要是孩子还患有注意缺陷多动障碍或其他障碍，注意力难以集中，这条原则就尤其关键了。所以，如果你需要向孩子提出复杂或烦琐的要求，那你最好把它分解成几个小的要求。

4. **告诉孩子应该做什么，而不是不应该做什么。** 让一个叛逆的青少年不要去做什么事情，简直就像是对他发出邀请，让他来突破你的底线。他会跟你对着干来证明他就是能那么做。始终别忘了，对正在走向成熟的孩子来说，尊严有多重要。你对他说"把鞋子放进鞋柜"，就是在明确地告诉他应该做什么，而如果你说"别把鞋子扔在客厅"，他并不知道接下来该怎么做，所以他很有可能越做越错。记住，你的目标是帮助他顺利地完成任务。

5. **在对孩子提要求时，确保他在专心听。** 不要在有其他干扰的时候给孩子提要求。比如孩子正在看电视或者玩平板电脑时，你跟他说什么他可能很难听得进去，结果就是他无法照做。也不要隔着房间给孩子提要求，如果你想让孩子做什么，最好面对面地直接跟他说。

6. **对于有时间限制的要求，最好谨慎提出。** 回头看看你在第一章列出的有关孩子叛逆行为的清单，如果孩子的大部分行为都属于被动不服从型，你大概已经对孩子不能遵照执行你的要求深有体会了。如果在第四章中你认为孩子的特质是难以专注、缺少坚持力、不会做计划或者提前打算等，那么你提出让他在 15 分钟内收拾好卧室里的脏衣服，或是让他在下午 1 点准时赴约，他将很难遵守。所以，你可以给他准备一个电子时钟或计时器，要么就简单地让他立即执行。

## 先思考，后行动

先了解如何让孩子听到你说的话。你大概已经知道，如果孩子跟你讲话时眼神迷离，那不论他在说什么，他多半没有认真听你讲话。可父母并不总是知道孩子的心思在哪里。这个年纪的孩子脑子里想的往往都是他生活中遇到的各种事情和问题。哪怕电视已经关了，他也不一定在认真跟你交谈；哪怕他没有玩游戏，没有在手机上跟朋友聊天，没有戴着耳机，也不代表他没有分心。所以，如果你要跟孩子提什么要求，最好先试探一下，比方对他说"我需要和你谈谈"，等孩子看着你的时候，再跟他提具体的要求。而且，为了确保他确实听进去了，你还可以让他重复一下你刚才说过的话。

问　我们明确地要求儿子去做作业，并且设定了具体惩罚：如果在我们下班回家时，他还没有完成所有的代数作业，他就必须再额外学习5分钟。但是，情况非但没有好转，反而变得更糟了。为什么这个方法不起作用？

答　首先，虽然你们对孩子提出的要求是明确的，但你们违背了使用行为结果的第一条原则：优先考虑积极结果，再考虑消极结果。除非对孩子完成作业的行为有强有力的奖励机制，否则简单靠施加更多的惩罚通常是行不通的。其次，父母必须在孩子完成作业的过程中起到监督作用。你要求孩子在你下班回家之前完成作业，那这个环节基本就是失败的。除了增加对孩子积极行为的激励以及在他做作业时陪在他身边，你还可以尝试帮孩子把作业分成几个小的任务，每完成一个任务就表扬他一下。这样做或许能让他遵照执行。在接下来的两章中，你会进一步学习如何用行为管理的方式来解决一些具体的问题。

问　我们的儿子浩司今年15岁，患有注意缺陷多动障碍。他是个绝顶聪明的孩子，又很风趣，不过我们很难控制他开玩笑的分寸，他有时说说笑笑过头了就变得有些刻薄，不过好在不太过分。为了不让他成为家庭晚餐时的话痨，担心他说着说着就越界，我们制订了严格的规定，就是别人都说完之后他才能开口。如果他打断别人讲话，那他在接下来的5分钟里就不能再说一句话，哪怕那时根本没人在讲话。可是这样做并没有什么效果。浩司在这时候要么接着夸夸其谈，要么就开始做一些疯狂的手势，比如掐住自己的喉咙做避免出声状。可是他的这些举动又让他变成了晚餐交流时的主导。我们该怎么办？

**答** 你们在对消极行为设定结果的时候必须尊重生物学原理。患有注意缺陷多动障碍的孩子很难做到连续 5 分钟不讲话，这是患有注意缺陷多动障碍的孩子的神经生物特征导致的一种执行功能缺陷。所以，你设定的行为结果是不现实的。这种情况更好的解决方案是依靠"先行控制"——预测孩子的行为并分析先行因素，而不是等着行为出现再去处理，这一点我们在前一章讨论过。你们可以事先设定好在晚餐时间每个家庭成员的发言权。选一个小物件，比如小木槌，只有拿到小木槌的人才能发言。小木槌从一个人传到下一个人，这样大家就可以轮流发言。规定每人讲 2 分钟，讲完就把小木槌传给下一个人。这样，你们设定的规则就是适用于每位家庭成员的，浩司也不会觉得你们在联合起来对付他。同时，你们最好能给孩子设定一些激励，比如让他有机会通过自己的积极行为争取到额外使用随身听、手机或电脑的时间，或者只要他在每次晚餐时间遵守小木槌发言规则，就可以获得一小笔现金奖励。

**问** 我们女儿瑞文的房间总是乱得没法看，就像被炸弹袭击过一样。哪怕只是让她简单整理一下床铺，她都会想出无数个借口来逃避——"我刚把洗干净的衣服放在上面了""等我放学后把衣服收好了再来整理""我过一会儿就要洗床单了，现在整理也是白费劲"等。所以我们决定把"打扫房间"的任务分成几个小的任务。但她还是不做。我们走进瑞文的房间，发现她每个任务都没完成，只顾着看一本从床底下翻出来的杂志，或者不知从哪里翻出来的 2 个月前某个男孩给她的小纸条。我们还能做些什么才能让她完成自己的任务？

答 你们可以试着将拆分后的具体任务写在纸上，并贴在她的房门背后，这样她就能时不时地看到。有些孩子很容易分心，如果没有某种强制性的约束，他们甚至连一个简单的任务都无法完成。还有一种方式，就是为孩子完成的每项任务设定相应的积极结果，并将其写在对应的任务后面。这些积极结果可以是同一种类型，比如完成每项任务之后可以获得10分钟额外使用电子产品的时间，在完成整理房间的全部任务之后还可以获得额外的奖励，比如她可以下载一部新电影，或者再获得15分钟使用电子产品的时间。

我们将会在第3步中更全面地介绍这个奖励机制，不过你现在也可以先尝试一下，特别是如果你的孩子在集中注意力方面有困难的话。吉娜就是家庭作业"困难户"，所以她的妈妈不得不想方设法地通过设定各种奖励让她完成作业。她想出的一个办法是保管吉娜的随身听，吉娜每完成2道数学题就能获得5分钟使用随身听的时间。在完成所有的题目之后，她会安静地和妈妈坐在一起，让妈妈检查她的作业，而她可以根据获得的时间奖励来选择使用手机或随身听。

问 **我在跟儿子杰瑞德提要求的时候很明确也很坚定，并尽量不用询问的方式，因为我现在已经明白，你只要问他，他就会选择那个你最不想要的回答。所以我都会说，"请把垃圾拿出去扔了"或者"希望你能现在把所有的餐具放进洗碗机"。可尽管如此，杰瑞德还是不听。为什么会这样？**

答 其实你自己已经回答了这个问题，那是因为你在跟孩子提要求的时候多多少少还是有询问的语气在，并不是直接告诉他要做什么。当然，因为我们每个人都花了数年的时间让自己学会礼貌地与他人交谈和尊重他人，这时突然要用公事公办的严肃语气对孩子发号施令似乎很难。况且，许多父母已经把尊重孩子的育儿建议牢记于心，包括充分尊重并理解孩子，同时还要尊重他作为个人的自我决定权。不过，现在不是对孩子处处体谅的时候。你可以简洁明了地告诉孩子，"杰瑞德，去把垃圾扔掉"或者"杰瑞德，你该把餐具放进洗碗机了"。如果你想用"请"或者用其他更客气的方式，你可以留待以后再说。现在的目标是重新建立起你的权威，所以你不能给孩子留不遵守你的要求的余地。但你不必（也不应该）用恐吓、刻薄或威胁的语气，你只需直截了当。如果你发现自己凡事总爱说"请"或者所说的话听上去有点不确定（你可以问问你的另一半，看看自己讲话的方式是否有权威感），那接下来的两周，在你向孩子提要求之前，对着镜子自己先多练习几次：记住，不要说"请"。

同样要注意，在这一步不要用"谢谢"来代替对孩子的表扬。在第1步中，我们鼓励你看到孩子行为中好的甚至不好不坏的方面，并对他说"谢谢"，以此表示你关注到了他所做的积极的事情。但是，当你在要求孩子做你真正希望他做的事情时，说"谢谢你完成了家庭作业"这样的话会给孩子造成一种错误的印象，就好像孩子做这件事情是帮了你个人的忙，而不是他应该这么去做。

从上述例子中可以看出，行为管理的理论虽然简单，但要真正实践起来难度并不小。在这个过程中，你应该思考如何运用在第一部分中学到的知识，将你和孩子的特质、习惯以及沟通方式等造成你们之间冲突的因素考虑进来。接下来的几章将帮助你在进一步学习行为管理的同时继续使用这些信息。

# 第十章
# 第3步：行为约定和积分制度
## ——让孩子争取特权

开始这一步之前先停下来思考一下，到目前为止，你的家里发生什么变化了吗？行动计划开始到现在，已经有1个月的时间了。你可以把这段时间当作前期的训练阶段。在此期间，你一直都在努力积累与孩子之间的情感资本，同时也训练孩子，让他期望从你这里得到更多的认可、赞美和尊重。你也逐渐变成了孩子的更好的管理者，重拾了教养孩子的信心。所以，即使你现在还不能说孩子的行为发生了重大的转变，但至少你的自我感觉应该好一些了。

毫无疑问，你会感到些许宽慰，因为家里的冲突减少了，哪怕只是一点点，你的压力也没有以前那么大了，或许你还变得精力充沛。比起过去尝试各种心血来潮的做法，你现在学会了向孩子提出有效的要求，这样做省时省力又省心。现在的你心里很清楚：你能够决定哪些事情足够重要，必须要求孩子去做；给孩子提要求时，你也能做到足够具体，让孩子知道完成一项任务所需的信息；你不再依赖情感勒索和其他形式的胁迫来让孩子遵照执行你的要求，因为你现在有了足够的家长权威。这些对你来说是极大的解放。虽然孩子还是有可能不听你的，但至少你知道对孩子提出的要求以及提要求的方式已经无可非议了，所以，你不用反复琢磨为什么这次又和孩子吵了起来，或者你原本可以在哪些方面做得更好，又或者你怎么好像就是拿他没办法。不要急，孩子一定会有所转变，只是时候还未到。

我们继续努力。在这一步中，你的目标仍然是强化孩子的积极行为，以此来改善你和孩子之间的关系。只不过现在你对孩子的积极行为不能再只是一句赞美、一个微笑或一个充满爱意的手势了，你需要让行为结果的形式变得明确具体一些。为了让孩子更清楚地认识到行为和结果之间的联系，你要多多关注孩子心目中的积极行为。

## 达成目标

- 学习依随性管理的基本原理和原则，并让它成为一种习惯。
- 建立一个正式的行为管理系统（行为约定或者积分制度），根据孩子的遵守情况来设置一些特权。

你已经向孩子证明，积极的行为会产生积极的结果。但许多叛逆的孩子不相信这一点，他们觉得不论自己做得多好，都不可能得到积极的回应。因此，你需要给予孩子一些积极关注和赞美之外的证据。如果你的孩子和大多数叛逆的孩子一样，那他也会认为父母给予（或撤销）他特权和其他奖励都是随意的行为。他摸不透你为什么有时候会变得特别仁慈，认为这可能是因为你心情特别好，也可能是因为发生了一些什么事情，总之跟他的表现没什么关系。他也弄不懂你为什么有时候反复无常，随意撤销他的特权，认为这可能是因为你心情不好或生别人的气，或者因为你刚刚想起他上周做了什么事要惩罚他，或者因为你觉得他的违规行为累积到了一定程度，需要采取严厉的措施了。因此，你现在需要让孩子接收到的信息是，积极的行为不仅会有奖励，而且这些奖励都是可以预见的。

即使最小的孩子也明白结果是依随情况而变的。比如，妈妈让我上床睡觉，我乖乖去准备了，不吵也不闹，妈妈就会在睡前给我讲个故事，如果我又吵又闹，耽误了时间，最后妈妈就讲不了故事了，我只好直接睡觉。可是在孩子的成长过程中，他渐渐忘记了这个概念，那现在是时候让他重新记起来了。我们称这种行为管理办法为依随性管理。或许连你自己也需要重新学习一下这个概念，因为现在的你认为孩子长大了，于是不再要求孩子通过听从你的要求来获得他想得到的东西，而是让他觉得他自己可以做主（但实际上他还做不到），孩子的特权也不再有效。你现在需要改变这种状况。

你可能会发现，进行这个步骤只需1周的时间，但千万不要少于1周，也不要想着把这种管理方法运用到其他所有情况下。按照我们的说明，慢慢地一步一步来，并确保你在进入第4步之前能坚持做好这一点。对大多数家庭来说，建立起这个系统并保持它的正常运行大概需要两周的时间，所以你可以把第一周当作"试航"阶段，再逐渐调整到最佳的状态。

## 依随性管理如何缓解青少年叛逆

为什么我们要特别关注这个步骤的管理形式？前3个理由是显而易见的，还有第4点，虽然看似不明显却也同样重要。

- 叛逆的青少年普遍缺乏动力。你的孩子显然也不乐意做你要求的事情，所以这时你需要提供外在的动力。依随性管理的作用就在于此，它本质上是一种动机启动或推动机制。将行为与孩子期待的结果联系起来，那么孩子就更有可能按照要求去做。时间一长，如果一切进展顺利，孩子就会真正懂得必须配合你提出的要求才能获得特权，慢慢地，这就会内化为孩子行为方式的一部分。

- 你和孩子之间的约定必须非常明晰，让双方都能清楚各自的职责所在——应该做什么以及完成之后会得到什么。这样可以避免出现模棱两可的内容，进而减少你们之间的冲突。

- 依随性管理也是成人工作世界的运作方式（称为权变管理）。我们工作就会获得报酬；我们如果不做好自己的工作，就得不到报酬。无论在家还是在学校，为孩子设置行为约定都有助于青少年为进入成人世界做好准备。这种动机启动机制让工作和报酬之间的关系变得明晰，如果将同样的机制运用到青少年身上，他就会变得更愿意配合。一个人不会白白做一件事，同样，一个人也不会白白得到一些东西。积分制度就很清楚地向孩子表明，天底下没有免费的午餐，只要你表现得好，菜单上还是有很多令人满意的选项的。这种管理方法还会传递有关道德方面的信息："不是因为你存在，别人就应该为你提供任何东西；你想要得到的，必须靠自己去努力争取。"

- 你的孩子需要明白，他付出的时间和努力是值得的。你的孩子不是奴隶，他和所有人一样，如果为他人（包括父母）完成了某项工作，就理应获得报酬。当然，我们不会把孩子当作奴隶，只是有时候，我们难免会表现出这样的态度：孩子生活在我们这个家庭中，好像亏欠了父母一样。每个人的生命都是有限的，正因为如此，我们每个人的时间都是宝贵的。如果我们要花时间为别人做些什么事情，通常我们都希望自己的付出能得到相应的回报，积分制度就让这种关联明晰了起来。我们请人修剪草坪、打扫屋子或清洗窗户都会付给对方酬劳，那为什么我们跟孩子提出这些要求时就变得理所应当呢？你可能觉得自己为孩子提供衣食住行、供孩子读书，以及满足孩子其他的成长需求，所以这是公平的，但是这些都是你的职责，是你在决定要孩子的时候就默许的一切。在这件事情上，孩子没有过任何话语权，相应地，他也就没有任何职责。父母认为孩子亏欠自己是不公平的，也是不合理的，这种想法往往还会引发家庭冲突。依随性管理很好地解决了这个问题。你可以把孩子当作为你做事的其他人，这样不仅更能尊重他付出的时间和劳动成果，同样也能让他从中收获自我价值，感受到公平和公正。那么，这种改变会带来什么呢？你将收获的是孩子对你更多的尊重。

1. **思考孩子不再有动力配合你的原因。** 了解了依随性管理的基本原理，你可以再来想一想为什么孩子不配合你。在第五章和第六章中我们解释过，孩子在青少年时期用太多的时间承担了太多的事情。或许孩子缺乏父母的指导，很多时候由自己来掌控自己的行为和时间；或许孩子根本不需要付出什么就拥有很多特权和物品，他认为这些是理所当然的，而且可以自己随时奖励自己。事实上，很多青少年都认为他们所享有的这些特权原本就是他们的权利或应得的。又或者你一直认为自己为孩子提供了任何父母都应该提供的基本需求，作为回报，孩子就应该为你做这做那。粗略地思考一下，你觉得自己的孩子属于上述哪一种情况呢？

在我们进一步讨论之前，你还要明白，建立一个让孩子争取特权的行为管理系统并不是要抨击 21 世纪片面自私的物质主义，也不是要转而讨论现在的孩子是否被宠坏了。问题的关键不在于你的孩子拥有多少玩具或有过多少次旅行，也不在于这些东西花了多少钱，而在于这些特权是否在你的掌控之中，你的孩子是否明白特权就是特权，并不是他应得的权利。你的目标并不是要将你自己对于谦虚和加尔文主义（拒绝奖赏）的理解以及你的个人价值观强加给自己的家人。你这样做是为了帮助孩子理解对未来生活至关重要的原则：他的每个行为都会有相对应的结果，如果他想要获得自己期望得到的东西，那他就需要满足对此有控制权的人的期望。

2. **了解权利、礼物和特权之间的区别**。就我们所关心的方面而言，孩子可能有权获得的人类生活的基本需求包括食物、衣服、住所、保护、医疗和教育，所以，这些东西不能作为孩子行为的对应结果。它们是孩子的权利，而不是根据孩子行为而给予或撤销的特权或结果。

那礼物呢？你送给孩子的生日礼物、圣诞节礼物和光明节礼物等也不在讨论之列。礼物就是对他人的馈赠，不会依随情况发生改变。你不能因为送给了家人一份生日礼物就指望他为你做些什么。如果你发现自己因为孩子的叛逆行为生气，理由是你刚刚送了他一份昂贵的礼物，他还这么不尊重你或者不配合你，那你就要考虑一下，你这种所谓的互惠的期望可能正是你们之间关系紧张的根源。所以，始终记住，送孩子礼物是不应该带有附加条件的。

这意味着，如果你在某个特殊的日子送给孩子台式电脑、手机、平板电脑、电子游戏机、时装或其他任何东西当作礼物，你都不能在孩子没有为你做些什么事情或没有按照你的要求行事时，威胁他要把礼物收回去，这样做会立刻让孩子觉得不公正也不公平。所以从现在开始，在你准备送孩子一份大礼之前，尤其是送像带有月流量套餐的智能手机之类的东西前，你需要仔细考虑一下：你是否希望以后将这个礼物的使用权当作一种行为结果？如果是，你必须事先向孩子清楚地说明你会怎么做。例如，你可以在女儿生日时送她一部智能手机，但要明确规定，第一个月以后每月额外支付的话费不包含在礼物中。这意味着每个月使用手机变成了女儿需要去争取的特权。这种做法同样适用于平板电脑——这台电脑是送给孩子的礼物，但是每个月为他支付上网费用是他要争取的特权。我们还是要再次强调：你必须在一开始就跟孩子明确说明，手机或平板电脑是作为礼物送给孩子的，但是每个月为他支付使用这些设备而产生的费用是孩子需要争取的特权。如果你没有做这样的说明，那么也不要指望孩子会自然而然地这样做。你的儿子可能以为手机和话费都是送给他的礼物。当然，如果你送的礼物不会产生每月使用的账单，例如音乐播放器或随身听之类的，那可能会稍微麻烦一点。直接收回这些礼物很可能会引发你和孩子之间的争吵。那么这种情况下，你可以把从网站上下载音乐的特权当作孩子的行为结果。孩子可以通过配合你或者为你做些事情来争取下载音乐的礼品卡或积分。这就很公平了，因为那些权益本来就是需要孩子去争取的。

　　接下来就是孩子的付出所得。它指的是你可以提供给孩子特权、商品、产品或其他服务，作为你与孩子行为约定的一部分。这些都是依随性的，能否得到它们取决于孩子的行为或努力程度。通常你可以将以下这些作为孩子的付出所得：零花钱、与朋友外出的时长、使用家中的汽车及其燃料、特殊服装、每月电子产品使用费、与朋友外出就餐、使用电视或电脑等。同样你需要明白，一旦孩子争取到了这些特权，你就不能因为你们又发生矛盾而随意撤销，这样做无异于老板因为你后来在工作中犯的错而收回你之前的薪水。当然，你可以在行为约定中事先约定替孩子保留某种行为的结果（就像"工资支票"一样），但是如果你直接撤销孩子已经争取到的特权，那就是不公平的。提前向孩子清楚地说明这之间的区别，他会更加尊重你，也会觉得你很公平。同时，这样做也会减少很多由权利、礼物和付出所得的模糊界定而引发的争执。

　　事实上，模棱两可的做法恐怕算得上叛逆青少年父母的大敌。在孩子叛逆行为严重的家庭里，通常父母撤销孩子特权的做法收效甚微。孩子心里明白，父母给予和撤销他的特权都是随意的行为，经常模棱两可，有时即使撤销了这一种，孩子还可以使用另外一种。比如，你不准孩子出去跟朋友玩，但他可能还可以用随身听、手机和电脑来自娱自乐，或者跟朋友联系，只不过由线下转到线上而已。同样，试着奖励孩子好的行为或许也难以见到成效。如果孩子不想要玩具或者其他的特权，他就不太可能被这些特权激励。他已经拥有了太多的东西，所以奖励对他来说不再那么有意义了，哪怕这些奖励是他还未争取到的，他也不懂得掌控的自由和独立。如果你监督孩子的行为和强化规范的方式前后不一致，让人捉摸不透，并且对权利、礼物和特权缺乏清晰的界定，那么孩子就把握了主动权——对此他心知肚明。孩子不需要你的批准，他默认自己拥有这些特权。始终别忘记，自由和独立对青少年来说是无比宝贵的。如果孩子已经拥有了这些，还有一大堆的玩具，那么他还需要从你这里获得什么呢？

　　在这种情况下，你唯一能做的就是重新创造公平的环境，收回原本应该由你掌控的特权，然后根据孩子良好的行为表现来给予这些特权。如果你不能取得这些特权的控制权，那么你就无法通过奖励措施来鼓励孩子好的行为，也不能通过撤销特权的方式来阻止孩子的不良行为。

　　因此，了解清楚权利、礼物以及可争取的特权之间的差别是非常关键的。请记住，作为礼物送出的电子产品不能收回，但是你可以把使用电子产品的费用和附加产品作为特权，当然前提是你必须事先和孩子说明。

　　还要记得的是，你先前制订的不可协商的规则永远要高于礼物和特权。你不能因为惩罚孩子而收回送给他的礼物，但这并不表示孩子就可以随意违反这些规则。假如周五和周六不能晚于半夜12点回家是不容协商的规则，而你又送了一辆车作为孩子的生日礼物，孩子可能就会和你争辩，他可以随意开车和朋友到处玩，因为这辆车是送给他的礼物，你不能反悔。所以，你在界定权利、礼物和特权时，一定要为类似的挑战做好准备，同时你也要把不可协商的规则考虑进去。在上述例子中，宵禁的规则应该高于礼物，孩子必须遵守午夜前开车回家的规则，否则就要面临被惩罚的结果。不过，为了保证孩子对礼物的拥有权，你就需要设定更为明智的行为结果，而不是收回送给孩子的车。顺便说一句，为孩子支付汽车的定期保险费用也应该是孩子需要争取的特权，而不是随礼物附赠的权利。在本章和接下来的两章中，你会学习如何为孩子的行为设定结果。始终牢记，不能让孩子触碰底线：如果你设定的其他行为结果对孩子都不起作用，能让孩子不违反宵禁规则的唯一做法就是在周五、周六没收他的车钥匙，那你也只能这么做了。虽然这辆车属于孩子，但是汽车的保险及汽车的使用权都掌握在你手中，剥夺孩子一两周使用汽车的权利对大多数孩子来说足以作为惩戒。

**3. 明确孩子的权利、礼物和特权。** 现在你已经对依随性管理的原理了解得差不多了，接下来要做的就是梳理自己家里的情况。大多数家长在理解依随性这个概念时的最大问题是，他们不理解特权的真正含义，也没有意识到自己其实掌握着给予孩子想要的东西和活动的主动权。以下是马克父母的一段谈话，很有借鉴意义。

**妈妈：** 现在马克已经没有什么想要争取的东西了，他想要的都得到了，而且他觉得得到那些都是他的权利。他有一台 21 英寸（约 53 厘米）的纯平电视、一部蓝光播放机、一台能连上我们无线网络的平板电脑。圣诞节我们又送了他一部智能手机，还给了他一把车钥匙，如果我们没在家，他需要用车的时候可以使用。现在他不经过我们同意就开车到处去玩。圣诞节的时候，他的祖父母还送了他一台电子游戏机。

**爸爸**：是啊，现在弄得好像他生来就有使用这些电子产品的权利一样，他享有的物质条件确实太优渥了。但其实，除了吃喝住行、上学和医疗保健，他真正还拥有什么权利呢？

**妈妈**：嗯，没有了，我觉得，但是你试试去跟马克说这些。你准备好开始第三次世界大战了吗？

**爸爸**：我们已经在经历第三次世界大战了。他处处逼近，我们只有防守的份儿，没有弹药也没有武器。我们要告诉他接下来我们会怎么做。

**妈妈**：我觉得如果他晚于宵禁时间回家，或者下午第一节课后逃学回家，我们就应该没收车钥匙、手机和平板电脑，也不让他上网。

**爸爸**：我也想这么做，但遗憾的是，我们已经把这些东西当生日礼物送给他了，而且当时也没有提出这些限制条件。如果我们现在没收这些东西，那我们之间的战争恐怕要进一步升级了，而最终我们也达不到目的。所以，这些礼物送出去就送出去了，我们不能再动了。

**妈妈**：这我可接受不了。为什么父母不能随时没收任何东西？到底是谁说了算啊？

**爸爸**：我能理解，但是孩子这么叛逆，我们确实也很难做。你知道，根据我以往的经验，随意没收物品只会让马克更恼火，他又要开始破坏家里的东西了，这样我们就得不偿失了。我觉得真正的问题是，我们能如何做出一些改变来促使马克改善他的行为，可这对我们来说同样是个难题。

**妈妈**：我觉得你说得对。不过，我们得和马克说清楚，虽然这些电子产品是送给他的礼物，但是为他支付每个月产生的话费是他应该自己争取的特权，包括车子的定期保险也是如此。而且，我们以后在送他礼物的时候也要很谨慎。我们确实送了一辆车给他，但我们并没有保证会帮他加汽油或者购买保险；我们送了他手机和无线路由器，但是我们没有承诺帮他交话费和网络流量费。难道我们不能将这些列为特权吗？

**爸爸：** 是的，我们必须这么做，因为我们也没有其他的办法了。他每周开车要开 300 英里（约 483 千米），他现在得自己去争取让我们为他支付燃油费、电话费和网络流量费了，不管他是不是觉得这些是他的权利。

**妈妈：** 我们还要让他自己去争取使用电视和 DVD 播放器的时长。

**爸爸：** 我觉得可以，但是如果我们不在家，我们其实没办法控制他使用电视和 DVD 播放器的时长，而且他好像对使用这些也挺无所谓的，要不这个还是算了。

**妈妈：** 好吧，但是衣服这一项一定要列进特权里。到底是谁说他有权利穿名牌衬衫和牛仔裤的？还有，是谁说他可以一周 3 次跟朋友在星巴克喝咖啡、去加州比萨坊吃饭的？我们可以给他提供吃的和穿的，但是这些昂贵的开销不是他的权利。

**爸爸：** 那把出去吃饭和吃特别的食物当作特权。在家的基本餐饮是他的权利。

**爸爸：** 好了，我们来看看……马克的权利包括拥有基本的家常食品、价格合理的服装、一间房间、上学，还有基本的医疗保健。他现在拥有的实体礼物，包括电视、DVD 播放器、平板电脑、无线路由器和手机，这些我们都不会没收。但是，为他支付使用这些电子产品产生的费用、为他支付开车产生的燃油费用和汽车保险费用，以及吃美食、购买昂贵的服装等，都是需要他自己去争取的特权。

**妈妈：** 我同意。

从谈话中你应该可以看出，马克的父母在讨论要不要没收孩子的礼物、如何界定权利和特权的过程中举棋不定，但最终他们还是对二者进行了明确且可行的区分。在开始建立你自己的依随性管理系统之前，不妨先尝试一下这项练习：在下面的表格中填写你觉得孩子认为属于他的权利、礼物和特权。

| 孩子的权利 | 孩子的礼物 | 孩子需要争取的特权 |
|---|---|---|
|  |  |  |
|  |  |  |
|  |  |  |
|  |  |  |
|  |  |  |
|  |  |  |
|  |  |  |
|  |  |  |

如果你和大多数父母一样，那很有可能你会填满表格的左侧栏和中间栏，而右侧栏几乎空白，这样就能很清楚地看出为什么孩子不愿意配合你了。表格中三项之间的界限可能并不清晰，尤其是后两项之间。所以你的孩子可能一直默认，作为礼物送给他的最新电子产品本身就包含了每月使用产生的相关费用；他有权决定自己去哪里、去见谁、去做什么；车子送给他了，他就可以使用；他有权得到零花钱；宵禁时间和睡觉时间也可以他自己说了算。所有这些都不应该因实际情况而改变。你可能已经意识到，孩子认为自己拥有的某些权利实际上可以且应该由你来掌控。但也不要忘记，当你不在家时或在其他特殊情况下，孩子也可能不受父母监督，可以自己做主。只是这些自主权利属于特权，是需要孩子去努力争取的，不是他应有的权利或赠送给他的礼物。孩子应该通过以下方式获得这些自主权利：①行为得体，②对新获得的自主权利表现出责任感。等到孩子达到法定年龄，他自然就会拥有合法的自主权利。

当然，孩子确实有一些国家规定的权利，但仅限于食物、衣服、住所、医疗保健、教育和基本安全。作为父母，你也可以决定给予他一些权利，例如，孩子有权使用他用自己的钱买的自行车。但是，特权是需要孩子去争取的，也就是说它在你的控制之下。

接下来，在下页的新表格中重新填写，只不过这一次是从你的视角出发，写下你想要设定的内容。有时它们之间的区分可能不是那么明显，但只要你跟随自己内心的公平感，就会找到窍门的。例如，你可能想控制13岁的孩子骑自行车出去兜风的时间，但如果自行车是他用自己的钱买的呢？那使用自行车就是孩子的权利了，他可以自己做主。但是，孩子到底能不能出门，以及乘坐什么交通工具出门，这应该属于特权。

现在看看，你之前填在"孩子的权利"这一栏的内容有没有需要移到"孩子需要争取的特权"这一栏的？或许你认为女儿有权穿任何她想穿的最新款时装，而不是那些基本款——毕竟，那是她的衣服。但是，买衣服的钱不是你付的吗？衣服不是你洗的吗？干洗费不是你付的吗？

| 孩子的权利 | 孩子的礼物 | 孩子需要争取的特权 |
|---|---|---|
|  |  |  |
|  |  |  |
|  |  |  |
|  |  |  |
|  |  |  |
|  |  |  |
|  |  |  |
|  |  |  |

从前孩子都是想什么时候看电视就什么时候看，现在你突然告诉他，看电视是特权，他得来争取，这听上去或许有些荒谬，但如果电视机是你买的，你还支付了维持电视运行的电费，这就一点儿也不荒谬了。家庭座机也是一样。你送给女儿的手机可能属于她，因为她有自己的电话号码，只供她个人使用。但如果话费是由你按月支付的，那你就可以控制女儿每个月使用手机的特权。

如果你把特权看作超出你所提供的基本权利的东西，因此你可以控制它，你就会发现孩子生活中的许多东西都属于潜在的特权，而不是他的权利。所以，不妨先和孩子一起坐下来，和他分享这些信息，这样你们双方都会清楚什么是权利、什么是礼物，以及什么是付出所得（特权）。

## 建立行为约定和积分制度

现在你可以开始建立你的依随性管理系统了。你可以先选择某种家务或某个确实需要孩子遵从的要求，再根据孩子每天的表现来给予孩子一项对他来说特别重要的特权。

你可以通过两种方式来开展这一步：建立积分制度或者进行行为约定。你可以采用对你的家庭最有效的方式，但我们一般建议，对 12 ~ 14 岁的孩子使用积分制度，而对 14 岁以上的孩子使用行为约定。两种方式都很有效，但对于年龄稍大的孩子，积分制度可能显得有些幼稚，因为它更像是一个游戏：孩子达到要求就会获得相应的积分，然后他可以用这些积分来"购买"一些特权。当然，如果你的孩子年龄超过了 14 岁，但心智上还像个小孩子，你还是可以考虑积分制度的，我们对 18 岁的孩子也同样使用过。行为约定则更为直接，因为它将具体的特权与某个具体的要求对应起来，同时这种做法也更符合年龄稍大的孩子逐渐成熟的心智。（小孩子玩游戏得积分，成年人采用行为约定。）

**1. 列出你希望孩子遵从的要求或希望他完成的家务清单。**你的这些日常行为要求（孩子需要每天照做）应该具体明确，在你提出之后孩子应该立刻去做，这样你才能给出及时的反馈。这些要求包括做作业、整理床铺、吃完早餐后将餐具放进洗碗机等。你只需列出你希望孩子做的事情，而非不希望他做的事情。像不要骂人、不要欺负妹妹、出门时不要摔门之类的行为，你还是可以和孩子进行约定的，只是要换一种正面的表示方式，让他明白你希望他怎么做，例如讲话要有礼貌、想一些使用暴力手段之外的办法来解决与弟弟妹妹的冲突、轻轻地关门等。你可以在下面的清单中列出你的要求。始终牢记，你需要先强化孩子的积极行为，但如果你不告诉他哪些行为是积极的，他就无从做起。

以下是一些比较典型的要求，大概包含了孩子从早上起床后到晚上睡觉前应该做的事情。

- 起床（如果你习惯叫孩子起床而不是让他自己定好闹钟起床）。
- 洗澡。
- 洗完澡后挂好毛巾。
- 刷牙。
- 穿衣服。
- 整理床铺。
- 到厨房吃早餐。
- 准备午餐便当（如果孩子需要带午餐去学校）。
- 清洗早餐餐具。

- 检查需要带的书本和作业。

- 上车准备出发（假设你开车送孩子上学）。

- 放学回到家，给我打电话。

- 在我回家前，待在家里照看弟弟（妹妹）。

- 在我回家前，做好晚餐沙拉并放进冰箱冷藏。

- 准备好足球训练的物品，装进运动包里，等我回家就能出发。

- 在我回家前，完成数学作业。

- 晚餐前完成所有作业。

- 摆好餐具准备吃晚餐。

- 收拾餐桌并将餐具放进洗碗机。

- 把垃圾拿出去扔了。

- 在弟弟（妹妹）睡觉前，给他（她）读个故事。

- 复习历史半小时。

- 睡觉前想好明天要穿的衣服，并把它们放在椅子上。

- 把脏衣服放进脏衣篮。

- 把洗好的衣服叠好并收进自己的衣橱。

- 按时关灯睡觉。

这些都是非常基本的要求。可能有些要求对你的孩子来说有些幼稚了，也可能有些不是你希望孩子去做的。你可以想想你每天要做的事情，把你希望孩子做到的都列出来。

全部列好之后，再回顾一下你的清单，删除那些并非每天需要完成或你无法立刻给出反馈的选项。例如，"清扫落叶"就不是每天要做的家务，你可能今天要求他去做，但这种事情并不是每天或者每周都要重复的。还有，如

## 日常行为要求清单

　　自由发挥，把你能想到的所有要求都列在下面。有些父母发现，列这个清单最简单的办法就是在脑海里把孩子从早上起床后到晚上睡觉前要做的事情过一遍。

_____

_____

_____

_____

_____

_____

_____

_____

_____

_____

_____

_____

_____

_____

_____

_____

_____

_____

果孩子放学回家了你还没下班，那么像"放学回家后，立即开始写作业"这样的要求你是无法进行即时反馈的。

再想一想，你列出来的每个要求是否足够具体，是否能让孩子明白应该怎样遵照执行？例如，"吃完饭之后收拾干净"这样的要求就太笼统了，如果你不具体说明，你的孩子是否知道你希望他吃完早餐后把橙汁放回冰箱，把餐具放进洗碗机，再把做三明治剩下的材料收起来？如果你发现清单上的某些要求不够具体，看看你是否能够把它们写得具体一些，删掉那些你没法写清楚的要求。

接下来你可以根据每种行为要求需要花费的时间和精力，以及孩子可能遵照执行的可能性，将其按照难易程度进行排序。排完序之后，再按照从易到难的顺序重新誊写一下这份清单。

**2. 现在列出孩子希望得到的特权的清单**。不要忘了我们先前介绍的权利、礼物和特权（付出所得）之间的区别。你的孩子有哪些特别希望得到的特权，且几乎每天都不可缺少？你可以先粗略地写一些常见的，比如使用电子产品的时长，但最终你还是需要明确每种特权的具体内容，例如使用电子产品1 小时（时间太短可能对孩子没有吸引力）。其他的特权可能还包括你认为应该为孩子提供的，例如送他去参加社交活动，允许他使用手机甚至使用家里的汽车（如果孩子达到驾驶年龄的话）。如果孩子一直以来已经习惯把这些当作自己的权利，而且你可能也觉得这些不太适合当作特权，那就列出一些孩子想要的东西，或者他需要你帮忙做的事情。

你不需要列出那些对孩子而言非日常的需求。这并不是一个可以让孩子借机要求购买新的电子游戏机、新衣服或是去大型游乐场游玩的好时机。你已经知道这些条件并不能很好地激励孩子，因为它们不能马上实现。

同样，你也不需要列出那些对你而言难以掌控的需求。回到之前自行车的例子，如果孩子用自己当救生员的报酬买了一辆山地自行车，那你就不能把自行车的使用权当作你能给予的特权。但是，如果他想骑车去商场购物（不在你的陪同下，且远离你们的住所或街道），这种情况就属于你的控制范围，你可以把它列为特权。

如果你发现列特权清单这一步很困难，不妨了解一下实验心理学家戴维·普雷马克（David Premark）提出的普雷马克原则（Premark Principle）：一个人的高频行为（喜欢的行为）可以作为他低频行为（不喜欢的行为）的有效激励。留意孩子在他自由时间的行为。如果他经常坐在房间发呆或者连续几个小时上网聊天，做作业做不了几分钟的话，那你就可以把在房间发呆或上网聊天当作对他做作业的奖励。如果孩子喜欢花几小时和你争论，做家务就几分钟草草了事，那你就可以把争论当作对他做家务的奖励，当然你需要发挥自己的创造力，让争论变得有趣些，真正成为一种奖励。当然，适合某个孩子的奖励对另一个孩子来说可能是惩罚，所以你要仔细观察自己的孩子，想出真正适合他的特权。你可以在"日常特权清单"中列出这些特权。

现在根据孩子对这些特权的重视程度，对它们进行排序。先别考虑这些特权对你的重要性，因为有些孩子很想要的东西对你来说可能无足轻重，所以你觉得它不重要，但这没有关系，你需要关心的是给孩子提供激励，而不是衡量这些特权的客观价值。然后，按照它们对孩子的重要性进行排序。

保留好这两份清单，因为在接下来的一周你会用到它们，而且很有可能在一周之后你还要对它们进行修改。

**3. 向孩子介绍你建立的依随性管理系统**。你要向孩子说明，他需要遵从你的要求来获得一些特权，不过你得做好心理准备，因为孩子可能会说："凭什么我要按照你的要求来得到原本就属于我的东西！"没有哪个叛逆的孩子会爽快地接受并立刻开始执行你的这些要求。我们此前曾建议你跟孩子说明

# 日常特权清单

权利、礼物和特权之间的区别，也许那时你已经提过这个行为管理系统了。你可以跟孩子说明以下这些，告诉他你为什么要这样做，这样或许能让孩子试着配合你。

记住不要骂孩子，你可以直接拿出证据来证明最近家里的争吵少了许多。告诉孩子你们之间现在这样的相处模式对你来说有多重要，但也要告诉孩子，你需要他做一些家务或其他任务，但他至今还没有完成。不要带着情绪说这些，告诉孩子这些事情或许在他看来不算什么，但是对你很重要，如果他可以配合的话，你愿意奖励他。告诉他，你也知道他需要一些奖励来帮助他每天完成这些任务，而你现在也愿意提供这种奖励。你还可以告诉孩子每个人都是这样的，如果有奖励，他们会更有动力去做一些困难的或他们不愿意做的事情。

孩子可能会说，那些东西本来就是属于他的，根本算不上奖励，这时你就需要再次跟他解释权利、礼物和特权之间的差异。如果你提出的奖励确实是他的基本权利或者拥有的玩具，那孩子说的就没错；如果你提出的奖励是为孩子支付他每个月使用电子产品所产生的费用、他的零花钱、和朋友出去玩的时间，或者使用你的物品（手机、电视、电脑等）的权利，那孩子说的就没道理。告诉孩子，你建立积分制度或行为约定的其中一个原因就是为了方便你们区分这些，同时也为了表达你的诚意，你不再希望因为自己之前奖惩的不一致对孩子造成困扰。你诚心想要改变这一点。告诉孩子，你希望通过这个系统减少你们之间因为一些日常琐事而发生的争吵，让家庭氛围变得更加公平。你要特别强调这种公平指的是，让孩子知道他如果表现好，就会得到奖励。同时，你还要让孩子知道，他的付出和努力都是有价值的，所以他理应和其他人一样得到回报（如果说到这里，孩子还能认真听你说话，既不争论也不插嘴，你就可以运用前面学到的方法去表扬他的倾听，同时微笑着告诉他，尽管你不会在这个行为管理系统上让步，但你这么做绝对是出于善意，而不是想变相地惩罚他。）。

如果你采用的是行为约定的方法，告诉孩子只要他遵从了某个具体的要求，他就能相应地获得某个特权；如果他没有遵从，那就得不到相应的特权。

如果你采用的是积分制度，告诉孩子只要他遵从了某个具体的要求，就能获得相应的积分，然后他就能用这些积分来兑换清单上他想要的特权。

为了减少孩子的抵触情绪，你还可以告诉他，如果他完成任务时既干脆态度又好，你还会额外奖励一些积分或者适当增加他的特权。不过，在这一点上你要把握好分寸，否则这些额外的奖励会削弱行为结果的作用，变成随意的反馈。

**问　我们严格按照这些步骤做了，跟儿子解释了行为约定，还清楚明白地告诉他我们接下来要这么做。可他告诉我们，这种做法实在太愚蠢了，他是不会参与的，也拒绝签订我们拟好的行为约定。现在我们该怎么做？**

答　你们现在最好的办法就是执行行为结果。虽然孩子没有跟你们签这个行为约定，但你们依然可以按照计划来管理他的行为。如果你们在列特权清单的时候经过了深思熟虑，那么你们就可以控制这些特权。如果孩子没有按照要求来，你们就可以断开电视电源或孩子使用的平板的网络，或者撤销其他任何你们列出的特权。只要没有了这些他认为理所当然的特权，一个星期之后他就会回心转意，同意配合。你们一定要耐心一点。

对有些叛逆的孩子来说，我们行动计划中的这一步算得上真正的转折点。孩子没有表现不好的时候，我们对他微笑和表扬，这是其乐融融的好事，但是没收孩子觉得他自己应该享有的东西可就是另一回事了。如果你断开了电视电源或网络，他可能还会把它重新连上，并且反反复复这样做来向你示威，表示不配合。如果是这样的话，你和孩子就需要寻求专业的帮助了。尽量不要引发这样的冲突，因为说不定还会演变成肢体上的冲突。联系你们的心理治疗师，在他的指导下继续这个步骤。

马克的父母在向他介绍行为约定时就遭遇了类似的反抗。马克对他们破口大骂，不跟他们讲话，还气冲冲地冲出家门，一整夜没有回家。他们意识到自己需要专业帮助，于是打电话给桑德斯医生。桑德斯医生先和马克的父母进行了一次面谈，之后再和马克面谈。桑德斯医生打电话邀请马克的时候，说让马克来谈谈自己对父母的不满，他不这么说马克肯定是不会配合的。马克和桑德斯医生见面后，跟他吐槽了一堆父母的不是。桑德斯医生表示理解，认真倾听，还问马克哪一项是他最想解决的。马克说，他希望父母不要再唠叨他写作业，如果不是他们一直那么啰唆，他可能更愿意写作业。桑德斯医生告诉马克，如果马克愿意在下次面谈的时候把做好的作业带过来给他看，他就会指导马克的父母不再唠叨这件事。马克有些不情愿，但还是答应了。马克的父母同样不情愿，他们不想停止唠叨这件事，因为他们怕自己这样做了之后马克根本不写作业。桑德斯医生说反正马克现在也不写作业，所以不妨试试，也没什么损失。他们同意了。在第二次面谈时，马克带来了完成了一半的作业，桑德斯医生问能否把这些作业给他的父母看，马克也同意了。他的父母看到后非常吃惊，孩子竟然真的写作业了。于是，他们就按照医生的建议继续了几个星期。

在这个案例中，心理治疗师充当了父母和孩子之间的协调者，他分别与父母和孩子会面，避免他们之间发生冲突。因为心理治疗师是第三方，态度中立，所以马克和他的父母都会让步，这是他们在面对面时无法做到的。心理治疗师面临的真正棘手的问题就是处理父母和孩子之间糟糕的亲子关系，这一点我们在后面的步骤中还会讨论。值得注意的是，桑德斯医生从头到尾都没有提到"约定"这个词，但确实又促成了马克和父母之间的某种约定。

**4. 建立积分制度（适用于 12 ~ 14 岁的青少年）**。积分制度最适合那些年龄比较小或年龄虽然不小但心智还不够成熟的孩子，以及那些有叛逆特质或者心理障碍的孩子，因为我们之前说过，这些孩子要么很难集中注意力，要么比较冲动，想激励他们相对困难。积分制度还适合那些喜欢计算分数或算钱的孩子。这种方法更加灵活，也给孩子提供了更多的选择，能够让孩子根据需要兑换他想要的特权，所以也很适合那些看重自主选择权的孩子。

如果你的孩子从小就叛逆，或者患有注意缺陷多动障碍，那么你可能已经使用过积分制度了，对下面的说明也会很熟悉。现在唯一的区别在于，孩子用积分来兑换的"福利"比以前复杂一些，因为随着孩子的成长，他可以享有的特权也增加了。

现在拿出你列出的日常行为要求清单和日常特权清单，给每一项要求定个分值，可以以 25 的倍数来定。通常，如果要求孩子做的事情需要花 15 分钟，我们会设置 25 分的分值。如果这项任务的难度比较大，那你还可以设置高一点的分值。要注意，这个难度不是从你的角度来判断的，而是根据孩子的相关能力和性格来定的。

接下来用同样的标准给每种特权设置兑换分值（15 分钟的特权对应 25 分），不过要事先确定好某些特权一周只能兑换一次，而不是每天都可以兑换。

最好保证孩子在完成一半或 2/3 的任务时就能获得每天的所有特权（对应的分值），而剩下的一半或 1/3 的任务积分乘以 5 天就能兑换每周的所有特权（对应的分值）。换句话说，孩子如果每天遵从你的要求，就应该可以兑换每周一次的特权。

现在我们给大家分享一个案例作为参考（你的清单或许更长）。

**日常行为要求清单（分）**

☐ 按时起床：25

☐ 检查并确保带上上学要用的所有书本和作业：25

☐ 洗澡并挂好毛巾：25

☐ 刷牙：25

☐ 放学回到家给我打电话：50（针对那些常常记不住按时完成任务的孩子）

☐ 在我回家前，做好晚餐沙拉并放进冰箱冷藏：75

☐ 在我回家前，完成数学作业：75

☐ 晚餐后把垃圾拿出去扔了：25

☐ 复习1小时：100

☐ 把脏衣服放进脏衣篮：50（针对那些邋遢、生活没条理的孩子）

☐ 按时关灯睡觉：100（针对那些没法按时睡觉的孩子）

☐ 可获得的总积分：575

**日常特权清单（分）**

☐ 放学后使用电脑15分钟：25

☐ 晚上使用电脑30分钟：50

☐ 看电视1小时：100

☐ 在其他人也想看电视时挑选自己想看的节目看半小时：50

☐ 请爸爸或妈妈帮忙熨烫最喜爱的衣服：50

☐ 放学后让爸爸或妈妈送自己去朋友家：50

☐ 选择晚餐后的甜点：25

☐ 请爸爸或妈妈送自己去商场（一周一次）：100

☐ 选择要租的光盘（一周一次）：100

☐ 和家人一起外出就餐（一周一次）：200

☐ 和朋友去健身俱乐部：100

可以看出，这个孩子通过获得差不多 ²/₃ 的积分就可以兑换所有日常特权项目。不过，我们建议你不要在分数上太过精打细算，尤其是在一周一次的特权项目上。只要确保孩子每天 ¹/₃ 的积分乘以 5 天能兑换这些就可以了。

现在你可以用一个记账本或旧的空白支票簿来记录这些积分，也可以自己制作一张表格，每天一张，写下日期、项目、存入的积分、支取的积分，以及结余积分。如果孩子在第一时间完成你要求的任务，你就告诉他可以获得多少积分，然后把对应的积分填在"存入的积分"这一栏；如果你提醒了好几次，那他就不能获得任何积分。还有，如果孩子每次完成任务都很及时，态度也不错，你也可以偶尔额外奖励一些积分，分值一般不超过该项目分值的 20%，就像小费的比例一样。

请记住，虽然孩子可以随时查看这个积分记录表，但只有你才能动手填写这些积分。而且，你也应该鼓励孩子时不时查看一下他自己的积分。如果他刚好想要得到某种特权，比如，他的朋友今晚都会上线聊天，可他还没有获得足够的积分来兑换使用电脑的时长，那他就会在今天结束之前积极完成你要求他完成的任务。

---

### 先思考，后行动

　　你确定自己知道孩子想要得到的特权吗？如果你总是让孩子随便使用你付费或为家庭提供的物品，那你可能很难确定孩子真正看重的东西，因为在他看来使用这些似乎都是他的权利。你在列出特权清单之前，可以先问问自己，如果没有这些特权孩子是否真的会在意。也许你很看重全家人一周一次的外出用餐，因为这样大家就可以不为家里的琐事烦恼、畅所欲言，但是孩子是否真的想去？说不定他更想自己待在家里。仔细考虑一下孩子真正想要得到的特权。如果你现在还想不出，那暂时先不要急着使用这个行为管理系统，再观察孩子几天，去发现和了解他真正在乎的是什么。

---

　　如果你的孩子习惯每天花光所有的积分，像大多数孩子一样，记得提醒他还有一周一次的特权，如果他不预留一些积分的话，他就无法兑换这些特权了。

**问**　我们对女儿实行积分制度，一开始几天还挺顺利，但是有一天她的积分不够，没法上网和朋友聊天，她就发脾气，不愿意再配合了。她现在背着我们偷偷摸摸地使用这些特权，也不遵从我们列出的日常行为要求。我们挺泄气的，想要放弃。看来积分制度对我们没有效果，我们应该怎么做？

**答**　它其实起到了作用。实际上你们女儿的做法是在试探你们是否会坚持实行这个制度。如果你们的女儿会偷偷摸摸地上网聊天，那么说明这个特权对她来说非常重要。如果你们没有坚持执行下去的决心，那你们很难

**注意**　要注意防范透支心理。如果孩子没有攒够积分，而他现在想马上使用每周一次的某个特权，你该怎么办？劳伦在学校交了一群新朋友，她们约好周六下午在商场见面。她知道如果自己这次没去，可能就会失去在这个圈子里的一席之地，说不定朋友还会背地里对她说三道四。于是，她和妈妈解释自己必须得去，当然她心里很清楚自己的积分不够，所以没有这个特权，她也很懊恼。劳伦的妈妈于心不忍，她知道女儿因为向来比较情绪化，能交到这些朋友或者维持和这些朋友的关系并不容易，她也不想看到女儿落单。于是，她妥协了。她开车送劳伦去了约定的地点，在女儿一溜烟跑开的时候，她在身后喊了一句："记得下周要把积分补回来！"

　　劳伦肯定是不会回应的，不用我们说你应该也知道吧？那么到了下一周，劳伦的妈妈提醒女儿，因为她需要还回上周透支的积分，所以接下来几天都得不到每日的特权，你觉得会发生什么呢？没错，劳伦"拒绝偿还"，结果积分制度就失效了。始终不要忘记，这个积分制度的目的就是激励孩子遵从你的要求。你如果不能坚持下去，就无法提供更多的激励。

　　因此，不要让孩子使用他尚未获得的积分，不可以让他透支！以劳伦为例，面对这种情况，劳伦的妈妈可以向她解释自己也非常希望能够送她去商场赴约，但遗憾的是，她没有获得足够的积分。不过，如果她能在 30 分钟内完成某个任务，她就能获得需要的积分，也就可以赴约了。你也可以这样做：在遇到这种特殊的情况时，临时想出孩子能够在规定时间内完成的一个任务，一定要确保他能够完成。遇到这种突发的情况时，你应该和孩子协商一些细节。但记住，一定不要因为心软而在他什么都没有做的情况下破例给他特权。

知道积分制度是否真的对你们有效果。孩子会时不时挑战家长设置的限制，这是很正常的，这时你们要向孩子表明坚持实行这些规则的决心。所以，这期间的情况肯定会时好时坏。如果情况对孩子不利，他想要回到之前也并不奇怪，毕竟那时候他什么都不用做就能享受那些特权。我们的行动计划中最重要的一条就是坚持。你们必须让孩子知道你们是值得信赖的。如果你们还没有想好能不能坚持自己制订的行为结果，那么就先不要开始这一步。你们如果不知道怎样才算准备好了，也可以和你们的心理治疗师谈一谈。

不过，你们可以重新开始你们的积分制度，先实事求是地跟女儿说明你们之前的做法没有奏效，并举例说明按照原来的做法可能也不会起作用。但你们也要告诉她，你们肯定能找到其他的办法，所以你们打算再试一次，而且这一次你们会坚持下去。然后，重新开始吧。

**5. 建立行为约定（适用于 14 岁及以上的青少年）**。从你列出的两个清单中分别选择一个难度较小的任务要求和一项重要性为中等的特权。以前面我们列出的日常行为要求和日常特权积分明细清单涉及的那个孩子为例，如果对其使用行为约定，这个要求可能是洗澡并挂好毛巾，对应的特权可能是放学回家后可以使用电脑 15 分钟。当然，孩子的父母需要告诉他，如果他达不到这个要求，那他就无法获得相应的特权。

像这样的行为约定也可以写得很简单，你可以参考以下范本。

我（丹·詹森）同意每天洗完澡后挂好毛巾。我如果做到了，就可以在下午放学后 3 ～ 5 点使用手机 15 分钟。如果没有做到，放学后我就不能使用手机。

我（阿曼达·纳瓦罗）同意在每周一、周三、周五和周日的晚上 8 点前摆好餐桌，晚餐后清理餐桌，把清理过的餐具放进洗碗机，启动洗碗机，最后再把擦干的餐具收拾起来。相应地，妈妈同意每周二和周四放学后及周六下午 4 点开车送我去朋友家，而且每隔一周周日中午带我去购物中心。

或者你也可以使用现成的行为约定模板，在里面填上内容即可。

每周只使用一种行为约定。不要因为看到某个行为约定有效果，就试图增加其他的行为约定。在第 4 步中，你会继续学习如何设定惩罚孩子不良行为的约定，但现在你需要先建立良好的行为和积极的结果之间的联系。然后，在第 5 步中你还会学着把两种约定结合在一起，设定一个能适用于各种棘手情况的行为约定。当下，你只需使用一种行为约定，用一种具体的例子来巩固孩子心中的行为和结果之间的关联。

**注意**　确保行为约定上的特权在你的控制范围内。凯文的父母总是听到小女儿抱怨凯文，说凯文放学回家后和她在一起时，总是没心没肺地欺负她。于是他们设置了一个行为约定，要求凯文放学回家后对妹妹好一点，而与之对应的是凯文使用电脑的特权。

事实上，凯文的父母并不能很好地掌控这项特权。他们两人白天都要上班，根本无法确定凯文是否遵守了约定。即使凯文放学后欺负了妹妹，他们也无法保证凯文不用电脑。而且，他们也无法确定凯文是否能够得到这个特权。首先，他们的要求并不具体明确——什么叫对妹妹"好"？其次，因为父母都不在家，没人监督兄妹之间的互动，也就没人能即时反馈凯文是否遵守了约定。在这种情况下，他们非常需要一位保姆或某个人来监督放学后这段时间的情况，保证孩子之间的良好互动。如果可能的话，保姆也可以接受训练，学会监督并执行约定。很多家庭发现这种方法非常实用，他们通过欧洲的交换项目雇佣互惠生，后者和他们一起居住一年甚至更长的时间。所以，这本书其实也适合那些合格的互惠生阅读学习。

**问** 我们原本以为行为约定应该会很管用。我们的儿子 15 岁了，患有注意缺陷多动障碍，他不太能接受延迟满足，也很难去考虑现在的行为会产生的结果。行为约定把某种行为和奖励直接关联起来，这种做法好像很适合他，可他还是经常忘记我们让他做的事情。我们还能做些什么？

**答** 对患有注意缺陷多动障碍的孩子来说，健忘的确是个大问题。我们建议在需要完成任务的地方放置一些提示物、标记、卡片或其他能提醒孩子的东西，帮他想起要做的事情。如果孩子有手机，可以设置带有语音提醒功能的日程安排。因为这个年纪的孩子都很喜欢用手机，所以他们可能更愿意接受这种提醒。虽然你们的孩子已经 15 岁了，但是积分制度或许比行为约定更适合他，因为积分制度有计分簿，经常查看分数也会帮助孩子记住要做的事情。同样患有注意缺陷多动障碍的吉娜的问题在于，她很难在限时的条件下完成家庭作业。于是，她的父母设定了帮助她完成作业的积分制度，如果她完成部分作业（例如，5 道数学题）或者写作业时坚持一段时间（例如，15 分钟无间断地完成生物小测试），她就能获得积分。每完成 5 道数学题获得 200 分，再完成 5 道再得到 200 分，以此类推。同样，吉娜的父母为她设定的特权也做了划分，例如，使用社交软件 15 分钟、和朋友短信聊天 10 分钟等，以确保吉娜能频繁地获得特权。这种做法对吉娜确实很有效。

## 行为约定

　　_____（孩子）和_____（父母）于_____年_____月_____日共同签订本行为约定。

　　有关日常行为方面，_____（孩子）同意做到：

_____

_____

_____

_____

_____

　　相应地，作为行为奖励，_____（父母）同意做到：

_____

_____

_____

_____

_____

　　如果_____（孩子）没有遵守本约定，那么将采取由双方认可的下述处理方式：

_____

_____

_____

_____

_____

　　双方均已仔细阅读并详细讨论了本约定的各项细节。如有任何例外情况，均须征得双方的同意。如果出现分歧，双方可继续协商，并可对本协议进行修改。

_____（孩子）_____（父母）

_____（日期）_____（日期）

**问** 我们花了很多时间来为我们 13 岁的儿子设置积分制度，但是他从来都得不到足够的积分来兑换他想要的特权，结果大家都很崩溃。他甚至指责我们设置这个制度就是为了惩罚他。我们是哪里出错了？

**答** 问题可能出在几个方面。可能你们为孩子看重的特权设置了太高的积分兑换值，他需要完成一大堆任务才能获得。也可能你们给每项任务赋予的分值太少，所以孩子怎么都够不到那个兑换值。也就是说，你们可能要算一算积分的赋值是否公平。还有其他的可能，就是或许你们没有列出孩子想要的，积分兑换值又较低的特权。如果你们列出的许多特权孩子其实不在乎，那么他就没有足够的动力去赚取积分。

如果实行积分制度（或行为约定）一周以后，你觉得效果达不到预期，那么你应该回顾一下自己列出的行为要求清单和特权清单。如果你觉得有必要的话，可以增加或减少一些项目，也可以改变单项的分值或总分值。当然，你也不能把难度降得过低。要知道，保持行为要求和特权之间的平衡有时也是一个试错的过程。如果效果达不到预期，那么我们建议你在进入下一步骤之前，再多花一周时间来执行这一步。

## 坚持执行并切合实际

行为约定和积分制度都是很有效的工具，但前提是你要坚持执行。我们之前提到过，如果你不能坚持自己的立场，无法做到在孩子不遵从要求的时候拒绝给他特权，那么这一步就起不到什么作用。同时，这个步骤还是后面步骤的重要基础。你必须先学会用特权这类的积极结果去奖励孩子的积极行为，才能阻止孩子做他不该做的事情，才能解决你和孩子之间的核心问题。所以，一定要有耐心，要坚持执行下去，也不要期望立竿见影的成效。另外，还要记得，你现在的主要目标仍然是改变自己的教养方式。如果在这个过程中，孩子的行为发生了一些转变，那当然算是额外的收获，但是通常我们还需要再等待一段时间。

# 第十一章
# 第 4 步：制订合理的惩罚措施

　　始终牢记积极措施优先的原则，这一点我们会反复强调。在第 3 步开始之前，你可能对行为约定或积分制度的有效性持怀疑态度，毕竟以前你也没收过儿子的随身听或女儿的手机，但其叛逆行为未有丝毫改善。

　　不过现在你知道了，之所以会这样，或许是因为你对孩子的行为反馈得很随意，经常前后不一致，或许你未能坚持执行行为管理方法，又或许你对孩子的权利和特权的区分把握不足。但其实还有一点，父母威胁要惩罚孩子不遵从要求的行为和奖励孩子遵从要求的行为，这两种做法看似都可行，实则存在微妙差异，且带来的结果大不相同。过度依赖惩罚或其他消极措施只会助长孩子的叛逆情绪，最终逼得你只好妥协。相信你对这一点已经深有体会了。

　　你的孩子现在已经很清楚，如果自己表现不好就会带来消极结果，但他忘记了，其实他还有另一种选择：如果表现好就会带来积极结果，而且每次都会如此。因此，你在第 3 步的目的就是让孩子明白，他的积极行为会为他争取他想得到的特权。

那么，你在第 3 步进展得如何了？如果你在行为约定中的要求对孩子来说相对容易实现，而设置的奖励也是他想要得到的特权，或许一切就会进展顺利。当然还有一种可能，那就是他仍然不配合。此时你需要想想为什么会这样。

- 许多孩子一开始都会装作没有特权也没什么大不了的样子。依随性管理让他们失去了对自己行为的掌控权，他们不再能想做什么就做什么，不想做什么就不做什么。他们可不想失去这个权利。这一点无可厚非吧？所以，他们一开始肯定会抵制这种管理方式，但你一定要坚持下去。

- 如果过了 2 个星期，孩子还是不愿意遵从，那么有可能是你设置的特权对孩子没什么吸引力。事实上，无论你设置的特权有没有起作用，你都应该定期更新，加入一些新的特权，以确保孩子不会对这种方式感到厌倦。

- 或许有些任务要求在你看来很简单，所以你赋予的奖励分值很低，但是孩子觉得这项任务很烦琐。你可以试着调整一下行为约定或积分制度。

- 或许你列出的任务要求太难了。试着先从简单点的任务开始，重新做一个行为约定，先执行两周看看效果。

- 最后，如果你发现行为约定或积分制度对你的孩子完全不起作用，特别是孩子在过去两周根本无视这种行为管理方式，那就要考虑咨询心理治疗师了。总之，如果你还没能让孩子学会通过积极的行为来争取特权，就不要贸然开始接下来的这一步——对孩子不遵从规则的行为进行惩罚，否则有弊无利。

## 坚持约定的重要性

　　凯文的父母以前总是为自己 15 岁的儿子感到自豪，因为他语言犀利、口才了得，几乎能驳倒任何人，让对方哑口无言。可他们现在不给凯文争辩的机会，要求他无条件地接受他们之间的行为约定。

　　如果他能每天在妈妈下班之前完成英语老师布置的写日记的作业并将其发送到妈妈的电子邮箱，那他第二天放学之后就可以玩滑板。凯文当初痛斥老师布置的这项写日记的作业愚蠢至极，只有班里那些"自诩为作家的文艺青年"才会写，凯文的父母那时还有点忍不住想笑。结果现在凯文因为没交作业，英语成绩不及格。对于父母设置的这个行为约定，凯文想方设法争辩说不合理，他的声音越来越大，语气也越来越轻蔑，他慢慢从父母的眼神和声音中察觉到了一丝动摇。凯文的父母还没太反应过来，彼此对视了一下说道："好吧，这样可能稍微严厉了一点，有时在专心写作业之前他确实需要玩滑板来放松一下。"于是，凯文的父母对行为约定做了修改，把玩滑板的特权改成了看电视 1 小时。但问题是，凯文根本不想看电视，所以他总是找各种理由不完成任务：要么就是说家里的网断了，他发不了邮件；要么就是写日记之前腹痛，就去睡了一小会儿；要么就干脆大呼小叫，"我就是还没完成那个愚蠢的日记，那又怎么样？你处罚我好了！"

　　所以，倘若你还没有开始执行行为约定，也没有告诉孩子你会坚持执行下去，那就不应该轻易修改其中的内容。如果孩子与你争执、吵闹，拒不配合，想逼你放弃这种做法，你一定要坚定立场。一旦让步就会让孩子的胁迫行为变本加厉。这样一来，你非但不能减少孩子的叛逆行为，反而会前功尽弃，让自己再次陷入被孩子的胁迫行为支配的困境。

　　当然，也有可能你采取的第 3 步产生了效果，你已经看到了孩子身上的积

**注意**　任何时候都不要和孩子发生肢体上的冲突。有些叛逆的孩子认为，自己可以掌控自己的行为，甚至是父母的行为，而这种行为约定威胁到了他们的自主权，所以他们会想尽一切办法来抵制它。17 岁的马克早就已经习惯了自己做主，所以当他的父母告诉他，放学后要先回家，问问妈妈有什么要做的家务，做完了之后才能和朋友出去玩时，马克不厚道地笑了起来。他在意识到父母并不是在开玩笑后，就破口大骂，说自己怎么都不可能照做的，而且他想出去谁也拦不了。马克的父亲道格勃然大怒，感觉自己一下子又回到了从前，他朝马克大吼，叫儿子最好乖乖遵照执行，否则他肯定不会罢休。短短几秒钟时间，马克和父亲俨然两头愤怒的公牛，怒目相视，马克甚至还扬起拳头准备动手。

马克的母亲桑迪感觉到情况不妙，于是她喊道："道格，我们都先冷静一下吧！"她把道格拉回房间，巧妙地中断了父子之间一触即发的肢体冲突。道格和桑迪冷静下来后，意识到和儿子的关系好不容易取得的一点点进展这么轻易就化为乌有了，一切又回到从前的模样。于是，桑迪咨询了他们的心理治疗师，他们认识到自己已经对孩子失去了控制。心理治疗师建议他们考虑如何保护家里每个人的安全，以及如何避免类似的情况演变成肢体冲突。桑迪和道格还需要达成一个共识，那就是在什么样的情况下，他们需要寻求警察、少年法庭或社会服务部的介入。他们一致认同，如果马克出现暴力行为、破坏家庭财物、离家出走等，他们就会寻求警察的帮助。

同时，他们还一致认为，任何时候，只要他们和马克之间有发生危险冲突的可能，就要及时给心理治疗师打电话说明情况。

极转变，那么祝贺你，你做得很棒！不过，你也不可以掉以轻心。在开始第 4 步的时候，你仍然要果断坚持，将现状保持下去。如果这时你放松自己的态度和坚持的决心，开心过头而变得情绪化，或者对孩子的积分奖励过于大方，你前期付出的努力很可能会白费，孩子又会对积极行为和积极结果之间的关联感到困惑。而此时，如果你再想对孩子的消极行为进行惩罚就会非常困难，稍有不慎，你和孩子很有可能会回到之前那种只起反作用的互动状态。

## 达成目标

- 对孩子不遵从父母要求的行为和做出的不可接受的社会行为予以罚款或进行处罚。
- 学会有效地使用禁足的惩罚。

尽管你的孩子现在已经开始遵从你的要求，并争取到相应的特权，但这样的方法还不足以完全消除孩子所有的叛逆行为。他肯定还会做一些你不想让他做的事情，有时他甚至还会违反一些不可触犯的家庭规则。而且，还有一些行为要求他没有什么动力去完成，因为你既没有规定完成了能得到什么奖励，也没有规定不完成会有什么惩罚。多数情况下，前者更适合使用行为约定，后者更适合采用积分制度。

**注意** 要警惕情感勒索。在上一章中我们讨论过，应该如何避免因为怕伤害孩子的自尊而不采取惩罚措施的情况。也许你为此做好了心理准备，但每每孩子朝你喊"我恨你""我的生活都被你毁了""没有谁的父母像你们这样刻薄"，甚至"我要举报你们"时，你可能又会心软。一旦孩子发现情感勒索对你有效，他可能就会变本加厉。你可以根据自己开始行动计划至今建立起的信心，以及你和孩子之间的互动情况（你是否曾经因为害怕失去孩子对你的爱而满足孩子的要求？）来确定自己是否需要心理治疗师的干预，让你在面对孩子的情感勒索时能够继续坚守原则。

当孩子对你说他恨你做的这些事的时候，你可以尝试这么做：想象自己是联合国大会上带着翻译耳机的参会人员，如果你认为自己对孩子采取的措施是公正且恰当的（可以通过第 345 页的评价表来判断），你就让孩子的话在耳机里过一遍，然后，你再一本正经地重述经过翻译的内容："我知道你不喜欢我们的做法，但是这就是我们要做的事。"

不论你采用哪种方式，在接下来的两周，你在采用行为奖励的基础上引入惩罚措施时要遵循的最重要的原则就是：惩罚要合理。

- 对于没有遵从日常行为要求或者轻度违反家庭规则的行为，可以采用撤销特权或扣除积分的做法。

- 对于轻度或中度违反家庭规则的行为，可以增加家务劳动作为惩罚，我们发现这个方法对 11 ~ 13 岁的孩子尤其适用。

- 对于违反家庭不可协商的规定等更严重的行为问题，可以采用禁足的惩罚方式。只不过需要记住的是，禁足对有些孩子可能没什么作用。比如孩子年满 16 岁，有自己的驾照和汽车，他还是可以说走就走；又比如孩子有自己的手机、随身听或电脑，你虽然把他禁足在家，但不能禁止他使用那些电子产品（如果是这样的情况，你要坚持执行行为结果）。

　　从逻辑上来讲，父母似乎应该只使用积极的方式来强化孩子的积极行为。这种做法或许对大多数孩子适用，尤其是那些长期表现好却得不到积极反馈的孩子。举例来说，情绪抑郁的父母可能平日少言寡语，也没有足够的精力去对孩子的积极行为做出积极的反馈。他们的孩子有时会故意表现，渴望得到父母的夸赞。当然也有可能你的孩子极其敏感，他比大多数孩子更需要这种积极的关注来强化自己的行为。阅读本书的第一部分后，你对孩子和自己有了怎样的了解？如果在第 1 步和第 2 步中，因为你的关注和表扬，孩子的积极行为超出了你的预期，这意味着你可能只需通过积极的措施就可以改变孩子的叛逆行为。

　　不过即便如此，考虑到运用惩罚措施是父母提前主动准备而非被动反应的做法，你也应该学习如何明智又公正地使用惩罚措施，这也是我们行动计划的一条主要原则。如果你能事先准备好一些非常具体且前后一致的惩罚措施，以应对一些可预见的小摩擦（因为你已经制订了非常明确的家庭规则，所以你知道哪些行为算违规），你会发现自己能轻松不少。换句话说，你不必总对孩子大喊大叫了。如果孩子还是违规，你只需让他承担事先约定好的相应惩罚就可以了。

　　所以，即使你觉得自己不需要使用什么惩罚措施，也不妨在这一步学习一下如何采用惩罚措施。说不定什么时候你就会用得上。如果没有事先准备，事情发生时你就只能靠吼叫或者体罚等无效措施来应对。这个行动计划中提供的技巧都不是那种原始的、无效的方法，吼叫或者体罚的措施都不在我们的考虑之中。

# 奖励之外，增加惩罚

**1. 明确你不想让孩子做的事情，并约定一种具体的惩罚措施。**如果你和孩子在第 3 步使用的是行为约定，那就加一条不允许的行为，并附上一条你能够也愿意撤销的特权，以备不时之需。例如：

> 我（安东尼娅·萨拉查）同意不骂父母。我明白如果我没做到，早上就不能让父母送我上学，只能自己乘坐公交车。

事实上按照行为约定，如果孩子没有完成任务要求，其对应的特权原本就是要被撤销的。因此，假如你在第 3 步约定的是，如果儿子在晚餐前帮忙摆放餐具，他吃完晚饭后就能吃冰激凌，那你在第 4 步中就不能再约定，如果孩子不摆放餐桌，他就不能吃冰激凌。因为这原本就是他未遵守约定的结果。你可以选择另一种你希望孩子在日常生活中能改善的行为（比如骂人），将其加入行为约定。

和第 3 步一样，在拟好新的行为约定之后，和孩子一起回顾约定内容以确保他完全理解，然后双方签字。同样，如果孩子拒绝签字，你可以默认他已签字，依然按照约定的方式执行，不需要再征得他的同意。

如果你和孩子在第 3 步使用的是积分制度，那就在清单上增加没有完成某项任务的惩罚。此前，如果你的孩子没有完成清单上的任务，他只是得不到相应的积分，但是现在他不但得不到积分，还要被扣除一定量的积分。

告诉孩子，从现在开始，如果不完成清单上的任务要求，就会被扣除积分。惩罚的分值应该和他完成该项任务奖励的分值相等。吉娜的妈妈给她半小时学习设定的奖励分值是 100 分，她如果不学习，就得不到这些分数，她如果学习 15 分钟，就能获得 50 分；不过现在，如果她没有学习，她不仅得不到

---

### 先思考，后行动

  确保你向孩子清晰明了地说明了这些惩罚措施，不会引起任何误解。不要让孩子以为你又用回了以前惩罚他的老一套办法。一本正经、实事求是地告诉孩子，他还有进步的空间。和孩子一起回顾之前他因未能完成任务得不到积分的例子（大多数家庭都会出现），并且告诉他你是站在他这边的，想要帮助他发挥自己的潜力获得更多积分。坚定地告诉孩子，积分奖励依然是优先的，之所以引入积分惩罚的措施也只不过是想给他提个醒，让他能更好地遵守约定。

---

100 分，还会被扣掉 100 分。

  你或许也注意到了，吉娜的分值比我们在第十章中提供的案例分值要高。虽然我们一般给 15 分钟的任务赋分 25 分，但我们建议对吉娜的赋分宽松一些，因为她患有注意缺陷多动障碍，这让她很难专注地学习。除此之外，吉娜的妈妈觉得女儿还需要一些其他的激励。通常而言，我们设置每 15 分钟特权（例如看电视）的兑换积分是 25 分，这样奖励和任务要求看起来就是匹配的——15 分钟的任务换 15 分钟的特权。吉娜的妈妈虽然增加了吉娜的奖励分值，但是在兑换的时候仍然保留了用 25 积分兑换 15 分钟特权的做法，以此来增加吉娜学习的动力。

  此外，你还可以针对孩子违反某两条家庭规则的行为增加惩罚条款。那么，你最不希望孩子做的事情是什么？发牢骚、争执、骂人、不经允许乱拿东西、欺负弟弟妹妹、打断别人说话、吃零食，还是撒谎？回头看看你在第三章中列出的家庭规则清单（可能你后来修改过），然后选择其中的两条，

## 先思考，后行动

　　使用惩罚措施有可能带来消极的效果，因此要准备好用更多的奖励措施进行平衡。我们要面对现实，不论你怎样强调自己设置惩罚措施只是为了提醒孩子做得更好，而不是为了惩罚孩子，大多数青少年还是会消极地看待惩罚措施。所以你要做好心理准备，孩子可能会不满、生气或是感到受伤，你应该让孩子放心，即使他偶尔有过失，你关注的仍然是孩子到目前为止的积极表现，而且你会继续关注这些表现，并给予表扬、额外积分奖励或其他的即时小奖励。同时，这样做也能保证你和孩子之间进行积极的互动。

　　始终记住，你的主要目的是改变自己的行为，而不是让孩子守规矩。如果你记得自己建立依随性管理系统主要是为了改变自己的教养方式，让自己更清楚、更坦诚，也更负责任，你就不会总是陷入惩罚孩子可能会伤害孩子自尊的内疚之中。如果你担心自己对孩子不公平，可以看看下面的图示。

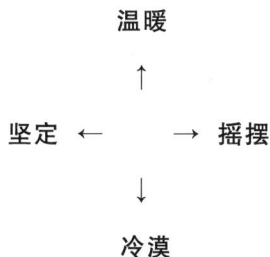

**温暖**

↑

**坚定** ←　　　　→ **摇摆**

↓

**冷漠**

　　我们的行动计划强调温暖（积极、有爱心）的态度和坚定（具体、即时且一贯）的做法，如果你担心自己的惩罚措施使你显得过于冷漠，你的内心就会动摇，那孩子的胁迫行为就会有机可乘。

并设置违反这两条的相应惩罚。注意惩罚要合理，对不太严重的不良行为设置较轻的惩罚。

　　如果你之前尝试的奖励措施无法减少孩子的消极行为，那么就应该在约定中引入惩罚措施来加强效果。例如，12 岁的比利在家和父母讲话时，1 天讲脏话 8 ~ 10 次。一开始，他的父母采用了积极的激励措施来鼓励比利讲话得体。他们把 1 天分成 3 个时段：①早上，从起床到上学之前；②下午，从放学回家后到晚餐时间；③晚上，从晚餐之后到睡觉之前。在每个时段，比利使用得体的语言讲话就可以获得 0.5 美元的奖励，父母会在睡觉前把当天的奖励给他。这种方法实行了 3 周，比利每天讲脏话的次数从 8 ~ 10 次减少到了 2 ~ 3 次。不过，比利的父母希望他做得更好，于是附加约定，如果比利在某个时段讲脏话就要相应扣除 0.25 美元。在接下来的 1 周，比利完全没有讲脏话；在接下来的 1 个月，他每周最多有 1 ~ 2 次讲脏话的情况。当然，比利的父母也没有要求比利做到尽善尽美，他们觉得这样已经大有改观了，于是就继续使用这个奖惩措施。因此，在原本有效的激励之上增加一些惩罚措施能够帮助你进一步减少孩子的某种消极行为。

**问** **儿子赛斯摔门的行为让我们俩都很头疼，所以我们设置了行为约定，他如果不摔门，就可以使用社交软件脸书。上周计划进展得还很顺利，但是当我们想要引入惩罚措施时，赛斯大闹了一通，我们很久没见过他发这么大脾气了。这是我们完全没有料想到的，只好暂时作罢。这到底是怎么回事呢？**

**答** 设置不遵从行为的惩罚最好是仅引起孩子轻微的反感，让他觉得还不如按照约定来做。所以，在第 4 步中设置的惩罚不应太过烦苛，应该与孩子的行为相称。孩子摔门这件事也许在你们看来难以忍受，因为有些人对噪声的忍耐度较低。也许你们 13 岁的儿子知道在家里不应太大声，但这个年纪的男孩一般不太能自知，所以他有可能不是故意违规的，只是没有意识到自己的动作比较重。不知你们孩子的特质属于哪种类型？另外，这个年纪的孩子正处于发展变化之中，有些变化会给他们带来不适。从你们对孩子平时的观察来看，他是否有类似的困扰呢？

如果这些都不是造成赛斯反应大的原因，那你们是否知道脸书对他的重要性？也许像对很多这个年纪的孩子一样，它是你们的孩子很重要的社交媒介，他可以通过它来保持与同伴的联系，尤其此时和异性同伴的交流开始变得重要起来，因为他们面对面时可能还不太好意思。还有，你们对孩子在上学期间的社交活动有什么样的规定？如果你们觉得他还太小，晚上不能去同学家玩，而他的很多朋友都可以聚在一起，这时他可能觉得脸书是他唯一能与同伴保持联系的方式。也就是说，你们的这种惩罚可能不太合理。你们只能确定摔门这件事令你们多反感，但是你们也要了解，你们要撤销的特权对孩子有多重要。

赛斯发脾气这种行为本身可能就是你们无法接受的。但是，为了弄清楚他是否真的反应过度了，你们要对比一下你们所约定的惩罚是否符合他的违规行为，你们可以把它与第 3 步中约定的行为要求和奖励进行比较。如果新的约定与之前的约定相比显得不太合理，赛斯可能会觉得你们只是不断地用诱饵对他进行更多的行为约束，因而觉得与你们之间的约定对他是不公平的。

**2. 在实行惩罚措施之前，可以考虑用一周的时间来确定你不希望孩子出现的行为。** 劳伦和妈妈简经常因为劳伦爱耍嘴皮子而争吵不休。简迫切希望女儿对她说话放尊重些，还准备好了一份行为约定，要对女儿顶嘴的行为进行惩罚。但母女俩对顶嘴的界定似乎有很多争议，劳伦指责妈妈有时听她耍嘴皮子还会发笑，有时又会因此把她禁足在家里。简意识到，必须在执行这个行为约定之前让劳伦明确地知道，她到底是因为什么而受到惩罚的。于是，她们在正式开始这一步之前增加了一周的训练期。在这一周里，只要简发现女儿有顶嘴的行为，她就会指出（做标记），并警告劳伦本周过了之后，这种行为将会受到处罚。简会提醒道："这就是我说的顶嘴行为。从下周一开始你如果继续这样做，就会被扣掉 100 积分。"如果你对想要约定的行为也拿不准的话，也可以采取同样的策略。

3. **坚决不要在一次互动过程中惩罚孩子两次以上。**父母在刚开始引入惩罚措施时最容易掉入"惩罚旋涡"，也就是说，当对孩子的某种惩罚引起了孩子的不满或胁迫行为时，父母就会对孩子的这种消极反应进行惩罚，从而进一步激发孩子的消极行为，然后再惩罚，如此反复陷入没有结果的惩罚旋涡之中。为了避免陷入这种状况，你可以采取惩罚孩子不超过两次的原则。如果你已经惩罚他两次了，就可以让孩子暂时离开去冷静一下，比如告诉他"先回你的房间去""你去餐厅坐一会儿，冷静下来再过来"之类的。如果孩子执意不离开，那么你就离开，暂时中止你们之间的互动。

4. **使用计时冷静的方法来避免冲突升级。**对那些比较情绪化、容易急躁的孩子来说，计时冷静是一种很不错的控制愤怒的策略。我们这里所说的"计时冷静"与惩罚年龄较小的孩子使用的"计时隔离"有所不同。对年幼的孩子进行惩罚时，我们一般会让他坐在某个角落或者其他隔离的空间；但对青少年采取的"计时冷静"策略主要是让孩子暂时不要再讲话，离开一会儿或者坐下来，情绪稳定后再继续。如果你的孩子情绪非常不稳定，你可以告诉他，他如果不先冷静下来，可能会受到惩罚或被禁足。

5. **对年龄较小的青少年，将做家务或干杂活作为惩罚手段。**如果你的孩子年龄在 11 ~ 13 岁，叛逆行为也不是很严重，那么像打扫、吸尘、清洁马桶、拖地、洗衣服之类的家务都可以作为有效的惩罚方式。而且，对没有达到日常行为要求的孩子来说，做家务也是一种自然而然的惩罚手段，但是这种惩罚只有在孩子愿意接受时才有效果。如果你这样惩罚孩子时孩子依然逃避责任，你可能需要采用其他的惩罚手段。年龄较大、叛逆行为比较严重的孩子一般不会接受这种惩罚，他们还会因此与父母争吵，让有效惩罚多一层阻碍。这种情况也可能出现在年龄较小的孩子身上。你一定不想跟孩子有更多的争吵吧？

选择一种孩子不喜欢但可以在较短时间内完成的家务，用时 5 ~ 15 分钟的就可以。提前向孩子说明这是对他哪种行为的惩罚。一定要讲得清楚明白、严肃认真。例如，"如果你没有在每周二晚上 7 点前把垃圾拿出去扔了，你就得在当天晚上清洁楼上浴室的马桶""如果你不能在上学前整理好床铺，你就得在放学回家后叠洗好的衣服"。最好指派孩子干那些你能够监督的家务活。当然，你不需要在孩子做这件事的时候一直盯着他，只需在他完成后检查一下确保合格即可。如果孩子没能完成这项家务，那就实施备选的积分扣除方式或其他处罚方式，不要再用做家务的方式了，因为很显然这种做法效果不佳。

**问** **我女儿现在养成了个坏习惯，在她想要得到什么东西或者想逃避惩罚的时候，她会跟我撒谎，我开始不信任她了。但有时她坚持说自己没有撒谎，我又会为自己不信任她感到内疚。所以我让步了，觉得应该在证明她有错之前信任她。如果想让她改掉撒谎的行为，我应该怎么做？**

**答** 很多家长都提出过相同的问题。他们想对孩子的撒谎行为进行处罚，但是又觉得有失公平，因为他们不能确定孩子到底有没有撒谎。在这种情况下，成为权威型的父母就变得尤其重要了。你应该把握主动权。不管你信不信，你可以既当法官又当陪审团，所有的决定都在你的手上。作为一个成熟的成年人，你可以也应该尽你最大的能力权衡证据，然后做出判断。即使冒着出错的风险，你也最好让孩子明白，撒谎是不能容忍的，你不能让孩子通过撒谎逃避后果。你了解自己的孩子，所以如果你怀疑她在撒谎，很有可能你就是对的；如果事实证明你错了，你可以随时道歉。如果事实证明你经常弄错，那么你就知道应该比以前更信任孩子。但一定要告诉孩子，她需要做到不让你怀疑。她有责任不让你有任何理由怀疑她在撒谎。所以，你

---

如果满足了以下条件，那么你设置的行为约定就是公平公正的。

- 孩子完成这项行为要求所需要的时长与他完成任务后获得的特权享受时长或未完成任务时被惩罚的时长大致相当（例如，完成任务花了半小时，就可以使用电子产品半小时）。

- 所规定的内容确实属于家中不可协商的规则（例如，你不允许在家里有讲脏话的行为，这一条对每个家庭成员都适用）。

- 如果按照重要性 1 ~ 10 分评定的话，那么你所规定的任务、所设置的特权以及相应的惩罚应该处于同样的分数等级。

- 你的孩子要有能力完成约定的任务或遵守相关规定（例如，指望孩子放学后对卧室进行彻底大扫除就不切实际，即使在梦里都难以实现）。

- 所约定的任务应该让孩子有很多表现良好的机会（例如，你不能放任孩子跟你顶嘴 1 小时不管，然后突然就将他禁足了。你要提醒他这样的说话方式是会受到惩罚的，而他现在已经在这样做了，如果他执意不改，继续违规达到一定次数或者超过一定时间，你就会加重对他的惩罚，将他禁足在家）。

处罚女儿应该觉得心安理得，因为她的行为让你产生了怀疑，你并不一定需要真正的证据。问题的关键在于，你应该在怀疑孩子撒谎的时候就采取行动，而不是等到谎言被证实的时候。如果你想等到确认孩子撒谎后再予以惩罚，你可能会等很长一段时间，而这期间孩子又会跟你撒更多谎，且不必承担任何后果。

# 了解禁足惩罚的作用

对年龄较小的青少年来说，禁足相当于一种计时隔离的惩罚。通常如果孩子犯了比较严重的错误，扣除积分等处罚措施已不足以让他重视，那么就会采用禁足的方式惩罚他。在禁足的这段时间里，你不再强化孩子的积极行为，也不对他有任何积极的关注。禁足惩罚不仅会导致收回孩子所看重的诸如使用社交媒体和手机之类的特权，还会剥夺他与朋友以及他与你之间交流的机会。

关于第 4 步禁足部分的内容，还有以下两点需要说明。

**禁足惩罚一般只对年龄较小的青少年适用**。如果你的孩子已经会开车了，而且也有车可以开，那你可能很难把他关在家里，这就意味着你根本无法实施禁足惩罚。另外，从收回孩子的特权来说，如果孩子自己购买了随身听或手机之类的电子设备，你无权在对他实行禁足惩罚的时候禁止他使用这些设备，这样一来禁足惩罚就发挥不了什么作用，到头来你可能还是只能采取其他的惩罚方式。除此之外，孩子到十七八岁，心智已经比较成熟了，他不再会对这样的惩罚方式有什么反应。况且，年龄较大的青少年体格健壮、内心独立，如果他们要反抗父母的限制是轻而易举的事。所以对于这些孩子，你应该准备多种级别的惩罚措施，这样，如果孩子出现特别严重的违规行为，你依然能在自己控制的范围内实行合适的惩罚方式。

**在这一步还是要避免对孩子采取禁足惩罚。**始终记住，该步骤的目标是学会如何有效地使用惩罚措施，而不是让孩子对此感到极度厌恶。如果你还没有学会运用一些常用的惩罚措施，盲目使用禁足惩罚可能会让你回到原点。总是对孩子的行为给予消极的反馈，以惩罚为主，这本身就会导致孩子叛逆。

**你应该做的是，在这两周里，仔细观察孩子的行为，大致了解他的哪些行为属于严重违规行为、哪些行为属于其他类型的叛逆行为。**我们建议你在第5步再尝试使用禁足惩罚。同时，你还可以回想一下自己过去是如何使用禁足惩罚的，看看是不是因为没有遵循以下原则而导致禁足无效。

（1）禁足就意味着孩子不能使用任何你所规定的特权。许多父母将禁足错误地理解为关在家里，孩子在家里仍然可以看电视、玩手机和电脑、听音乐等。孩子确实没有办法和朋友待在一起，但他还有那么多的消遣方式让他不无聊，他还可以发短信、上网聊天，还可以通过其他方式和朋友取得联系。

（2）你必须随时监督以确保孩子遵守禁足的所有规定。假如你将孩子禁足在家，却任由孩子使用他自己的电子设备，这其实违背了禁足惩罚的所有规定。这样一来，你在孩子心目中的权威就会被大大削弱。

（3）禁足的时长绝对不要超过2天。这可能是大多数家长犯的最大错误。你是否经常脱口而出，"你1个星期都不能出门！"（或是1个月甚至更久的时间）？禁足的时长可以短至几个小时，但是绝对不要超过2天（比如1周），理由如下。

- 在这7天里，孩子一般会有一些重要的活动要参加，如果你想起了这个活动，你很可能会让孩子去，这样不仅会削弱你的权威，也会让惩罚变得无效。

- 如果孩子患有注意缺陷多动障碍或者有其他专注力的问题，在两三天后，他可能就忘了自己为什么被禁足。在这种情况下，禁足惩罚给他带来的是对你的憎恨，并不会让他以后不再犯错。此外，在孩子被禁足几天之后，你和孩子之间还会因为惩罚时长的问题发生争吵。

（4）孩子必须明白自己被禁足的原因。和实行其他所有的惩罚方式一样，你需要明确地告诉孩子，到底是什么行为导致他被禁足的。如果你将禁足惩罚作为其他惩罚措施都行不通时的备用方案，那么你在实行禁足惩罚前要向孩子提出警告。例如，孩子乱发脾气，你可以先取消他的特权，再提出警告，如果他还是继续的话，再将他禁足。

（5）在孩子被禁足期间，你可以考虑让孩子做一些事情。你可以看看前面讨论的做家务的内容。不过，这个由你决定，只是你没有理由不将孩子这段无所事事的时间利用起来，让他做些有意义的事情（当然是没有报酬的）。如果你打算这么做，就要事先让孩子知道这些内容。

（6）禁足结束时，你可以严肃地提醒孩子为什么会被禁足，但是也不要唠叨个没完。像平日一样正常地对待孩子，让孩子知道，接受完惩罚，他"欠的债"就还清了，你不会再因此无休止地责备他。

不论使用何种处罚，都要考虑相关的限制条件，禁足也是一样。正确地使用禁足惩罚，你才会觉得心安理得。不要再情绪失控，动不动将孩子"永远"禁足。你可以将禁足惩罚作为一种明确的行为结果，这样你也不用再绞尽脑汁地寻找办法来避免自己对孩子实施冲动又不切实际的惩罚。

# 第十二章
# 第5步：善用奖励和惩罚解决其他问题

　　行动计划开始至今，你已经花了整整 1 个月的时间来学习并运用依随性管理方式。你先是让孩子明白好的行为会被奖励、坏的行为不会有好的结果，而如果孩子违反了不可协商的规则还藐视你的权威，那他就会受到相应的惩罚。

　　在你初次尝试了这种方式之后，你很有可能会迫不及待地想对孩子的方方面面实行奖励和惩罚，但是我们希望你不要这样做。在彻底厘清这一方式之前就盲目地对孩子进行奖励或惩罚（无论是通过积分还是特权），可能会让你和孩子之间的关系回到原点。就像你在学习滑雪时需要先在"兔子坡"①上练习，然后才能自信地越过真正的小山丘一样，你需要时间来打磨自己管理

---

① 　兔子坡（bunny hill）指的是专门为滑雪初学者设计的缓坡雪道，难度较低，专门供新手或儿童练习使用。——译者注

孩子行为的能力，这样你才能在实际操作中得心应手。如果一开始的步伐迈得太大、迈得太急，你可能会因为受到打击而在管理方式上无法保持一致，甚至内心开始动摇。所以，不要一下子给孩子设置一大堆的行为约定，也不要把日常生活变成一项无止境的积分活动，因为这样不仅会快速消耗掉你和孩子之间的所有情感资本，还会让你很难继续坚持下去。

在最初的几周里，你只要习惯依随性管理的理念就够了。例如，根据孩子早晨整理床铺的情况来决定他是否有使用手机的特权。虽然这听上去好像没什么大不了，但即使孩子现在已经习惯整理自己的床铺了，你还是要确保孩子对这种改变没有什么不适，这样才能进一步将这种方式运用到其他问题的解决上。事实上，打好这个基础至关重要，它也是第 5 步第一个目标的核心内容。

## 达成目标

- 使用依随性管理方式解决现有的问题。
- 开始运用依随性管理方式解决孩子的其他行为问题，尤其是那些特别严重的问题。

## 使用依随性管理方式解决现有的问题

仔细回想过去 1 个月以来的情况，看看还有哪些小问题是你能够解决的，解决好它们，以免它们影响到这一步的效果。

1. **学会发现并避免行为管理前后不一致的情况**。凯西和杰伊设置了一份
简单的行为约定，要求 14 岁的儿子安德鲁在每天晚餐前摆好餐桌，这样他就
能够获得父母在周六开车载他往返商场的特权。安德鲁整个星期都表现得很
完美，所以那个周六妈妈开车送他去了商场。第二周，安德鲁表现依然不错，
于是爸爸周六开车带他去了商场。到了第三周，凯西和杰伊认为任务已经完
成，不再需要通过奖励的方式来让儿子做这项家务了。那个周五晚上，他们
告诉安德鲁他们周六都很忙，没空开车送他去商场，而且他现在已经养成了
摆好餐桌的习惯，也就不再需要奖励了。可是安德鲁已经和朋友约好了周六
在商场见面，所以他感到非常生气，指责父母不遵守约定。安德鲁只好在周
六冒雨走了 3 英里（约 4.8 千米）去商场。接下来的一周，他便拒绝再为晚餐
布置餐桌。安德鲁的父母对儿子的过度反应和死灰复燃的叛逆行为感到惊讶
无比。

其实凯西和杰伊在这里犯了几个错误。第一，他们认为只需对儿子的积极
行为进行短短几周的强化，就足以让他养成一个长期的行为习惯。杰伊觉得
儿子现在已经明白摆放餐桌是他应该承担的家务，他不应该因为完成自己分
内的家务而长期获得奖励。所以，即使儿子每天在晚餐前布置好餐桌，杰伊
也不认为自己就该送他去商场。但实际上，如果父母希望孩子在取消奖惩措
施之后还能继续表现良好，他们就应该花更长的时间来执行这些措施。只要
你还需要孩子做这项家务，而且你们的家庭生活环境也没有发生什么改变，
那么行为约定就应该一直有效。不妨想想自己，你是否会因为学会了做某种
工作就不再需要薪酬来强化，如果工作几周之后停止发薪，你还会继续工作
下去吗？

有时候，一些自然而然的生活变化会终止这些行为约定，例如孩子要去上
大学或者父母对家庭任务进行了重新分配。还有些时候，孩子长大了，他会

告诉父母自己做这些事情不再需要奖励了。慢慢地，许多家庭将之前正式的行为约定变成了口头的表扬或不时的奖励，而不是孩子每次完成任务都给予奖励。当然，也有少数案例中上述情况都没有出现，那么父母就需要在孩子成年之前继续执行行为约定。

凯西和杰伊应该继续执行他们的行为约定，但同时，他们的问题之所以变得棘手，是因为他们还犯了第二个错误：选择了一种自己可能无法兑现的特权作为对孩子的奖励。杰伊周六一般都有时间送孩子去商场，但也有例外的时候，而这些特殊的情况他自己也很难预料。凯西周末有兼职工作，所以她有一半的时间无法送孩子去商场。这样一来，如果孩子每次都按照约定完成了自己的任务，一定会碰到凯西和杰伊都无法兑现特权的情况。所以，除非他们能找人帮忙开车送孩子去商场，否则他们就不应该选择这项特权作为奖励。不过，话说回来，父母也都是普通人，无法预料生活中的所有变化，那么根据实际情况修改行为约定就显得很有必要了，我们会在稍后对此进行讨论。另外，我们在第 7 步中还会介绍解决问题的技巧，这也能帮助父母避免选择不合适的特权作为奖励。

接下来就是第三个错误：没有及时通知孩子有关的变动。凯西和杰伊应该在安德鲁开始新一周的任务之前告诉他行为约定不再生效了。他们没有这样做，所以安德鲁才说他的爸爸不遵守约定。即使杰伊是在儿子完成了一周的任务之后才发现自己没空送他去商场的，他也可以想办法来避免一些伤害。他可以向孩子说明自己也是在最后一刻才得知有其他安排的，并告诉孩子他会用其他方式来进行补偿，或者至少跟孩子真诚地道歉。但在杰伊内心深处，他知道自己那样做可能会搞砸，而且觉得有损自己在孩子面前的权威，所以，他选择了"专制型"而非"权威型"的做法，说服自己没有必要跟个孩子去解释些什么。一些父母一旦发现自己对叛逆的孩子重新获得了一点控制，就认为可以回到以前那种让他们觉得舒服的"父母管小孩"的关系中，但是这种方法很少奏效。

**2. 确保你和孩子的另一位家长保持一致。**这可能就更难做到了，特别是在孩子的另一位家长是你的前配偶，并且你们之间还心存敌意的情况下（见第五章）。凯西和杰伊虽然与安德鲁设置了同样的约定，但是大家都知道，有时是爸爸开车送，有时是妈妈开车送，这取决于他们俩谁有空。上个月有几次安德鲁没能按照要求布置餐桌，因为他一直忙着跟朋友发短信聊天。凯西她不忍心儿子错过跟朋友见面的机会，所以即使安德鲁有 2 天没有摆餐桌，周六她还是开车送他去了商场。直到凯西和杰伊坐下来回顾那段时间的情况，想弄清楚儿子为什么还是不能养成摆餐桌的习惯，他们才意识到，原来是凯西不想儿子的社交生活受到影响，即使他没有完成任务她也会让他搭车去商场。后来凯西和杰伊商量好，不再破例给孩子特权，安德鲁就开始按照约定在晚餐前摆餐桌了。凯西和杰伊在儿子第一次面带微笑而非满脸怨气地做这件事时，还给他租了最新的科幻电影的光碟。

如果你和孩子的另一位家长（或担任父母职责的其他成年人）很难在孩子的行为管理计划方面达成一致，那么你们就需要找找原因了。

（1）是不是你们的工作时间让你们很难一致地执行约定？山姆每天早上 5 点出门上班，下午 4 点到家，他的妻子邦妮则在当地医院工作，每天下午 3 点到晚上 11 点值班。所以，有关孩子家庭作业的约定都是由山姆来执行的，邦妮只能在早上爬起来跟要去上学的儿子乔迪吻别时，顺便问问他："爸爸过问你的作业了吗？他有没有检查？他让你把作业放进书包了吗？"乔迪每次都说"是的"，因为妈妈问的都是爸爸该做的事，而不是他该做的事。邦妮后来有一次发现，乔迪放学后因为家庭作业的事和山姆大吵了一架，之后压根就没做作业。过了一两周，他们不得不改变做法：放学后由山姆监督乔迪做作业，邦妮下班回家后再检查，第二天早上她还让乔迪展示作业都装进书包了。在这种情况下，现代科技也能派上用场——山姆和邦妮可以给对方发语音信息、短信或电子邮件，让对方了解乔迪家庭作业的完成情况。

（2）你们对于纪律规范的理念是否一致？回顾第五章，看看你们两人的教养方式是什么样的，是完全一致、完全相反，还是介于两者之间？在你们还不能熟练运用依随性管理方式时，尽量避免在行为约定中涉及你们在教养理念上存在分歧的内容，因为这可能会引发你们无法预料的问题。例如你们规定，如果女儿放学后一直在书桌前学习，直到完成所有作业，她就可以在晚上 7 点半到 9 点这段时间使用电脑。孩子的另一位家长认为，如果女儿在晚饭前还没完成作业，那她就不能和家人一起吃饭。但你认为和家人一起吃晚饭更为重要，所以坚持允许她在晚饭时间放下手头的作业。这样一来，你们争执的问题就变成了是否应该让女儿来餐桌吃饭，而不再是关于她完成家庭作业的问题了。不过，很多类似的问题都可以提前考虑到。在你们和孩子一起商量行为约定的内容时，就可以多做一些假设，看看你们提出的方案是否适用于各种场合。如果不行，可以再修改。记住，在你们扩大行为约定和积分制度的使用范围之前，一定要确保孩子不会利用你们之间的分歧来"对付"你们。

（3）你们当中一方承担的管理和监督任务是否过重了？谁在负责积分登记或者监督行为约定的执行情况？如果父母中的一方承担的责任太多，也可能会执行不下去。比如，责任过重的一方可能会变得疲惫不堪、满腔怨气，慢慢开始向孩子妥协；孩子也会利用责任较轻的那一方钻空子。又比如，责任较重的一方可能会过度控制孩子以弥补另一方的松懈；而责任较轻的一方可能会草率地对孩子提出一些不合理的要求，并把执行的责任推给另一方，打乱另一方的计划。不仅如此，所有这些情况还会逐渐引发婚姻问题。乔迪利用妈妈下班后困倦的状态来逃避行为约定中规定的任务。山姆也对每天下午监督孩子做作业的繁重任务心存怨言，于是干脆对儿子采取他一贯的专制方式，当然这样只会引发冲突。所以，在设置行为约定之前多做一些假设，一定要问问自己你和另一位家长之间的任务分配是否公平。设置的约定最好能允许你们定期互换角色，这样你们就不必一直做积分记录或监督执行工作了。

**3．利用愤怒管理技巧来避免惩罚孩子时引发的冲突升级。** 当你对孩子使用惩罚措施时，没有哪个孩子会欣然接受，孩子会发脾气那是必然的。但是更需要监控的是，无论是孩子的愤怒还是你的愤怒，是否能得到有效的控制。如果孩子在你扣除他的积分或是撤销他的特权时变得情绪失控，那么你可能需要学习一些愤怒管理的技巧。

（1）离开你们发生争吵的房间。记住我们在第十一章讨论到的计时隔离的作用。如果孩子也跟着你离开了房间，那你就去外面走走。

（2）在和孩子讨论依随性管理计划的时候，语气要严肃认真。这一点可能说起来简单做起来难，但是只要多加练习，你就能做到。如果你觉得用一种比较平和、严肃、认真的态度讲话很难，你可以对着镜子练习，也可以在配偶面前练习，让对方听一听，并让他（她）在肢体语言和语音语调方面给你提些建议。

（3）在和孩子讨论时，让另一位家长充当协调者。这种方法只能偶尔使用，因为如果你太过频繁地使用这种策略，要么会让另一位家长负担过重，要么会给孩子留下一种错误的印象，那就是负责协调的家长更有同理心，也更容易被拿捏。

在开始这一步之前，确保自己已经能熟练运用上述一种或多种技巧。

4. **解决在积分记录时遇到的技术性问题**。积分制度的优势之一在于，所有的得分和扣分都会用白纸黑字记录下来，让孩子能够清楚地看到，这样就减少了兑换特权时产生的纠纷。只不过这也给了孩子可乘之机，他可能忍不住在记录过程中篡改分数。所以，你需要养成每天记住孩子积分总数的习惯，这样你就能清楚地知道积分在什么时候被修改过。如果你想在积分制度中增加更多的任务和规则，那么你需要先弄清楚如何防止孩子自己改分数的情况发生。你可以考虑使用某种特殊颜色的笔来记录积分，再把积分簿放在孩子拿不到的地方，这样如果其他人做了更改，你就可以很容易地发现。另外，你还可以在电脑上备份一份积分登记表。

5. **保持积分可兑换的特权对孩子的吸引力**。这就需要你具备一定的创造力了。你要时常留意孩子新的兴趣点以及当下的潮流趋势，并结合这两个方面来设置一些新的特权。还要经常变换一下特权项目，比如这周看电影，下周就换玩游戏。保持孩子想要一直赢得积分的动力，这一点是很重要的。如果你使用的是积分制度，而不是行为约定，你会发现自己需要准备很多的特权项目才能让这种方式更有效果。如果你想在积分制度中加入更多的内容和行为规定，那么你就需要仔细选择特权项目来激励孩子继续好好表现。

## 运用依随性管理方式解决孩子的其他行为问题

接下来两周你要做的事情很简单，就是将行为约定和积分制度的管理办法运用到孩子的其他行为问题上，所以你不需要学习任何新的操作。说这一步简单并不代表进展会顺利。我们提前做出了很多假设，以避免你在此过程中可能遇到问题。但即使你做了万全的准备，这个过程依然不会很轻松。你可以抱着一种试错的态度，让自己放轻松一点，不要想着一次就能成功。这个过程需要时间，所以慢慢来。如果我们说要解决三四个新问题，我们真的就是指三四个而不是十几个，并且尽量让每个问题都简单明了。在这个过程中，你会发现你还会因为一些不可预见的情况经常修改行为约定的内容，而每一次的修改要么会让行为约定变得更详细，要么会让它变得更复杂。

如果你发现自己无法解决其中一些问题，那就去找心理医生谈谈。我们也会为你提供一些方法和技巧，从而提高你执行这个行动计划后半部分的效率。

**1. 回头看看你在第 3 步中列出的家务和家庭规则清单，从中挑出 3 ~ 4 项你最希望孩子能遵守的**。再看看你在第三章列出并在第 4 步中执行的家庭规则列表，如果上面还有你希望孩子遵守但还没有执行的规则，也把它选出来。

如果还有另一位家长或监督人参与孩子的行为管理，请确保你们二人在这些项目的选择上无异议。如果你们还不能马上决定或者有不同的意见，就在开始这一步之前多花几天时间来观察你们与孩子之间的互动，考虑要加入行为约定中的内容。如果你们和孩子之间发生冲突，先想想使用行为约定会不会改善当下的状况，如果可以，就快速写下或在手机上记录下这项内容。

如果你发现清单上的所有问题都亟待解决，很难分出轻重缓急，那就对照清单，将这几天孩子行为上出现的问题在清单上标记出来。经过几天的观察之后，再和另一位家长一起讨论你们的记录结果。如果你们发现了清单之外的新问题或新规则，先把它们添加到清单中，再考虑这些问题是否紧迫、是否需要在这一步解决。如果你已经在现有的清单上勾选了一些问题，看看哪三项或四项是标记次数最多的，看看你们是否同意在接下来的两周内重点解决这些问题。

**2. 针对挑选出来的家务活或家庭规则分别设置行为约定，并为每种行为**

**制订有意义且合理的奖励和惩罚措施（按照第 3 步和第 4 步的要求来做）。**
如果你使用的是积分制度，只需按照以前的积分系统继续执行即可，但如果
你新增了一些家务或需要遵守的家庭规则，就需要给相应的条目赋予奖励或
扣除的分值。在选择奖励时你也可以问问孩子的意见，和孩子一起回顾一下
你在第十章列出的奖励清单，问问孩子想要得到什么样的奖励。只要孩子的
意见合理，尽可能尊重孩子的选择。

　　在第十章提供的行为约定范例中，丹·詹森和父母共同约定，如果他洗完
澡后将毛巾挂好，当天放学他就能使用手机 15 分钟。可他在行为约定执行的
第一周总是忘记挂好毛巾，父母不让他使用手机他气得跳脚。但是，无论他
怎么闹，丹的父母依然坚持按照约定执行。过了一周，丹就不再为此事大闹了。
在第 3 步计划进入第二周时，丹开始记得在洗完澡后挂好毛巾，虽然他还不
能做到每天坚持如此，但很明显他在努力记住这项属于他的任务。

　　到了第 4 步，丹的父母增加了一项行为约定：如果丹不经过同意就随便吃
冰箱里的食物，他就会受到处罚。之所以这样规定倒不是因为丹的父母不希
望儿子吃东西长身体，而是因为丹总是会把为全家准备的晚餐吃掉，有一次
他还吃掉了妈妈留给妹妹和她同学放学后一起学习时吃的零食。事实表明，
由于惩罚不当，这个约定带来了更多的问题。在丹看来，他只是因为放学回
家太饿了，吃了冰箱里的一些食物，就要被惩罚整晚不能使用网络，这未免
太不合理了。

　　丹的父母已经多次提醒他，临到晚餐时间再准备吃的东西是很麻烦的事
情，而且他也应该学会尊重自己的妹妹，所以他们希望惩罚措施对丹有明显
的威慑作用。可丹觉得很受伤，不仅因为自己不能从冰箱里拿食物而感到不
公平，还因为他不明白为什么妈妈就不能理解自己放学之后有多饿。这些情
绪他又不能表达出来，那样会显得他很软弱，会伤害他作为青少年的自尊心。

于是他就把自己的怒气发泄到妹妹身上，有一次他还偷偷从妹妹的钱包里拿钱去买吃的，以"报复她惹出这些麻烦"。而且，他现在洗完澡之后也不再将毛巾挂回原处了。

这个案例说明了使用行为约定时要注意的两点：第一，在初次使用行为约定后不久就增加第二个行为约定，一旦进展不顺利，可能会让原本成功的行为约定也失效；第二，针对孩子生理需求或发展需求衍生的问题，行为约定并非最好的解决办法。孩子在青春期食量增大是很正常的事情，丹只是错在不应该吃掉为全家准备的晚餐。丹的父母不应该采取惩罚的方式，而是应该和他一起商量，通过相互让步达成共识的方式来一起解决这个可以协商的问题。在第 7 步中，你将会学习如何使用问题解决策略来处理类似的问题。丹和父母后来就采用了这种方式，对行为约定的内容进行了修订，明确规定了哪些食物丹是可以随便吃的，哪些食物是需要经过允许的，这样他就不会轻易受到惩罚。丹的父母之所以仍然保留了惩罚，是因为他们觉得不尊重他人、不体贴他人的行为是不可取的。他们还要求丹把钱还给妹妹，并且要附上一点利息，作为他偷偷拿别人钱的惩罚——这种行为是绝对不能轻饶的。

同时，丹的父母还针对以下问题设置了新的行为约定。

　　我（丹·詹森）同意在周六午饭之前洗好自己的衣服。如果我在中午之前将衣服洗好、烘干并叠好收起来，下午我就可以和朋友去健身房锻炼 2 个小时。如果我没做到，周六就不能去健身房，只能待在家里把衣服洗好。

　　我（丹·詹森）同意在家不讲脏话。在家每讲 1 次脏话，就会被扣 1 美元零花钱（每天的零花钱为 5 美元）。如果每天能礼貌地与他人讲话，我就会额外得到 0.5 美元零花钱。

　　我（丹·詹森）同意每天吃完早餐后，将用过的餐盘放进洗碗机，并将多余的食物放进冰箱。如果我收拾到位，当天晚上就能多玩 15 分钟的电子游戏。如果我没有做到，就减少 15 分钟的游戏时间。

　　我（丹·詹森）同意放学回家后把垃圾拿出去扔掉。如果我做到了，当天晚上就能多玩 15 分钟的游戏。如果没有做到，就减少 15 分钟的游戏时间。

　　我（丹·詹森）同意在妈妈下班回家后询问她是否需要帮忙准备晚餐。如果我能做到，就能额外获得 15 分钟的游戏时间。

　　对于以上这些行为约定，丹的父母似乎把握得很好。丹平时有些邋遢，这也是其他家庭成员认为他不太尊重人的一个主要方面，所以这些行为约定大多与他的生活习惯有关，同时父母也希望他能帮忙做些家务。丹的父母很清楚儿子喜欢玩电子游戏，能争取更多的游戏时间是他最看重的，所以他们每天给他 3 次争取游戏时间的机会，而只有 2 项涉及扣除游戏时间的规定。此外，他们知道让孩子主动询问妈妈需不需要帮忙这个要求有点高了，但他们又想鼓励孩子变得体贴，所以他们就把这个当成丹的一次机会，让他可以获得额外的游戏时间，而不会因为他不这么做就惩罚他。通过这种方式，他们在行为约定中结合了积分系统的灵活性，让丹有足够的动力来争取游戏时间，同时又逐渐建立起对家人的尊重。

　　**3. 在接下来的两周，监督孩子在约定行为上的表现，按照第 3 步和第 4 步来谨慎执行行为约定。** 如果可以的话，记得及时记录进展情况，这样你就知道自己在哪里遇到了问题、为什么会出现这些问题，以及有哪些措施特别有效。这些都能帮助你以后不断改进约定的内容或者增加新的约定内容。你可以将所有的行为约定和你的记录都收纳在一个活页夹里，如果哪天你需要心理治疗师的帮助，这些资料都会非常有用。

**4. 记得每天表扬孩子遵守行为约定的好表现！**

**问** 我们设置了 4 项新的行为约定并开始执行了，但是我们的儿子总是不配合，他一直说：“没收吧，统统没收吧，我才不在乎呢！”这种情况已经持续 1 周了。或许他真的不在乎我们没收他的那些东西，所以他根本不会照我们说的做。我们现在应该怎么做？

**答** 我们能给你的最佳答复就是坚持下去。如果一个小孩嘴上一直说他不在乎你没收他的什么东西，很快你就会发现，他心里其实很在意，因为过一会儿他就反悔了。但是，青少年不一样。他们的自尊心很强，加上他们有了接受延迟满足的能力，所以他们会更嘴硬，可这并不代表他们就真的不在乎。要不了多久，他们就知道父母是认真的，如果那时他还想使用平板电脑、手机或者看电视的话，他就会按照行为约定来做了。

不过，你得对此有把握才行。也就是说，你得好好想想，问问自己，孩子是不是真的不在乎你撤销的某项特权或奖励。大部分父母都很了解自己的孩子。他们与孩子多年来朝夕相处，了解孩子的喜好和他真正在乎的东西。父母也会从孩子的肢体语言、面部表情等方面看出他的心思。所以，如果所有这些信息都向你表明孩子内心其实是在乎的，那就不要理会他说的“我不在乎”这样的话，继续执行你们的行为约定。此外，你还要确保孩子得到奖励的门槛设置得不会太高，以免他因为遥不可及的奖励而放弃努力。要想解决类似的问题，还要记得在设置任务时尽量从较小的工作量或较低的任务要求开始，再逐渐提高目标（同时增加奖励的价值）。

5. **每隔一段时间，你和孩子的另一位家长（如果有的话）应该坐下来一起回顾最近的进展。**你们对行为约定的执行方式是否满意？你们是否公平地分担了职责？你们是否觉得作为父母的权威又有所恢复了？孩子是不是开始变得不那么叛逆了？这些方面是你们首先应该思考的。如果你们决定每周这样回顾一次，那平时多做记录会让你们更容易回答这些问题。要不然，你们可能只会拿最近一次与孩子的接触来说事，这样你们对整个过程的评估可能会过于积极或过于消极。

而且，平时的记录还会帮助你们发现行为约定中存在的问题，看是否需要及时进行修订。一般来说，问题主要涉及以下几个方面。

（1）行为约定中对任务的规定不够明确。例如，即使家里的垃圾袋里只有一件垃圾，丹·詹森也会拿出去把它扔掉，这让妈妈很生气，因为她觉得这完全是种浪费。于是，他们把约定改为，丹应该检查厨房的垃圾袋，如果里面的垃圾超过了一半，他就应该拿出去扔掉；如果垃圾还不多，就可以等到第二天再扔。

对于晚饭后收拾打扫的任务，萨曼莎·里维拉总是干一半就不了了之，她的父母为此恼火了几个星期。后来，他们把行为约定的内容改得更为具体："我（萨曼莎·里维拉）同意在每天（除周六）晚上8点之前完成以下任务：将餐桌上的餐盘收拾好，包括清空里面的残渣、放入洗碗机、倒好清洁剂，并启动洗碗机……"克罗维茨夫妇对儿子尼尔敷衍地打扫房间的行为也感到十分无奈，所以他们后来就列出了这项任务的具体内容。

我们认为做到以下几点，房间才算打扫干净了。

☐ 床单铺平整，四角折叠在内。

☐ 房间的垃圾桶已清空。

☐ 地板上散落的书本、报纸、体育用品等已整齐地收纳到抽屉里、搁板上或书架上。

☐ 地毯已经用吸尘器吸过了（也就是说，我们听到吸尘器至少运行了 5 分钟，地毯上没有可见的污垢）。

☐ 用过的脏盘子都已拿回厨房并放进洗碗机里，所有的食品包装纸和其他垃圾都已扔进垃圾桶里。

☐ 脏衣服都放在指定的脏衣篮里，而不是乱扔在床上或地板上。

（2）出现不能兑现特权的突发情况。萨曼莎的父母同意，如果女儿按照约定在晚餐后将餐桌收拾干净，他们就会接送她参加学校的特别活动（不包括训练）或舞蹈课，每周最多 3 次。有时萨曼莎临时告诉父母需要去参加活动，但父母那会儿刚好没空，她就责怪他们不遵守承诺。所以，他们在行为约定中加了一个条件："如果萨曼莎需要父母送她去参加比赛或跳舞，那她必须提前 24 小时告诉他们。"

（3）特权项目不够灵活。例如，丹的父母发现他们对儿子在洗衣服这件事上的约定效果并不理想。有时候丹并没有在周六上午完成这项任务，他就会从这个周日到下个周五对父母软磨硬泡，请求他们让自己去健身，有时甚至威胁说就算他们不同意，他也会去。而且他们还发现，让儿子玩电子游戏的特权激励措施进展也不如预期。丹只有在忘记收拾早餐餐具或扔垃圾而得不到任何游戏时间的时候，才会询问妈妈是否需要他帮忙准备晚餐。所以，丹的父母对于是否应该在这项有鼓励性质的约定中增加惩罚措施争执不下，最后，在做出了种种假设之后，他们认为最好的办法就是终止这项行为约定。

但实际上，更好的解决办法可能是让丹去做父母迫切希望他完成的任务，以及做到不讲脏话；作为奖励，在完成每项任务之后，丹可以选择玩电子游戏或者去健身。这样的话，如果丹特别想玩某个游戏，他可以选择放弃这周去健身的机会。因为特权是他自己选的，他就不会因为没法去健身而一直缠着父母了。

尼尔·克罗维茨的父母不仅对儿子打扫房间的标准有明确具体的要求，而且也列出了几种奖励供他选择。

> 尼尔的妈妈会在周六中午检查儿子打扫房间的情况。如果满足了约定中的所有标准，尼尔就可以从以下特权中选择一种。
>
> ☐ 当天晚上可以和朋友去看电影，父母负责买票。
>
> ☐ 当天可以租两部影片的光碟。
>
> ☐ 得到 5 美元零花钱。

（4）行为约定要注明会调整和修订。对一些家庭（特别是父母和孩子都患有注意缺陷多动障碍的家庭，或者环境压力因素较多、约定执行起来比较困难的家庭）来说，有必要定期安排时间一起讨论约定的内容，可以在行为约定中这样备注："本约定自签订之日起生效，2 周之后将在家庭会议上讨论并进行修改。"如果孩子对行为约定本身就非常抗拒，这样做也会有帮助，因为这样的备注可能会让他觉得这根本就撑不到 2 周，或许坚持一下也没有那么难。千万不要让孩子的这种想法成真，你们一定要坚持执行行为约定，到时候孩子就会看到，即使行为约定没有失败，它也没有想象中那么可怕。

（5）行为约定非但没有解决孩子原本的行为问题，反而引发了其他的问题。有一天丹的父母指责他没有遵守行为约定，早餐之后没有将多余的食物放回冰箱，但是丹坚持说橙汁和松饼是妹妹拿出来的。丹的父母突然意识到一个问题，他们并不能时时刻刻待在厨房监视孩子的举动，于是开始觉得这个约定执行起来太难了。后来他们决定，既然丹是哥哥，如果他是最后一个离开厨房的人，他理应将所有食物放回冰箱；同时，他们也告诉妹妹把自己拿出来的多余食物放好，但是收尾的工作还是应该由丹来完成。丹的父母并没有料到这样做会带来什么问题，这之后，关于吃完早餐后清洗餐盘的事又成了新的争论焦点。接下来，我们刚好可以用这个例子来说明，你其实可以创造性地使用行为约定来解决一些复杂的行为问题。

　　**6. 修改行为约定，让它尽可能地详尽和具体**。行为约定可长可短，可简可繁，你可以根据行为管理的实际需求来设定。但是，一开始，行为约定越简单越好。之后，你可以（也应该）根据出现的问题对它进行完善（让它变得更详尽、更具体）。对尼尔来说，最初的行为约定要求他周六打扫房间，这样他就可以和朋友出去看电影。但后来尼尔的父母发现，他们经常在打扫房间的概念上扯皮，于是他们就在约定中增加了关于打扫房间的细节。所以，如果你发现行为约定不但没有解决冲突，反而增加了冲突，你就需要对它进行修改。

　　有时行为约定引发新的冲突是因为家人都生活在共同的空间里，难免会互相影响。例如，在丹的家里，兄妹之间的关系本来就比较紧张，丹的父母还给儿子设置了行为约定，要求他在吃完早餐之后负责收拾，之后，他们修改的约定内容让兄妹之间的关系变得更加紧张，这些都是他们没有意识到的。一方面，丹和妹妹同处于青少年时期，丹的父母不应该让丹一个人来负责收尾工作。另一方面，两个孩子因为早餐后收拾的问题而争吵，这说明尽管女儿没有什么叛逆的表现，但是他们也可以让女儿参与进来，让她表现出应有的责任感，这也会让她和哥哥相处得更好。

　　于是，丹的父母重新设置了这份行为约定，让两个孩子吃完早餐后一起收拾厨房，并且平等地给兄妹二人奖励或惩罚。这次的行为约定进行得非常顺利。后来，他们决定将约定进一步细化，以促进兄妹二人之间的和谐关系。他们将一天分为 3 个时间段：上学前、放学后到晚餐前，以及晚餐之后。在每个时间段，如果兄妹二人能够彼此尊重、友好相处（不嘲笑对方、打对方或偷拿对方东西），每人就能得到 0.5 美元的奖励。这样，只要二人相处得好，一天就有机会得到 1.5 美元的奖励，相当于每周 10.5 美元。第一周下来，丹的妹妹得到 8 美元，而丹只得到 1.5 美元。丹的父母后来发现，原来丹的奶奶每周都会偷偷给丹 10 美元零花钱（"你是我的长孙，而且我也知道你可能想和朋友出去约会"）。之后，丹的奶奶也同意根据丹对妹妹的表现来给他零花钱，所以丹只好遵守行为约定。第二周，丹就得到了 9 美元。一个周末的早上，詹森夫妇竟然听到兄妹二人在争先恐后地清理餐具，还笑得很开心，他们觉得特别吃惊。

**7. 着手准备一些备用的行为约定。** 在这一步开始之前，如果你已经把你和孩子之间的日常冲突点记录了下来，那么你对如何使用行为约定应该已经心中有数了。这样做非常重要，但是要做好还是需要谨慎并多实践。稍稍改变一下方式可能就会带来完全不同的结果。比如，你对孩子说"我们为爸爸挑选生日礼物的时候，如果你能不一直缠着我给你买东西，那等会儿离开时，我会给你买 2 只唇膏"，和对她说"如果你再这样闹的话，你就会被禁足一周"，效果是完全不一样的。你一定也知道，第二种方式肯定不会有好的结果。难就难在如何能够做到不假思索地说出前面那样的话。你可以预先准备好一些看似普通却对孩子有意义的奖励和一些不太严重却有效果的惩罚，以便随时可用。如果你还能将这些奖励和惩罚与相应的行为匹配起来，那就更有帮助了。此外，你还可以准备一个清单（哪怕只是在心里），列出孩子不自主就会违反的规则或其他问题，然后想想这些问题一般会持续多久。如果是孩子突然出现的问题且持续时间不长，就设置比较轻的处罚，但要保证对孩子有效。如果孩子陪你购物时能坚持 4 个小时不缠着你给她买东西，那么给她买 2 只唇膏（而非更普通的东西）也是比较合理的奖励。

类似这种即兴的行为约定你不必立刻执行，但你可以把这些问题整理起来，以便在有突发情况时使用，或者用作将来的行为约定。此外，还有些突发情况可能需要你立刻做出反应，而且还可能需要修改现有的行为约定。例如，某周六晚上 7 点，布鲁斯突然告诉父母，他和朋友要去看晚场电影，所以他没办法在晚上 11 点宵禁时间前赶回来。布鲁斯的爸爸很坚持，拒绝在宵禁问题上让步。而他的妈妈考虑到社交生活对儿子的重要性，立即提出异议，表示愿意推迟当晚的宵禁时间。夫妻二人很有可能会为此争吵，但是他们决定冷静一下，看看能否用行为约定的方式解决这个问题。于是他们和孩子临时签订了以下行为约定。

> 我（布鲁斯·努南）同意在午夜 12 点之前回家。如果我晚到家 5 分钟，就会被取消本周日到下周二使用电子设备的特权。

这个行为约定十分有效，布鲁斯的父母甚至决定将以后每个周六晚上的宵禁时间都改为午夜 12 点，只要布鲁斯能对新的权利负责，他们就会按照新的约定执行下去。当然，我们还没有让大家看到这一家三口是如何达成这个新约定的。这就是我们一直所说的解决问题的技巧，一旦你完成了行动计划的前半部分，你就可以让孩子参与到家庭的决策当中来。这也是接下来你在第 7 步中要做的事情。不过，考虑到与学校相关的问题是令很多父母和孩子头疼的麻烦事，我们会在行为管理的最后再专门讨论一下有关学校的问题。

第十三章

# 第 6 步：应对在校叛逆和作业拖拉问题

先好好深呼吸一下。你已经完成了行动计划的前半部分，知道如何重新树立作为家长的权威，现在你可以开始后半部分了：重建你和正在长大成人的孩子之间的亲子关系。接下来的步骤将帮助你继续改善孩子的叛逆问题，同时又不影响处于青少年时期的孩子慢慢走向独立。你将学会使用一些有效的解决问题的技巧和沟通技巧，并不断审视自己对孩子的看法和期望，看看是否有令你陷入一些错误假设或产生消极态度的问题。

这些目标对孩子的成长都很有价值，但要实现起来并非易事。所以，我们应该先暂停一下。接下来 1 ~ 2 周，我们会将重心从家转到学校。当然，有些孩子只是跟父母过不去，如果你的孩子属于这种情况，那你可能就不需要阅读这一章了，可以直接跳到第 7 步。但是，如果孩子的叛逆行为已经影响到他的学习成绩或课堂表现，又或者你和孩子之间总是因为家庭作业的事情争吵，行为管理的方法也不奏效，那么你会发现本章对你有帮助。

　　不过，你要明白，青少年在学校表现不好可能是由多种多样的原因造成的，例如，完不成作业、忘记交作业、考试分数低、学习习惯差、上课走神或注意力不集中、上课带错书本或材料、对学习材料一知半解、课堂参与度低、书写潦草或计算不准确、跟老师顶嘴、扰乱课堂、跟同学打架、旷课或者逃学。其中，像对学习材料一知半解和学习方法掌握不好等许多问题都需要老师和学校的其他人员帮忙解决。如果你的孩子正在经历这样的问题，学校可能需要为孩子提供临时住宿，为他提供学业上的帮助，或者对孩子进行个别化教育计划（IEP，Individual Education Plan）评估，为孩子提供专门的教育服务。本书关注的是青少年的叛逆行为问题，因此不会对这些问题进行全面讨论，但是我们在本书结尾附上了相关资源供参考，可以帮助你找到有用的资源。

　　在本章中，我们主要关注孩子在学校的一些叛逆行为问题，例如跟老师顶嘴或扰乱课堂之类的，以及孩子在家做作业时遇到的问题。本书所介绍的技巧都可以帮助你应对与学校有关的问题。

## ◎ 达成目标

- 利用家校互通系统减少孩子在学校的叛逆行为。
- 设定有效的家庭作业约定。

　　如果你的孩子不存在任何与学校有关的叛逆行为，或者你已经通过使用积极关注、表扬和行为管理等方法解决了这些问题，你就可以跳过这一步骤，或者再花一两周的时间来完善第 5 步的工作。如果你觉得自己在孩子的行为管理方面还有比较大的改进空间，这就是个很不错的时机。即使你认为孩子在与学校有关的问题上没有让你为难，你也不妨回顾一下孩子的学习生活，或许你能从中受益。

# 利用家校互通系统减少孩子在学校的叛逆行为

　　家校互通系统是一种行之有效的工具，即使你不在现场，也可以通过它来监控并纠正孩子在学校的叛逆行为或者糟糕的学习表现。简单来说，这个系统包括 3 个基本组成部分：①需要孩子的老师负责监控的行为清单；②老师定期与你交流监控数据的方法；③根据老师提供的监控数据在家进行行为管理。那么，你需要先和孩子的老师一起来选择孩子的某些行为，将其列入清单，并商定进行监控和沟通的方法。然后，你再选择一些行为结果作为管理办法，记住在设置激励措施时征求孩子的意见。

　　1. **选择需要监控和纠正的目标行为**。你应该通过打电话或面谈的方式与孩子的老师或指导顾问沟通，一起讨论孩子在学校需要改善的行为。你肯定也知道，如果孩子在学校有叛逆行为，老师一般都会主动告知你这些消极行为的信息。所以，你可能已经知道，孩子经常上课迟到、在课堂上哗众取宠、随便插嘴、做作业的时候跟别人讲话、使用不礼貌的语言、乱动其他同学的东西、顶嘴，或者不做课前准备。只要在老师看来是叛逆行为的，都可以列入目标行为清单。不过，要像你之前在家里管理孩子的叛逆行为那样，最好能用积极的方式来描述这些目标行为，告诉孩子你希望他做什么，而不是希望他不要做什么。例如：

- 遵守课堂纪律。
- 得到允许再发言。

- 独立学习时专注于手头的任务。

- 使用文明用语。

- 恰当地表达不同意见。

- 礼貌地和同学讲话。

- 按时上课。

- 每天带好书本。

你也可以按照之前行为管理的做法，先从三四种目标行为着手，慢慢熟悉这个管理系统。等到孩子达到了初步的目标，你再和老师或指导顾问一起在清单中加入其他的行为。

2. **商定目标行为的监督方式和频率**。如果你告诉孩子的老师你打算协助解决孩子在学校的叛逆行为，老师应该会非常乐意。只不过你的家校互通系统越是简单易行，越有可能得到老师全面且热情的配合。你可以提供一张表格，让老师记录观察到的情况，当然你可以先问问他需不需要。如果学校有类似的表格，老师可能更愿意使用学校的表格，因为他对学校表格的格式比较熟悉。如果需要你来提供，那你可以复印下页的"每周家校互通信息表"（画线处用来增补数学课和英语课之外的课程的相关信息）；如果你和老师是通过邮件联系的，你也可以提供一份电子版表格。

对孩子行为的监督频率则取决于孩子这些问题行为的严重程度和出现频率。如果孩子每天都出现叛逆行为，而且你也希望能够快速解决这些问题，你可能希望老师能每天反馈孩子的行为表现。如果你一开始使用的是每天互通信息的方式，一旦孩子的家校互通信息表上连续 2 周每天都仅出现 2 ~ 4 个"否"（相当于每节课 1 次），你就可以将共同监督的频率降到每周 2 次（例如每周三和周五）或者每周 1 次（每周五）。

## 每周家校互通信息表

姓名：_____　　日期：_____

数学课：　　遵守课堂纪律　　　　　　　是　　　　否　　　　未知
　　　　　　礼貌与他人讲话　　　　　　是　　　　否　　　　未知
　　　　　　认真听讲　　　　　　　　　是　　　　否　　　　未知
　　　　　　带好书本　　　　　　　　　是　　　　否　　　　未知

评语：
教师签名：_____

英语课：　　遵守课堂纪律　　　　　　　是　　　　否　　　　未知
　　　　　　礼貌与他人讲话　　　　　　是　　　　否　　　　未知
　　　　　　认真听讲　　　　　　　　　是　　　　否　　　　未知
　　　　　　带好书本　　　　　　　　　是　　　　否　　　　未知

评语：
教师签名：_____

_____　遵守课堂纪律　　　　　　是　　　　否　　　　未知
（课程）　　　礼貌与他人讲话　　　　　是　　　　否　　　　未知
　　　　　　　认真听讲　　　　　　　　是　　　　否　　　　未知
　　　　　　　带好书本　　　　　　　　是　　　　否　　　　未知

评语：
教师签名：_____

_____　遵守课堂纪律　　　　　　是　　　　否　　　　未知
（课程）　　　礼貌与他人讲话　　　　　是　　　　否　　　　未知
　　　　　　　认真听讲　　　　　　　　是　　　　否　　　　未知
　　　　　　　带好书本　　　　　　　　是　　　　否　　　　未知

评语：
教师签名：_____

_____　遵守课堂纪律　　　　　　是　　　　否　　　　未知
（课程）　　　礼貌与他人讲话　　　　　是　　　　否　　　　未知
　　　　　　　认真听讲　　　　　　　　是　　　　否　　　　未知
　　　　　　　带好书本　　　　　　　　是　　　　否　　　　未知

评语：
教师签名：_____

不过，中学老师普遍都很忙，可能无法做到每日提供反馈。如果孩子在学校的叛逆行为一周只出现几次，而且不算太严重，你让老师每周反馈 1 次就可以了。毕竟，大多数情况下，每位老师每天只能看到 1 次孩子在自己课上的表现，如果学校采用的是板块式课程安排①，那老师与孩子见面的次数就更少了。孩子的某些目标行为也许不是每天都会出现，需要一定的时间来监控，也需要一定的时间才能注意到变化。因此，每周 1 次的反馈可能会在一开始对许多孩子适用。总之，你需要根据孩子在学校叛逆行为的频率和严重程度来决定在一开始选择什么样的反馈计划。

**3. 建立一个行之有效的家校沟通系统。** 老师可以通过 3 种不同的途径（我们按照推荐程度降序排列）来完成每周的家校互通信息表，并确保家长能及时收到。

（1）现在许多老师都有电子邮箱，所以理想的做法是你每周四给老师发一份空白表格。周五的时候，老师会把表格填好，然后通过电子邮件发给你。这种做法既节省时间，又避免纸质表格与其他文件混杂，同时你的电子邮件还可以提醒老师该再次评估了。

（2）每周五由学校的辅导员、教师顾问或社会工作者从每位老师那里收集表格，然后传真给你，或者你自己打电话联系负责此事的人，通过电话了解孩子的报告内容。这种做法需要各方进行更多协调。

（3）按照比较传统的方法，让孩子从学校办公室领取一张空白表格，每节课都带着这张表格，请每位老师在下课时填写，然后孩子再带回家给你。

---

① 板块式课程安排（block schedule）是美国进入 20 世纪 90 年代以来在中学逐步推行的一项教学改革。传统上按照每 45 ~ 50 分钟一节小课来安排课程表，而板块式课程安排则延长每节课的时间（如 90 分钟），减少每天的课程数量。——译者注

办公室的空白表格由你来提供。如果孩子在学校和在家里都很叛逆，特别是如果他在学校比在家里更叛逆，那么他显然不喜欢以这种方式被监控。因此，孩子很有可能会"忘记"领取表格或者修改老师的评价，要不就撒谎说有些老师没有填写或者强烈抗议某位老师的评价，因为他认为该评价有失公正，对孩子的这些小把戏你都要准备好对策。你必须像之前在家里实行行为管理一样，坚定自己的立场：告诉孩子你有很多办法去查证，你可以向学校了解孩子是否去领取了表格，也可以向老师们核实他们是否填写了表格（电子邮件这时又发挥作用了）。你可以让老师备份一下他自己的评价记录，这样你就可以和孩子拿回来的表格进行对比了。不过，鉴于种种原因，我们还是推荐通过电子邮件、传真或电话沟通的方式直接从老师那里得到反馈。

**4. 根据老师提供的反馈，在家制订有效的行为结果措施。** 你每天或每周拿到孩子在学校的行为反馈后，应该怎么做？你可以将其纳入当下正在执行的奖惩系统之中，也可以针对孩子在学校的行为重新设置一个行为约定。如果你使用我们前文提供的家校互通信息表，你可以给每个评分项赋予分值（比如，老师评定的每个"是"对应 25 分）。你可以将孩子每次得到的总分记录到家庭行为积分表中。舍拉和她的父母达成了如下行为约定。

> 我（舍拉·强森）同意每周四早上第一节数学课前领取一张空白的家校互通信息表格，然后让每一位老师在周五放学前填写并签字。我同意在周五放学后把表格带回家交给妈妈。如果表格中 80% 的行为评价为"是"，妈妈就同意给我 20 美元零花钱。

如果你的孩子拒绝配合，而你又只能采取这种传统的方式取得老师的反馈信息（使用电子邮件、传真或电话沟通就不需要孩子的配合），你就可以针对此事设置一项行为约定：如果孩子同意每天将老师填好的表格带回家（并在第二天早上交给你），他就能得到一项他很看重的特权；如果孩子没有照做，那他就会受到相应的惩罚。

问 瑞奇很难接受延迟满足，要他等到周末再看看自己是否得到了足够的积分来兑换特权，对他来说吸引力不够，难以激励他在学校好好表现。那我们和老师还能做些什么？

答 孩子步入青少年时期后，许多适用于低龄孩子的奖励已经慢慢对他们不起作用了。你也不可能单独为他在学校制订某种不能适用于全班同学的奖励系统。如果你需要对孩子进行更频繁的奖励，而非每周只有1次，那你可能需要更频繁的评估反馈。在这种情况下，我们建议对孩子的评估为每天1次或者至少每周2次。但是，如果老师可以想到奖励你孩子的方式，同时又不会让班里的其他孩子觉得厚此薄彼，那下面这些奖励措施或许可以在12岁及以上孩子的课堂上使用。

- 将写有"感谢你参与课堂讨论"的字条不经意间放在学生的课桌上。
- 一个微笑或悄悄竖起大拇指。
- 提供额外的使用电脑的时长。
- 让学生暂时离开教室，例如，送某个东西到另一间教室。
- 做项目时可以给予其特殊材料。
- 让学生带领全班（或小组）开展讨论或做练习。

还有一些奖励，老师可以在课堂上提出，但需要课后才生效，这样就不那么引人注意了。

- 孩子回家后，给他打电话表扬他。

- 免除 1 次小测验。

- 免除 1 次家庭作业。

- 允许他在学习时间去 1 次健身房或其他可以放松的地方。

**5. 针对孩子在学校的特定行为问题制订个性化的家校互通系统。**你还记得我们之前提到的 17 岁的马克吗？在第十章中，通过马克父母的对话可以看出他们为如何才能取消马克的一些特权而伤透脑筋，因为马克想要的东西都已经得到了，做什么事也是马克自己说了算。马克的妈妈说，如果他还是在上完第一节课之后开溜，她就会取消他所有的特权。马克的父母知道儿子很聪明，他们希望他能上大学，但马克一直逃学，这让他们很担忧。马克平时只上够基本量的课程和完成基本量的作业，保证自己不挂科就行，但是父母希望他在高二结束之前平均绩点（GPA）能有所提升。于是，桑迪和道格决定与老师一起制订一个出勤记录系统，如果马克能一整天都待在学校，就会对他进行奖励。他们对家校互通信息表做了一些改动，需要每位老师在表格上盖章，以证明马克当天确实来上课了。马克的父母会为老师准备专门的橡胶印章，让马克没办法伪造。马克在一周内每上一堂课都会获得 1 美元的奖励，这样就够他和朋友们去加州比萨坊聚餐了。如果他在某一天逃了课，当天他就不能用家里的汽车了。如果他一周之内逃课 3 次以上，那他周五和周六都不能用车。如果他连续 2 周全勤，父母就会替他支付当月用车的燃油费，否则，他就得自己掏钱付燃油费。

一开始，这个家校互通系统好像完全不起作用。马克直接拒绝把互通信息表交给老师，但是当桑迪逐一给老师打电话询问孩子的出勤情况时，老师们都告诉她马克来上课了。很快他们就意识到，原来马克只是不愿意拿着表格到处找老师，这样做在他看来太幼稚了。于是，桑迪改用电子邮件来与老师沟通，毕竟这样也没法作假，因为她一眼就能看出表格是不是从老师的邮箱发送过来的。只不过这个案例中需要注意的是，等一周才知道孩子有没有逃课实在太久了，所以要与老师每天进行信息互通。不得不承认，马克的父母为此额外付出了很多。比如，桑迪每周都会给老师送当地面包店现做的百吉饼。至于马克，虽然一开始他对得不到额外的零花钱和不能自由用车表现得不在乎，可当他发现自己银行账户的余额都花在了燃油费上时，他就开始按时去上课了。

## 设置有效的家庭作业约定

解决家庭作业问题的方法有很多，但是如果你试过的方法在过去都没有起到什么效果，那你就得有点创意了。首先，你要试着找到问题。

- 孩子是否总告诉你没作业，但后来你发现他在撒谎？
- 孩子是否总忘记记作业或者忘记带完成作业所需的资料回家？
- 孩子是否总说自己已经完成了作业，但家长会时你发现情况并非如此？
- 孩子是否总说"过一会儿"就做作业，但快到睡觉时间了他还没开始做？
- 孩子是否总拒绝复习功课，说自己在学校已经完成了？

其次，逐个分析这些问题。

- 如果孩子总说没作业，但你发现其实有作业，只是他不做，那么你可以请老师把当天的家庭作业清单交给你——可以通过电子邮件，也可以让老师填写家庭作业表并签名或盖章，确保是老师直接提供的信息。孩子回家之后，你可以问他有什么作业。如果他说的和老师提供的清单一致，你可以给他一定的奖励（依据你们的积分制度或者行为约定）。

- 如果孩子总是忘记记作业或带书本回家，就让他自己去找同学备份作业的内容或者借书。如果孩子照做了，给予一定的奖励；如果孩子下次不再忘记了，则给予更高的奖励。同时，你还可以多准备一套书放在家里。

- 如果孩子总说他已经完成作业了，但你发现其实他没有，那你可以就此制作一份家校互通信息表，让老师来跟踪这个问题，并依据老师提供的信息对孩子进行积分奖励（或扣除）。

- 如果孩子总说"过一会儿"再做作业，而你又没法等他做完后检查，那你可以和孩子达成一个行为约定，让他在你能监控的时间内完成作业。

- 如果孩子总是拒绝在家复习功课，你可以设置一个相关的行为约定或对他在家学习的行为进行积分奖励。不过，你需要监督他是否真的在学习，可以考虑每次在孩子学习完之后进行 1 次小测，如果孩子在小测中表现得好，还可以对他进行额外奖励。

如你所见，要让孩子认真完成家庭作业有 2 个要素：监督和奖励。认真观察孩子的行为而非听信孩子搪塞你的话，用奖励的方式来激励他做他自己不喜欢做的事情。

以下是一名高中生的家庭作业约定范例。

## 关于米格尔·赫南德兹家庭作业的约定

我（米格尔·赫南德兹）同意和父母、老师、指导顾问及校长一起，尽全力完成如下的家庭作业计划。

（1）记录作业的内容。

① 老师每天会将家庭作业写在黑板上。他们还会在每周一将本周的所有作业清单交给我的指导顾问史密斯女士，由她来进行备份，并通过传真或电子邮件发送给我的父母。

② 上完每堂课后，我都会在活页本对应课程的背面抄下当天的作业内容。抄完以后，我会从头到尾读一遍，确保理解作业的内容，如果有不明白的地方，我会向任课老师询问。

③ 每天的最后一堂自习课，我会再次检查记录下来的所有作业内容，确保自己清楚要完成的作业。同时，我会列出完成这些作业所需要的资料，并从柜子里取出准备带回家。自习课老师同意我在最后一堂课时去自己的储物柜找这些资料。

（2）带与作业相关的资料回家。

① 我会把完成家庭作业所需要的所有资料以及记录作业的活页本都带回家。

② 妈妈同意只问我 1 次作业的内容，她可以查看我记录的作业清单，但不要一直唠叨个没完。我同意给她看清单，不抱怨，也不给她脸色看。

③ 我会找每一门课的同班同学，记下他们的电话号码，并贴在冰箱门上，以便我某天忘记记录作业时询问他们。

（3）安排完成作业的时间。

① 从本周日到下周四，我同意在晚上 6—8 点做作业。如果提前完成，我会把作业交给爸爸或妈妈检查，如果他们认为过关了，我就可以做自己想做的事情。

② 我会在书房的大书桌上做作业，我可以戴着耳机听些轻音乐，但不能听摇滚乐。如果我发现自己注意力不太集中了，我可以稍微休息一下，活动活动身体（但不能使用手机），然后接着做作业。

## 关于米格尔·赫南德兹家庭作业的约定（续）

③ 妈妈会在晚上 6 点的时候提醒我该做作业了，但是不会反复唠叨。提醒之后，我会开始做作业，不抱怨，也不给她脸色看。

（4）制订每日完成作业的计划。

① 我会在妈妈的帮助下制订当晚完成作业的计划。做计划能帮助我知道该先完成什么，再完成什么，诸如此类。我还会将作业进行分类，哪些是第二天要交的，哪些是持续性的阶段作业。妈妈同意由我来决定做作业的顺序。

② 在计划中，我会对每项作业的完成时间进行预估，并确定如何检查每项作业的准确度、完成度以及字迹工整程度。

③ 在计划中，我会明确我在做作业的时候多久能休息一次、每次休息多长时间，以及复杂的作业如何分成小步骤完成。

④ 在计划中，我会明确我将完成的作业放在哪里，以及我如何确保完成的作业已经提交。

（5）提交作业。

① 完成作业后，我会将作业放在相应课程的活页夹内。

② 我会努力记得提交每项作业。

（6）作业反馈。

老师们同意在我提交作业 2 天之内告诉我完成的情况。他们还同意在给我的父母下一周的作业清单时，将本周的作业反馈一并附上，让我的父母了解我在本周按时完成了多少作业。指导顾问会收集这些材料，并通过传真或电子邮件发送给我的父母。

（7）完成作业的奖励。

如果我当天晚上完成了作业，父母同意让我当晚玩 20 分钟手机。如果我连续 5 天都做到了，他们同意让我在周末玩 45 分钟手机。

签名：米格尔·赫南德兹　　罗伯托·赫南德兹　　　　桑德拉·赫南德兹

比尔·琼斯（校长）　　　　布伦达·史密斯（指导顾问）　米莉·布罗德本特（代数老师）

哈罗德·米尔顿（英语老师）达拉·布雷兹（法语老师）　阿尔弗雷德·牛顿（化学老师）

哈利·巴夫（体育老师）　　玛丽亚·马基雅维利（历史老师）

---

### 先思考，后行动

把孩子在学校的经历都记录下来，交给下一年给孩子上课的老师们。无论学校是否为你的孩子制订了个别化教育计划或 504 计划，只要他经常在学校出现叛逆行为，你就应该记录下他的学校生活，每过一年就往里面增加一些内容，你会发现这很有帮助。我们建议你在新学年开始的 3 周左右与孩子的老师或指导顾问见面，给每个人一份有关你孩子的记录，然后告诉学校工作人员自己孩子的优点和缺点，你打算如何帮助他克服这些缺点，以及你希望老师或其他工作人员做些什么。如果你从孩子上初中起就开始做记录，那么到孩子上高中的时候，你就为老师们积累了大量有价值的信息。

---

**问** 可怜的杰克。我们采取的行为约定以及付出的其他努力都开始在家对他起作用了，但他始终无法改变自己在学校的形象。我猜是因为老师向来把他当成"坏学生"，所以很难看到他的改变，总是对他很严厉，这让他在学校的行为更叛逆。我们应该如何让老师知道他的变化呢？

**答** 最好的办法就是把这种情况看成"老师和学生气场不合"，尽量少去责怪老师，避免与学校对立。你可以先向学校提出更换这门课程的老师。如果学校拒绝你的提议，你可以考虑让孩子退选这门课程，在暑期班再补修或者等第二年另一位老师上这门课时再选，哪怕这样做会推迟毕业时间。毕竟我们何必急于求败呢？如果学校拒绝退课申请（这也是有可能的），那就可能需要你或者你和心理治疗师一起帮助孩子"熬过去"。你可以鼓励孩子使用一些愤怒管理的技巧，尽量低调行事，不要激怒这位老师。在家的时候给予孩子更多的支持，或许可以给孩子找一位家教进行课后辅导。另外，如果孩子在这位老师的课堂上很好地控制了自己的情绪，你应该好好奖励他。

# 第十四章
## 第 7 步：运用解决问题的技巧

我们一生都在解决各种问题。解决问题是一种用来控制损失、制订计划并保持日常生活正常运转的技巧。你可能已经在工作、公民活动和志愿者活动中反复使用过这种技巧了。此外，在处理与亲戚朋友之间的关系时，甚至与另一半共同生活时，这种技巧也不可或缺。而现在，它也将成为你与迅速成熟的孩子建立关系的支柱。

既然如此，为什么需要再学习这些技巧？而且，如果它们这么重要，为什么我们没有早点开始学习？

之所以还需要在我们的行动计划中学习这些技巧，是因为我们使用的解决问题的技巧往往因情境而异，在一种情境中适宜的技巧在另一种情境中并不一定行得通。无论你是想激励员工提升工作效率，促进在社区食品储藏室工作的志愿者之间的合作，还是和另一半讨论家庭开销的预算，你往往都能很好地解决问题，因为你们每个人（理想情况下）的出发点都是相同的：你们同样成熟、相互尊重、乐于接受新想法、愿意让步，你们都希望达成彼此认可的结果。这听起来和你执行行动计划之前的家庭环境不太一样，对吧？

所以，你才需要从头学习如何在家庭环境中使用这个技巧。正式（重新）学习这些在其他情境中行之有效的技巧并将其运用到教养孩子上，也许其中有些还是你在孩子年龄尚小、乖顺听话时使用过的。可能你已经熟练掌握了行为管理的技巧，现在你可以用同样的方式来学习解决问题的技巧。

至于第二个问题，事实上，你要在这一步之前重新学习行为管理这一事实已经给出了答案。之所以等到现在才来学习解决问题的技巧，正是因为你的孩子不愿意与你礼貌交谈、不尊重你的权威，你根本不可能与他协商，而协商恰恰是解决问题的关键。我们希望你在过去几个月所取得的进展（哪怕不大），已经改善了你和孩子之间的关系，从而为接下来双方的合作提供富有成效的环境。

你是否对此心存疑虑，不知道自己和孩子是否为协商做好了准备，或者不确定自己想不想这样做？或许你觉得自己好不容易重新获得了掌控权，担心一放手又会回到从前。这些我们都能理解。但是，你要记住，掌控权现在还在你手中，你的行为方式也已经发生了转变，所以现在你们家不再是孩子主导了。而且，你之前学到（或重拾）的各种方法，例如提出有效的要求、提供有用的奖励，以及强化孩子积极的行为等，现在你还可以继续使用。对于这个行动计划各步骤的先后顺序，我们在多次检验后发现，比起先学习解决问题的技巧，先学习行为管理技巧会让更多的家庭坚持到最后。不过，在你刚开始进行解决问题这一步时，如果孩子又出现了一些老问题导致进展不顺利，你就可以使用之前学到的一些办法来管理孩子的行为，比如使用计时隔离，让彼此回到自己的空间，冷静之后再继续讨论。

从许多家庭的实际进展情况来看，进入这个环节并非易事。有些家庭刚开始尝试使用解决问题的技巧就回到了双方互相胁迫的老样子。可能因为家庭环境中消极沟通的方式太过根深蒂固了，所以当孩子参与做决定时，整个家庭就容易爆发激烈的冲突，一切又回到计划开始之前的原点。在有些家庭中，父母和孩子可能有一些固有的消极看法（第十六章将对此进行讨论），在他们一起协商的时候，这些消极看法就会涌上心头，即使是一些简单的提议可能也会招致怨恨和不满，这是父母和孩子双方都存在的问题。

我们希望你和孩子能够同心协力地完成这个步骤，不要因为一点小摩擦就轻言放弃。但是，如果你确实发现自己没有任何进展，或者频频和孩子闹翻，那么你可能需要先完成第 8 步或第 9 步，再回到这个步骤。我们会在介绍这一步的过程中帮助你判断是否需要这样做。不过，到那个时候，你也可以考虑请专业的心理治疗师来协助你。此外，不带任何偏见的第三方也可以帮你轻松进入与孩子协商的环节，例如你可以聘请一位专业的协调人来帮你更顺利地进入本计划的第二阶段。

## 解决问题型沟通训练的要点及原则

为什么这两个阶段有时会像鸿沟一样难以跨越？因为此刻你正在进行一种转变：从家长主导这个行动计划过渡到让孩子参与这个计划。你依然可以通过此前学到的行为约定和其他方法，保持你对不可协商的规则（如不可违反的家庭规则）的掌控权，只是现在，你还需要找到新的途径来解决那些有协商余地的问题。我们在第十三章中提示过，运用解决问题的技巧（和第 8 步中介绍的沟通技巧）来和孩子共同解决冲突，表明你认同孩子渴望独立的自然成长需求，这样还能教会他对这种独立自主负责。既然你的家长权威已经重新建立起来了，你就可以让孩子慢慢参与到影响他生活的决定中来。这对孩子来说不只是一种特权，还是一种必要。我们在第三章就讨论过，要逐渐给予孩子一些自主权，而解决问题就是其中一种途径。通过这种方式，你的孩子将会顺利地成长为有责任感的成年人。

---

### 解决问题型沟通训练的原则

- 一步步地把独立自主权交给孩子。
- 分清可协商与不可协商的问题。
- 让孩子参与到解决问题的讨论之中。
- 保持良好的沟通。
- 建立合理的期望。

---

解决问题型沟通训练（PSCT，Problem-Solving Communication Training）主要基于这一事实，即父母与青少年时期孩子的冲突大多表现为对一些具体问题的言语冲突。所以你和你的孩子才需要学着改变与对方的交谈方式，尤其是当你们的冲突愈演愈烈、愈来愈频繁的时候。你可以把进行解决问题型沟通训练当成上表演学校：首先你将学习一个剧本（关于解决问题的具体步骤，它适用于这里讨论的每个问题），其次你要学习表达方式（家庭成员之间如何相互沟通，详见第 8 步），最后你还要转变态度，改变家庭成员之间经常对对方抱有的不切实际的信念和期望，它们往往是你们愤怒的源泉（第 9 步达成的目标）。

# 达成目标

- 学习解决问题的模式并进行模拟训练。
- 将引发冲突的问题按照轻重缓急进行排序，列出待解决问题的清单。
- 选择一两个不太紧急或不太严重的问题，并开始解决这些问题。

## 学习解决问题的模式并进行训练

如果你觉得一本正经地、系统地学习如何解决问题有些呆板，那么你要记得，在跟孩子提各种要求时，你其实本来就应该做到一本正经。你会发现，如果和孩子沟通时你能够心平气和、直接明确、不东拉西扯，你们双方就不会变得情绪激动，你也就更有可能达到目的。此外，你以后也不可能一直都在安排好的家庭会议中遵循一种严格的形式来解决各种问题。你最终的目标是学会在解决临时出现的问题时灵活使用这些技巧（每当一个问题出现，你的想法是立即解决它，而不是让双方陷入争吵或者让冲突不断发酵），并且可以摆脱所有的条条框框，用自己的方式将解决问题的技巧运用到你和孩子所处的各种情境之中。

不过，你要明白，达到那样的熟练程度需要经过大量的实践。我们无法事无巨细地一一进行说明，也不可能手把手地教你完成整个过程（如果有需要，你可以在本书结尾附上的"相关资源"中找到有关解决问题的多本图书，它们能提供有用的参考）。你必须自己去探索，通过不断试错，找到最适合你家庭情况的互动模式，你唯一的途径就是不断训练，所以，请务必在进行这一步时做好充足准备！

## 先思考，后行动

　　如果孩子对你邀请他一起参与做决定表示怀疑，你也不用大惊小怪。真实的情况是，他很可能会在这时候使用一些不太恰当的言语，要么讽刺你，要么不理你，要么挖苦你。这时你需要做的是，告诉孩子你理解他的感受，但是你真心希望他能参与进来，听取他对一些可协商问题的看法，而不是一股脑地将你的解决方案强加于他。你希望他能够在解决这些问题时有公平的发言权。他会不会愿意尝试一次，看看你是否真的信守承诺？在孩子参与协商时，你需要保持一本正经的态度，但是整个过程中你要突显自己打算合作的意愿，而不是对孩子发号施令。你要向孩子强调这并非他所怀疑的那样，你这样做并不是想强迫他听你的。向孩子明确说明，通过这个共同参与过程所达成的解决方案会对所有人生效，在承担遵从或违反该方案所产生的后果时也会一视同仁。此外，你还要告诉孩子，他需要积极参与进来，例如大家在踊跃分享自己的观点时，他可以主动担任记录员。在和孩子讲这番话之前，你可以先和孩子的另一位家长谈谈，看看还有没有其他的方法能让孩子立刻感受到，如果他参与解决问题的过程，他会受到公平的对待。

　　如果你能预先想好一两个对孩子来说很重要的问题，并且告诉他，你认为通过共同解决问题的方式可以找到让大家都满意的方案，孩子大多不会一口拒绝你让他参与的提议。但如果你因为担心孩子会将可协商和不可协商的问题混为一谈而拒绝跟他讨论共同解决问题的好处，那孩子就可能会对此提不起兴趣。事实上，如果孩子真的拒绝参与，你也可以使用我们之前讲到的诸多办法，比如鼓励孩子配合，让他有机会获得某种他一直想要的特权。你甚至还可以和孩子一起设置行为约定来确保孩子参与。

1. **向孩子介绍该行动计划的第二阶段。**你可以召开一次家庭会议，如果你的孩子讨厌开会的话，你也可以在比较随意的环境中，和孩子坐下来聊一聊。但是，你一定要让孩子明白，你们要讨论的问题很重要，是与孩子息息相关的。告诉孩子，从现在开始你们要一起学着解决问题了。当然，你也要向他说明，这么做是对他成长的一种认可，你会尽可能地让他参与到会对他产生影响的决策过程中。别忘了，一定要对孩子此前的良好表现加以表扬，并表达出你对他的信心，希望他能够承担赋予他的新的责任。和孩子一起回顾你们此前的经历，并提醒孩子家里最近发生了可喜的变化。而现在，你希望能够更进一步，不只是采用成年人的方式来解决你们之间的问题，同时也要让孩子有机会来争取他想要的东西，并获得更多的自主权利。如果你想让孩子更清楚这样做的目标，你也可以重申家里规定的不可协商的原则问题，提醒孩子这些规则不在解决问题的协商范围之内，你们会像过去一样雷打不动地坚持这些原则。但是，如果你发现其中一些不可协商的原则存在可协商的条件，你可以指出这部分内容是可以通过解决问题的讨论来协商的（比如说，必须为女儿规定宵禁时间是不可协商的，但是宵禁的确切时间以及宵禁时间是否会随着她的成长而推迟是可以协商的）。

2. **简要说明解决问题环节的步骤。**在让孩子正式参与解决问题的讨论之前，你和孩子的另一位家长（如果有的话）应该先一起来回顾一下操作步骤，以确保自己已经充分理解。如果在这个过程中孩子提出任何疑问（或反对意见），你要能够做出合理解释。同时准备几份解决问题记录表，给孩子也提供一份，这样你在解释这些步骤时，他就可以对照参考。

（1）界定要解决的问题，然后以此为讨论中心。让孩子知道，人们对某个问题产生分歧，往往有可能是因为他们对这个问题的界定方式存在差异。

# 解决问题记录表

日期：_____

待解决的问题：_____

| 提议的解决方案 | 孩子<br>＋ － | 评价<br>妈妈<br>＋ － | 爸爸<br>＋ － |
|---|---|---|---|
| ① _____ | ____ | ____ | ____ |
| ② _____ | ____ | ____ | ____ |
| ③ _____ | ____ | ____ | ____ |
| ④ _____ | ____ | ____ | ____ |
| ⑤ _____ | ____ | ____ | ____ |
| ⑥ _____ | ____ | ____ | ____ |
| ⑦ _____ | ____ | ____ | ____ |
| ⑧ _____ | ____ | ____ | ____ |
| ⑨ _____ | ____ | ____ | ____ |
| ⑩ _____ | | | |

商定的解决方案：_____

**实施计划**

① 孩子需要做：_____

_____

　完成时间：_____

② 妈妈需要做：_____

_____

　完成时间：_____

③ 爸爸需要做：_____

_____

　完成时间：_____

④ 监督方案：_____

_____

_____

⑤ 适时提醒。谁来提醒，什么时候提醒？_____

_____

⑥ 遵守和不遵守的相应结果：_____

_____

_____

解决问题的唯一办法就是要了解每个人是如何看待这个问题的。当然人们也有可能会相互指责，而不是去客观地界定这个问题。因此，父母双方和孩子都要先用自己的话来描述某个问题，不要使用任何带有指责性的语言，尽可能地使用"我"而非"你"来进行描述，以避免这一步变成相互指责的环节。

接下来每个人重复一下其他人对问题的描述，确保自己理解了。如果存在任何误解，你们都要尽量解释清楚，然后把达成共识的内容填写在记录表相应的位置。同时，你也可以指出，你们之间对于同一问题的界定各不相同，但不必劝说一方接受另一方的看法。

| 不明确的问题界定 | 明确的问题界定 |
| --- | --- |
| 问题：孩子制造太多的噪声 | |
| 家长："你总是在家里制造噪声，播放那些难听的歌。"这时家长是在指责孩子。 | 家长："我听到你播放的音乐不太舒服，因为音量太大，歌曲内容也不合适。"家长从"我"开始描述，明确让自己烦心的事，再具体说明。 |
| 问题：孩子的房间脏乱 | |
| 家长："你的房间跟猪圈一样。如果你再这样下去，就别指望能长大成人了。"这时家长只是在指责，缺乏具体事例，并且毫无依据地加入了对孩子将来生活的消极评价。 | 家长："我看到你的房间感觉很烦心。衣服扔了一地，书本和资料到处乱放，床底下还有一些空的食品包装盒。"家长从"我"开始描述，然后不带指责性地用具体事实说明让自己烦心的事。 |

（2）集思广益：大家提出尽可能多的解决方案。现在一起想解决办法，你们可以轮流提出自己想到的办法，其中一个人负责将这些方案写在解决问

| 不明确的问题界定 | 明确的问题界定 |
|---|---|
| **问题：宵禁问题** | |
| 孩子："你规定要我早回家，无异于毁了我的生活。"这时孩子是在用一种夸张的方式责怪父母。 | 孩子："每次聚会我都得最早回家，这让我感到很丢脸，感觉自己像是个没长大的孩子。"孩子从"我"开始表达自己的感受，不带任何指责的语气。 |
| 家长："如果你继续不负责任地违反宵禁规定的话，你可能会遇到危险或染上坏习惯，那样你这一辈子就毁了。"这时家长是在毫无依据地指责，列出了一些孩子晚回家可能会发生的最夸张的事情。 | 家长："如果你在外面待得太晚，我担心那些比你大的孩子会把你带坏。"家长从"我"的立场表达对孩子的担忧，解释孩子晚回家可能会发生的事情。 |
| **问题：家庭作业问题** | |
| 孩子："你总是拿家庭作业的事来烦我。我不需要你没完没了的提醒。"这时孩子是在指责父母。 | 孩子："我真的很生气，你总是不停地问我作业做完了没有。"孩子从"我"的立场出发，客观地表达他对此事的感受。 |

题记录表上（我们前面建议过，可以先让孩子来做记录，然后再轮流做）。看看你们能否想到 12 种可能的解决方案，当然，能想到 6 ~ 8 种就已经是好的开始了。最重要的是在这个过程中要遵循以下原则。

● 不要评判他人提出的解决方案。

● 要大胆又富有创意；充分发挥想象力，不要放弃任何想法，哪怕当时觉得有点愚蠢。

- 试着从不同的角度来思考问题，否则就会很难突破。
- 保持轻松的氛围。时不时的幽默不仅可以缓和紧张气氛，还能保持大家参与的热情。

（3）对提出的解决方案进行评价。大家各自将讨论出来的解决方案抄到自己的记录表上，并对每种方案进行评价，主要从以下几个方面去考虑。

- 该方案是否能够解决问题？
- 该方案是否可行？
- 你是否喜欢这个方案？

你可以根据对以上这几个问题的回答来评价每种方案，分别用"+"和"－"来表示认可和不认可。同时，将其他人的评价结果抄到自己的表格上，以便比较。

（4）选出能让所有人都满意的方案。需要指出的是，我们的目标是寻求一个所有人都能接受的方案，大家都要有所让步才能有所得，这才是协商的本质。现在，由"记录员"（仍然从孩子开始）宣布所有人的评价都为"+"的解决方案。如果这样的方案有多个，那你们都应该感到高兴，因为这意味着你们已经找到了解决方案，可以将它们组合成一个整体的解决方案。接下来你们要做的就是实施这个方案。当然，你们可以考虑先奖励一下自己，毕竟协商进展得不错。如果刚好最近你们和孩子相处得不错，可以带孩子一起出去吃个冰激凌或看场电影；如果孩子不喜欢和父母一起出去的话，你也可以出钱请孩子和他的朋友一起去看电影，你和另一半自己出去吃顿饭。

出人意料的是，大约80%的情况下，大家都能最终达成一致意见。但是，如果没有任何一种方案得到所有人的认可，就需要退而求其次找出最接近的方案。例如，某种方案得到了其中一位家长和孩子的认可，就此，你们可以与不认可该方案的那位家长协商，分析双方的不同观点，再一起想办法找出能够折中的解决方案。在这个过程中，你们要尽量试着相互妥协（本章接下来会提供一些具体的例子以供参考）。如果这样做还是无法达成一致意见，可以让那位持反对意见的家长先做一点让步，用 1 周时间来试一试这个新的解决方案，如果过了 1 周仍然不奏效，再一起来讨论。

（5）实施方案。为了确保大家协商出来的方案得以有效实施，你必须事先考虑以下这些细节问题。

- 谁需要做什么，什么时候做，在哪里做？
- 谁负责监督方案的执行情况，如何进行监督（例如，使用图形、表格，还是口头监督）？
- 遵照执行或不遵照执行会有什么样的结果？应该由孩子来考虑如何奖励，由父母来考虑如何惩罚。
- 如果出现方案中没有提及的一些表现，是否需要进行必要的提醒？
- 到底怎样才算遵照执行（例如，什么样的房间才算整洁）？
- 在实施方案的过程中，可能会遇到什么困难？

告诉孩子，很重要的一点是在实施解决方案时每个家庭成员都要尽职尽责，哪怕任务只是口头上的而非行动上的。例如，妈妈负责提醒孩子去做他答应要做的事情，或者孩子和爸爸感谢妈妈帮助他们和睦相处。还有一点也很重要，那就是父母也要为自己的行为承担后果，而不仅仅是针对孩子。所有这些信息都应该备注到记录表中，然后就可以开始执行方案了。

（6）评价方案实施的情况。在方案实施了一段时间之后，你们需要一起来回顾一下实施的情况。如果一切进展得很顺利，那就太好了，因为你在这次解决问题的过程中积累的经验可以帮助你将来更好地解决其他问题。但是，如果方案没有效果或者效果不好的话，那么你需要考虑以下几个问题。

- 你是否尽力实施了方案？如果是，那么哪个环节出了问题？如果你没有尽力，那又是因为什么？
- 是否有成员拒绝配合？如果有，是谁？他如何拒绝配合？
- 成员之间是否出现消极沟通，从而影响了效果？
- 成员之间是否彼此不信任或有敌意？
- 你是否曾经忘记实施方案？
- 孩子是否出现了新的问题（例如违规、考试不及格、酗酒等），妨碍了方案的实施？
- 你们的真实生活情况（如父母出差、孩子体育训练频繁、亲戚来访、度假等）是否干扰了方案的实施？
- 是否是家长的注意缺陷多动障碍引发了问题？你是否有时太过激动、容易分心、无法坚持完成任务，或者太快地放弃方案，又或者你的家庭是否正经历一些麻烦事？

根据你的答案，你有几种不同的选择。不过，在考虑选择之前，请确保每个人都明白这种失败并不是由任何人的恶意破坏造成的，而仅仅是你们解决问题的经验不足导致的。不可借机指责别人，那只会让事情变得更糟糕。相反，你们应该试着把解决问题的步骤再过一遍，找出没有做好的地方，然后重新协商一个更可行的解决方案。

到现在为止，是不是每个人对解决问题的步骤都清楚了？如果没有，就回到相应的步骤继续讨论。如果你觉得这样讲还是不够清楚，那么你也可以考虑咨询心理治疗师。

**3. 选择以下 3 种场景中的 1 种来模拟训练解决问题的步骤。**如果前面的步骤进展得都很顺利，大家也依然有动力继续，那你就可以在家庭会议上接着尝试这一步：趁热打铁开始模拟解决问题的过程，这可能比等到下次再做更有效果，大家对相关步骤和原则也会记得更牢。但是，如果孩子这时开始变得不耐烦，你感觉大家很快就要吵起来，或者你察觉到再继续下去也不会有什么效果，那就试着在当天晚些时候或改天（最好是第二天）再继续。

如果你和孩子对下面列出的这些情境都不感兴趣，你们也可以自己创设情境，但要注意，别选择跟你们的真实问题太过接近的情境。我们强烈建议你先从不那么严重的问题入手（稍后你会学习对这些问题按照轻重缓急进行排序）。如果你现在就不假思索地把真实的问题用到模拟训练中，可能会影响到整个环节的实践效果。

- 情境一：托尼快满 16 岁了。他想要举办一个大型的生日派对，邀请 100 位最要好的朋友参加，而且他希望父母不要在场。托尼的父母不太赞同他的提议，结果他就说如果不让他"像其他朋友一样举办体面的派对"，他们就会"毁了他的生活"。

- 情境二：14 岁的艾伦和爸爸经常因为艾伦做家务的事吵架。爸爸说艾伦根本靠不住，比如修剪草坪和扔垃圾这样的小事，艾伦要么忘记做，要么就是没按时做。艾伦则指责爸爸不可理喻，说他的时间规定太过死板，况且那些家务"根本也没那么重要"。艾伦的妈妈夹在中间左右为难，还要花很多时间来调解。她希望能想个办法解决这个家务问题，但又不希望引起"父子大战"。

- 情境三：15 岁的贝蒂娜希望父母能推迟她的宵禁时间，因为她的朋友大多十六七岁，她们都可以比她更晚回家。但父母不太赞同这么做，因为他们并不希望女儿和比她大的朋友一起待太久，而且他们觉得女儿还不够成熟，不能给她过多的自由。现在，她违反宵禁规定都成了习惯，哪怕受到应有的惩罚她也无所谓。所以，贝蒂娜的父母担心，如果他们推迟宵禁时间，女儿依然会违反，那就意味着她会更晚回家。

选择好情境之后，一起来回顾一下解决问题的步骤。先把假设的情境当成你们自己的问题填写到解决问题记录表中。记住，尽量让整个过程保持轻松愉快，就像在玩角色扮演游戏一样。事实上，你大可以让其中一位家长来扮演情境中的那个孩子（托尼、艾伦或贝蒂娜），这样你们就有机会看到，自己的孩子在不受约束的情况下会提出怎样独特甚至疯狂的解决方案。同时，这样做也能让孩子感受到，你们愿意站在他的立场来考虑问题。

填写好解决问题记录表之后，可以与我们提供的范例进行对比（情境二的记录表见第 265 页，情境一和情境三的记录表见第 350 ~ 353 页）。你们也许会想出完全不同的解决方案，但是要尽量切合实际，对所选的情境反复揣摩：你们觉得方案能够有效实施吗？为什么？对照心理咨询师协助你们一起制订的计划，看看你们想出的解决方案或制订的计划是否明显欠缺考虑？如果是的话，你们会做出什么调整？

后续你还会使用解决问题的技巧来处理你们自己的真实问题，但在此之前，你需要先确定哪些是会引发你与孩子之间冲突的问题。

从下面的范例中你会看到，艾伦的父母在儿子做家务这件事情上做出了让步，最后孩子仍然完成了家务。他们没有完全免去艾伦应该承担的责任，只是给了他选择的余地，由他自己决定在周末的什么时间来完成这些家务。这个范例很好地表明了不可协商的家庭规则必须坚决执行，不过可以给孩子一些决定权来协商其他的条件。

## 艾伦一家的解决问题记录表（情境二）

**日期：**　　2013 年 9 月 19 日

**待解决的问题：**家务活问题，例如爸爸说艾伦没有（按时）修剪草坪、扔垃圾。艾伦的妈妈也同意。艾伦说父母总是在他收看最喜欢的电视节目的时候，或者其他不方便的时间叫他去做家务。

|  | 评价 | | |
| --- | --- | --- | --- |
| 提议的解决方案 | 孩子 | 妈妈 | 爸爸 |
| | + - | + - | + - |
| ① 修剪完草坪才能看电视。 | - | + | + |
| ② 艾伦自己选择时间去修剪草坪、扔垃圾。 | + | - | - |
| ③ 周五放学后艾伦就去修剪草坪。 | - | - | + |
| ④ 妈妈负责扔垃圾，爸爸负责修剪草坪。 | + | - | - |
| ⑤ 雇个人来修剪草坪。 | + | + | - |
| ⑥ 付给艾伦 30 美元作为修剪草坪和扔垃圾的报酬。 | + | - | - |
| ⑦ 将家里的草坪改为石头地面。 | - | - | - |

**商定的解决方案：**艾伦在每周日上午 10 点前修剪完草坪，晚饭前扔完垃圾。

**实施计划**

①**孩子需要做：**从 5 月到 11 月，每周日上午 10 点之前，修剪完草坪并将杂草装袋，清理割草机并将其放回仓库。扔掉家里所有的大袋垃圾。

**完成时间：**每周日晚饭前或晚上 7 点之前，看哪个时间更早。

②**妈妈需要做：**提醒爸爸不要因为家务活的事情训斥艾伦，而是提醒艾伦遵照计划完成。

**完成时间：**每周五晚上和每周六晚上。

③**爸爸需要做：**周日早上提醒艾伦 1 次他需要修剪草坪，周日下午提醒艾伦 1 次他需要扔垃圾。但爸爸不会因为这些事训斥艾伦。

**完成时间：**每周日早上 9 点和每周日下午 4 点。

④**监督方案：**爸爸会在周日上午检查草坪的修剪情况，妈妈会在周日晚上检查扔垃圾的情况。他们会在冰箱日历贴上记录艾伦完成家务的情况。

⑤**适时提醒。谁来提醒，什么时候提醒？**　参照上文。

⑥**遵守和不遵守的相应结果：**如果艾伦修剪完了草坪，就能先获得一周零花钱的一半（10 美元，每周共 20 美元）。扔垃圾的奖励是口头表扬。如果艾伦没有按时完成任何一件家务，周日就不能看电视，而且要把家务活补上。爸爸和艾伦都要感谢妈妈的协调工作。如果爸爸没有因为家务活的事情训斥艾伦，妈妈要给爸爸做点好吃的，艾伦也要为此向爸爸表示感谢。

　　和艾伦家的情况一样，托尼一家对于儿子想举办大型生日派对的提议，一开始也无法达成令所有人都满意的解决方案，于是他们只好寻求折中方案。你一定也能想到，他们的分歧主要在于托尼可以邀请多少朋友来参加派对，以及如何在不让托尼感到尴尬的情况下确保家长起到监督作用（具体参见第350～351页）。于是，一家人集思广益，想了许多相互妥协的方案，他们讨论到底该邀请多少人（根据他们以往的经验，并参考孩子的朋友们在生日派对上邀请的人数），最后决定邀请40个朋友，这样既能让父母准备得过来，又能让托尼有真正的派对的感觉。监督的工作则交给托尼25岁的舅舅，这样托尼的朋友们不会觉得不自在，而托尼的父母也会觉得有个成年人在场能保证孩子们的安全，家里也不会被闹个底朝天。他们还达成一致意见，如果托尼的朋友惹麻烦或者带酒过来，尤其是那些没被邀请的不速之客自己听到"风声"找上门来，托尼的舅舅就会立刻打电话给托尼的父母，必要时还会联系警察。

　　而对于贝蒂娜家（情境三，见第352～353页）的情况，他们根本不需要相互妥协，因为他们找到了大家都能接受的解决方案。他们唯一要做的是在符合条件的备选方案中确定一个。经过讨论他们得出结论，如果能把3个备选方案结合起来，大家最有可能坚持执行下去。

## 将引发冲突的问题进行排序，列出一个待解决问题的清单

　　现在你们已经用其他人的问题进行过模拟训练了，接下来就该回到会引发你和孩子之间冲突的问题上了。

　　**1. 完成亲子问题核对表**。填写下面的亲子问题核对表（见第269～270页），记录过去2周你和孩子之间交谈的情况。如果家里还有另一位家长或

成年监护人，你们俩和孩子都需要填写这个表格（填写之前先复印几份空白表格）。

先在左边一栏选择"是"或"否"，确保完成全部 44 个项目。

现在，回到你选择"是"的项目，思考你和孩子在谈论这个问题时的态度是怎样的，圈出符合你们当时情况的对应数字。

**2. 根据你们交谈的激烈程度，对问题进行排序。**在完成亲子问题核对表之后，你们就可以根据交谈时的激烈程度将这些问题分类，并按照从程度 5（很生气）到程度 1（冷静）的顺序进行排序。当然你们在对每个问题进行评价时肯定会存在分歧，所以可以用括号标注一下这个问题依据的是谁的评价（父母的意见可以合并在一起）。下面先看一个范例。

程度 5：很生气

和兄弟姐妹吵架（父母）

跟父母顶嘴（父母）

交友（孩子）

按时回家（父母）

按时上学（父母）

……

程度 3：有点生气

骂人（孩子、父母）

帮忙做家务（父母）

抽烟（孩子）

早上按时起床（父母）

……

程度 1：冷静

随手关灯（孩子）

把脚跷在桌子上（父母、孩子）

使用电脑（父母、孩子）

个人卫生（父母）

着装选择（父母、孩子）

将整理好的问题清单收好，我们会在接下来的 2 个步骤中用到。

---

### 先思考，后行动

　　你需要做好准备，孩子可能会有一些抵触情绪。虽然到目前为止进展可能比较顺利，但要知道大部分孩子对于需要服从命令的行为还是缺乏耐心。孩子可能会对开家庭会议来讨论解决问题的方案这样的形式比较反感。所以，真正实施起来肯定没那么容易，但这时候你实际上就是心理治疗师的角色，你必须迎难而上，如果孩子不配合，你就必须耐心引导，同时也要以身作则。作为父母，你们可以提前准备的就是，提醒对方，你们现在的目标不是胁迫孩子按照你们希望的方式来界定你们之间的问题（也就是说，不能要求"孩子的看法要和我的一样"）。然后，你需要在正式行动之前，明确地向孩子表明这种立场。除此之外，你和孩子的另一位家长也要达成一致意见，一旦你们的讨论变得过于激烈，你们就需要叫停，先各自冷静一下。

## 亲子问题核对表

| **先完成这一栏的每一项判断** | | | **再完成这一栏的每一项评分** | | | | |

| 讨论话题 | | | 你们讨论时的情绪如何？ | | | | |
|---|---|---|---|---|---|---|---|
| | | | 冷静 | | 有点生气 | | 很生气 |
| ☐ 使用手机 | 是 | 否 | 1 | 2 | 3 | 4 | 5 |
| ☐ 睡觉时间 | 是 | 否 | 1 | 2 | 3 | 4 | 5 |
| ☐ 打扫房间 | 是 | 否 | 1 | 2 | 3 | 4 | 5 |
| ☐ 完成作业 | 是 | 否 | 1 | 2 | 3 | 4 | 5 |
| ☐ 整理衣服 | 是 | 否 | 1 | 2 | 3 | 4 | 5 |
| ☐ 使用电脑、选择电视节目 | 是 | 否 | 1 | 2 | 3 | 4 | 5 |
| ☐ 个人卫生（洗澡、刷牙） | 是 | 否 | 1 | 2 | 3 | 4 | 5 |
| ☐ 着装选择 | 是 | 否 | 1 | 2 | 3 | 4 | 5 |
| ☐ 着装整洁 | 是 | 否 | 1 | 2 | 3 | 4 | 5 |
| ☐ 在家制造太多噪声 | 是 | 否 | 1 | 2 | 3 | 4 | 5 |
| ☐ 用餐礼仪 | 是 | 否 | 1 | 2 | 3 | 4 | 5 |
| ☐ 和兄弟姐妹吵架 | 是 | 否 | 1 | 2 | 3 | 4 | 5 |
| ☐ 骂人 | 是 | 否 | 1 | 2 | 3 | 4 | 5 |
| ☐ 如何花钱 | 是 | 否 | 1 | 2 | 3 | 4 | 5 |
| ☐ 挑选图书或电子游戏、下载音乐 | 是 | 否 | 1 | 2 | 3 | 4 | 5 |
| ☐ 零花钱 | 是 | 否 | 1 | 2 | 3 | 4 | 5 |
| ☐ 外出不让父母陪同<br>（购物、看电影等） | 是 | 否 | 1 | 2 | 3 | 4 | 5 |
| ☐ 播放音乐时音量过大 | 是 | 否 | 1 | 2 | 3 | 4 | 5 |
| ☐ 随手关灯 | 是 | 否 | 1 | 2 | 3 | 4 | 5 |
| ☐ 滥用药物 | 是 | 否 | 1 | 2 | 3 | 4 | 5 |
| ☐ 保管好衣物、电子产品及其他<br>个人物品 | 是 | 否 | 1 | 2 | 3 | 4 | 5 |

## 亲子问题核对表（续）

| 先完成这一栏的每一项判断 | | | 再完成这一栏的每一项评分 | | | | |
|---|---|---|---|---|---|---|---|
| | | | 你们讨论时的情绪如何？ | | | | |
| 讨论话题 | | | 冷静 | | 有点生气 | | 很生气 |
| □ 喝啤酒或其他酒精饮品 | 是 | 否 | 1 | 2 | 3 | 4 | 5 |
| □ 购买手机、电子游戏 | 是 | 否 | 1 | 2 | 3 | 4 | 5 |
| □ 约会 | 是 | 否 | 1 | 2 | 3 | 4 | 5 |
| □ 交友 | 是 | 否 | 1 | 2 | 3 | 4 | 5 |
| □ 挑选新衣服 | 是 | 否 | 1 | 2 | 3 | 4 | 5 |
| □ 性行为 | 是 | 否 | 1 | 2 | 3 | 4 | 5 |
| □ 按时回家 | 是 | 否 | 1 | 2 | 3 | 4 | 5 |
| □ 按时上学 | 是 | 否 | 1 | 2 | 3 | 4 | 5 |
| □ 成绩不好 | 是 | 否 | 1 | 2 | 3 | 4 | 5 |
| □ 在学校惹事 | 是 | 否 | 1 | 2 | 3 | 4 | 5 |
| □ 撒谎 | 是 | 否 | 1 | 2 | 3 | 4 | 5 |
| □ 帮忙做家务 | 是 | 否 | 1 | 2 | 3 | 4 | 5 |
| □ 跟父母顶嘴 | 是 | 否 | 1 | 2 | 3 | 4 | 5 |
| □ 早上按时起床 | 是 | 否 | 1 | 2 | 3 | 4 | 5 |
| □ 孩子在父母不想被打扰时打扰父母 | 是 | 否 | 1 | 2 | 3 | 4 | 5 |
| □ 父母在孩子不想被打扰时打扰孩子 | 是 | 否 | 1 | 2 | 3 | 4 | 5 |
| □ 把脚跷在桌子上 | 是 | 否 | 1 | 2 | 3 | 4 | 5 |
| □ 弄乱屋子 | 是 | 否 | 1 | 2 | 3 | 4 | 5 |
| □ 吃饭时间 | 是 | 否 | 1 | 2 | 3 | 4 | 5 |
| □ 如何度过闲暇时间 | 是 | 否 | 1 | 2 | 3 | 4 | 5 |
| □ 抽烟 | 是 | 否 | 1 | 2 | 3 | 4 | 5 |
| □ 在外赚钱 | 是 | 否 | 1 | 2 | 3 | 4 | 5 |
| □ 饮食选择 | 是 | 否 | 1 | 2 | 3 | 4 | 5 |

# 选择一两个不太紧急或不太严重的问题并着手解决

**1. 先选择一个不太严重的问题作为你们解决问题的目标。** 理想情况是，在程度 1 ~ 3 这个区间里，选择一个你和孩子评价比较接近的问题。当然，这个问题要对你们都很重要，但又不至于严重到引起你们激烈的争吵。比如你们选择"睡觉时间"这个问题。先检测一下这个问题算不算程度较轻的问题。你可以闭上眼睛想象一下，假设孩子佯装 10 点睡觉了，等到你们都睡着之后，他又起来玩电脑游戏，一直玩到凌晨 3 点。如果按照上面的 1 ~ 5 级来评价你的情绪，你会有多生气？如果你的评价仍然是 3 或者 3 以下，那就说明这个问题符合条件。如果你的评价是 4 或 5，那就需要重新选择了。

**2. 安排一次家庭会议，针对这个问题完成解决问题记录表，并达成一种解决方案。**

## 界定问题

你是否发现很难界定问题？如果是的话，你可以尝试下一页的解决问题训练。你可以选择在家庭会议上和大家一起来完成这项训练，当然前提是家庭会议的氛围比较轻松；也可以让大家各自填写，然后在下一次家庭会议上再进行对照。你可以复印几份空白表格备用。

## 解决问题训练：界定问题

姓名：_____          日期：_____

　　明确的问题界定要能说明他人的哪些言语和行为让你受到困扰，以及为什么让你受到困扰。问题界定需要简洁明了、客观、不带有指责性。下面列出了一些不同的界定问题的情况，仔细阅读并判断这些界定是否明确。如果不明确，请写下更好的版本。

（1）**妈妈**：我的问题是，我不喜欢看到你房间乱糟糟的，床上堆满了衣服，桌子上满是灰尘。朋友来家里做客，看到房间是这个样子，我觉得很难受。

　　①这是否明确界定了打扫房间的问题？

　　_____是_____否

　　②如果你认为界定得不明确，请写下更好的版本。

　　_____

　　_____

　　_____

（2）**女儿**：我讨厌你，妈妈。你让我太痛苦了。每周末都要求我晚上 9 点之前回家，让我错过了所有有意思的活动。

　　①这是否明确界定了按时回家的问题？

　　_____是_____否

　　②如果你认为界定得不明确，请写下更好的版本。

　　_____

　　_____

　　_____

（3）**爸爸**：儿子，你的问题在于你不尊重长辈。现在的孩子根本不懂得什么叫尊重。我在你这么大的时候，绝对不会像你这样跟我的父亲讲话。

　　①这是否明确界定了孩子顶嘴的问题？

　　_____是_____否

## 解决问题训练：界定问题（续）

②如果你认为界定得不明确，请写下更好的版本。

_____

_____

_____

（4）儿子：我很烦你每天唠唠叨叨地让我去扔垃圾、喂狗。我已经长大了，不需
要别人老是提醒我该做什么了。

①这是否明确界定了做家务的问题？

_____是_____否

②如果你认为界定得不明确，请写下更好的版本。

_____

_____

_____

（5）下面是一位妈妈和女儿分别对播放音乐声音太大的问题的描述。注意她们在
各自的描述中如何埋怨和指责对方。这样做并不能很好地界定问题。看看她
们对问题的描述，你是否能改进？

**妈妈：** 声音开这么大，你的耳朵会废掉的。而且，你对音乐的品位也不怎么
样。你怎么能忍受那么嘈杂的声音呢？我是受不了的，而且我也不想忍受。

**女儿：** 别跟我谈什么音乐品位了。你自己还不是每天坐在那里听些老掉牙的
垃圾音乐？现在都没人听那种音乐了。你也别再跟我说什么音乐放得太大声
了，我想放多大声就放多大声，那样才能尽情享受音乐。

更好的问题界定如下。

**妈妈：**

_____

_____

**女儿：**

_____

_____

## 讨论、评价并确定方案

采用家庭讨论的方式来征集解决方案并不一定对所有家庭都奏效，尤其是如果你的家人都不怎么健谈，或者不太习惯一起随意聊天的话。如果你们讨论时没有太多思路，也可以采取一些相对简单的方案，不必像前面列举的 3 个情境方案那般细致。类似下面这些针对做家务问题的方案其实也不错。

- 父母一叫就马上去做家务。
- 不做任何家务。
- 没完成家务就要被禁足 1 个月。
- 请保姆。
- 有偿做家务。
- 每晚 8 点之前打扫好房间。
- 由父母来打扫房间。
- 关好房间门。
- 找合适的时间叫孩子做家务。
- 只提醒孩子 1 次。

**注意**　尽量避免你们在协商时贡献的方案只考虑自己。别忘了我们之前提到的协商的本质：我们的目标是寻求一个所有人都能接受的方案，大家都要有所让步才能有所得。假如你们协商的是做家务的问题，孩子提出的一系列解决方案无非想表达"别指望让我来做家务"（例如，"请保姆""让妈妈做""就让它脏着呗"或者"让比利去做吧"），而你提出的方案都是想让孩子"照你说的去做"（例如，"我叫你去做的时候你就得去做""如果没有完成家务，就不能使用电子产品""按照要求完成家务，否则下次家务就会加倍"）。没有人愿意让步，那你们就不可能达成一致的解决方案。如果在挑选方案的时候，你发现在提出的解决方案中存在类似的情况，那你们就需要回到前一步，各自重新提出方案。你可以提议："好吧，现在我们来换位思考一下，列出一些对方觉得合适的解决方案。"当然这时候，最好能来点儿幽默，让气氛轻松一些。假如你们协商的是宵禁问题，你可以先站在孩子的立场提出："你可以想回就回，想走就走，也不用告诉我们你要去哪儿，或者什么时候回来，我们反正接受就是了。"接下来依然站在孩子的立场提出一些更合理的方案，但是明显有些让步。

**问** 我们讨论的时候好像连 6 种解决方案都想不出来，这样一来我们的备选方案就少了，最终也无法达成大家一致接受的方案。我们应该怎么做？

**答** 如果有必要的话，你可以在贡献方案的环节反复提醒大家，提出方案并不一定就要执行。父母和孩子可能都有所顾虑，觉得如果提出了某种自己不太中意的方案，就要像履行承诺一样去执行它。说到底，这通常都是缺乏信任的问题，原因在于父母和孩子对对方的消极看法根深蒂固。如果你感觉这些消极看法确实影响到了你们协商的进展，你可以考虑先进行第 9 步，再回到这一步。

**问** 我们的儿子坐不住，一起协商的时候也没什么耐心，而且还会越来越烦躁，所以我们基本不能指望他贡献什么点子。那现在我们该怎么做？

**答** 有些孩子，特别是患有注意缺陷多动障碍的孩子，的确很难老老实实地坐在那儿，专心投入协商过程中。如果是这种情况，那你们可以自己想出几个方案，然后初步评估一下这些方案，再挑出两三个让孩子考虑和评估。

**问** **孩子满意的解决方案总是跟我们的不一样，所以我们无法达成一致意见。接下来我们该怎么做？**

**答** 如果你们始终无法达成一致意见，那就需要重新考虑一下你们所选择的准备解决的问题了。或许这个问题对你们来说太严重了。你们可以试着过一两天再选择一个不太严重的问题来着手解决。

3. **接下来一周，实施你们所确定的方案。**如果实施过程不是很顺利，那就仔细斟酌一下选择的这个方案是否有些不切实际。你也可以再看看你们当初的解决问题记录表，如果还有其他你们一致认同的解决方案，也可以换种方案试试。

你们在界定问题时是否抓住了问题的本质？在之前介绍的第三个情境中，贝蒂娜和父母争论的是宵禁时间问题。但是，当他们尝试实施共同选择的方案时，贝蒂娜的父母才越来越明确，问题的根本并不是女儿回家时间的早晚，而是她大多数时间都跟比她年长的朋友待在一起。他们想管的其实是这个问题，甚至还希望通过提早宵禁时间来限制女儿和这些孩子一起玩。正因为贝蒂娜的父母在界定问题时出现了偏差，所以他们无法坚持按照解决方案来执行：妈妈故意不提醒女儿宵禁的时间，让她在外面玩的计划落空，即使偶尔表扬女儿，也不是发自内心的；爸爸虽然没有因为女儿违反宵禁而训斥她，但对女儿的社交生活指指点点。当他们再次召开家庭会议时，这些问题都浮出了水面。贝蒂娜的父母意识到他们把两个需要分别处理的问题混为一谈了：①贝蒂娜交友的问题；②宵禁问题。所以，现在他们需要先解决女儿的交友问题，再来解决宵禁问题。最后，一家人达成了一致意见：如果贝蒂娜结识了年纪比她大的新朋友（不论男女），并且想周末一起出去玩，那她的父母就会通过一些不唐突的方式去认识并了解她的这位新朋友，比如邀请这位朋友一起吃饭或者来家里玩；然后，他们再和女儿沟通跟这位朋友出去玩是否合适。实施这个方案之后，他们就可以有效地执行之前宵禁问题的解决方案了。后来，贝蒂娜在和朋友出去玩的时候，甚至还会主动给父母打电话，而她的朋友们也对这种情况表示理解。

**注意**　如果家庭成员中有注意缺陷多动障碍患者，尤其是当孩子和父亲或者母亲都有类似情况时，你需要做一些额外的提醒，确保他们记得解决方案中需要他们做的事情。这样做并不是为了揪住对方不遵守方案的行为，而是为了让大家更好地履行方案中规定的责任。因此，如果你或孩子的另一位家长患有注意缺陷多动障碍，你们就可以利用计时器和提示器来做一些语音提示，也可以通过便利贴、口头提醒和写有任务的日历进行提醒，这会有利于你们解决方案的顺利实施。

4．**在这一步的第二周，再选择一个问题去解决。**但是，如果你们在第一周的成效不太好，或者在这个过程中大家都觉得很痛苦，害怕再来一遍，那么你可以寻求心理治疗师的帮助。

5．**从现在开始，试着将解决问题的技巧融入日常生活之中。**第一，做好时间安排：确定一个时间，定期召开家庭会议，一起来回顾并解决问题。第二，务必安排好训练计划。你能够在办理日常事务的途中进行训练吗？或者在清晨、深夜、晚饭时间，抑或通过网络聊天室？

要习惯在生活中使用解决问题的技巧。从现在开始，每当你想与孩子交流时，先想一想："我应该如何让孩子积极参与进来，我又该如何运用解决问题的技巧？"当你发现家庭成员的某种行为给你带来困扰时，你应该想办法明确界定给你带来困扰的问题。在和对方谈论此事之前，你可以先提出至少两种方案（例如，"梅根，我需要你帮忙洗碗。我们可以现在就洗，也可以再找个时间"），或者用询问的方式（"我们有什么样的解决方案呢？"）带动对方一起思考解决办法。

特别是如果某个问题出现得比较突然又亟待解决，而且马上就会引发争执时，这种解决问题的技巧就相当有效。在第十二章中，布鲁斯·努南因为想和朋友出去约会，所以希望父母能延长他当晚的宵禁时间，于是他和父母即兴设置了一个行为约定。但是，如果当时他们无法在短时间内设置行为约定，就可以通过一起协商解决问题快速达成共识，至于最后是否要以行为约定的形式呈现，这并不重要。

同时，你也要引导孩子运用解决问题的技巧来思考问题。例如，威尔的妈妈希望帮助儿子养成三思而后行的习惯，希望他不要冲动行事。于是，每当威尔的妈妈觉得儿子还需要想一想时，她就会对他说："如果……，会怎么样呢？"

针对可能出现的问题做好充分的准备，不要总是等到紧急情况出现时再去解决问题。不要逃避可能出现的问题，而要针对这些问题想出一些预防性的措施，这会在很大程度上避免你和孩子之间出现争吵的情况。

如果你们一家人都很忙，根本找不到合适的时间来共同解决问题，那不妨想点新的办法。家庭成员可以通过电子邮件或在线聊天的方式来提出解决问题的方案，并完成解决问题记录表，完成这些前期工作之后再找时间面谈。这样，即使一位家长出差在外，也仍然可以参与到解决问题的讨论中。充分利用现代科技手段可以让你们和孩子更好地相处。

　　同样，无论是在和孩子一起协商解决问题的过程中，还是在与孩子日常交流中，通过减少消极沟通、增加有效沟通，能帮助你们更好地相处。这是我们在下一章要讨论的重点。

# 第十五章
## 第 8 步：学习并运用沟通技巧

"他说，我总是不做那些他逼着我做的愚蠢的家务。"在和父母共同解决问题的环节中，15 岁的凯文这样描述家务活问题。

你应该能猜到接下来会发生什么。凯文的爸爸勃然大怒，先是斥责凯文把他应该承担的家庭责任说成"愚蠢的"，继而又指责他"幼稚得可笑"，爸爸试图教给他重要的生活能力，却被他说成在"逼着"他做事情。

凯文听了爸爸的话也非常生气，终于忍不住大喊："你总把我当个小孩子，我凭什么要听你的话？"说完就气冲冲地跑出了屋子。

解决问题的环节就这样戛然而止了。

如果你们在解决问题的环节，尤其是刚开始的阶段，也遇到过类似的情况，那么这一章对你们来说很重要。明智一点的做法是，你们可以先进行这一步，再回过头去完成第 7 步。想要有效地处理问题，你们应该时刻考虑进行灵活变通。

即使你们在解决问题的环节进展得还算顺利，但如果孩子像凯文那样触碰到父母的敏感之处，那接下来的沟通还是会危机四伏，稍有不慎冲突便一触即发。特别是如果你们当中有人行事比较冲动，不管是因为他患有注意缺陷多动障碍还是天生的性格特征，这些敏感话题随时都会被触发。你必须想办法掌控这种情况。

现在讲这些你或许已经非常厌烦了，但确实也没有其他更好的办法。沟通技巧能够帮助你们避免因这些敏感问题引发冲突，当然是否学习和运用这些技巧最终还是你个人的选择。

在凯文家的案例中，有件事我们还没说，那就是家庭会议刚一开始，凯文的爸爸就这样描述有关凯文做家务的问题，他说："凯文，你非常不负责任。我叫你去扔垃圾或修剪草坪的时候，你从来都不照做。"

这也难怪凯文的反应是顶嘴。凯文爸爸的这种表达方式违反了第十四章中的很多原则。在本章中你会了解到更多类似的消极沟通方式，并学会如何在交流过程中意识到这些问题。同时，我们会告诉你有很多直接的方法来避免这样的沟通方式。你会学着用一种不同的方式和孩子讲话，尽量不触发孩子的防御反应。

不过，你也要明白，我们介绍的方法虽然直接有效，但是要运用好也并非易事，而且也不是万无一失的。沟通不仅是动态的，还往往涉及双方，就像行进在一条难以预测风险的双行道。你能控制自己说话的内容和方式，但你不能控制孩子的，他想说什么、想朝哪个方向说，这些你都无从把握。所以，你只能尽自己所能做到最好，并且希望最终也能影响到自己的孩子。

当然，有可能你的孩子在没有他人刺激的情况下，语气也像凯文一样冲，那就是孩子的性情使然了，这也是导致他叛逆的天生特质。也许在目前看来，孩子已经习惯了消极沟通的方式，即便不是，他也很可能容易冲动或者易怒。

如果是这种情况，你可以通过采取以下方法来减少孩子消极沟通的问题，但是不一定能完全消除（就像你不能指望自己永远不生气、没有坏情绪、不被他人激怒，或者不会头脑发热地说出不该说的话）。如果孩子确实说了些令你生气的话，要记住以下 2 条原则，这是我们实施这一步的重要基础。

1. **从 1 数到 10 或者换个地方待会儿**。要知道，我们一生气就会用最糟糕的方式来沟通。你当然知道最佳的沟通方式是即使别人对你冷嘲热讽，你也依然要保持冷静，讲话有分寸、语气平和且不带任何指责。但一旦脾气上来了，这些美好的初衷就都会被抛到脑后。所以，关键就是要切断这种条件反应。许多愤怒管理专家建议，当你察觉自己快要发火的时候，就要在心里喊"停！"。当然，这需要经过反复练习。你必须先训练自己去识别情绪变化时的身体信号，比如心率加快和脸红，这样你才能学会及时叫停。如果你需要进一步了解有关愤怒管理的具体技巧，可以参考本书最后"相关资源"中列出的专业图书。不管是否采用这种方法来训练自己，都是为了暂停一下，把心里的怒火压一压，这样你才能冷静地思考下一步该说什么或做什么。你可以在心里默数到 10，或者如果你发现在孩子面前你根本冷静不下来，那就告诉孩子"我过会儿再来跟你讨论这件事情"，然后换个地方待着——你称之为计时隔离也好，总之，暂时离开房间几分钟，直到自己冷静下来。孩子不在的时候，你可以用各种办法让自己冷静下来：冥想、锻炼等。始终记住，你是孩子的父母，"棍棒石头可以伤我筋骨，但闲言恶语无法伤我分毫"。

2. **要有同情之心，学会宽慰谅解**。当然，除非孩子确实患有注意缺陷多动障碍或其他影响认知行为能力的障碍，多数情况下他是没有什么缺陷的。但是，你可以把叛逆看作孩子的某种行为缺陷，因为它影响到了孩子和你的正常生活，而且可能需要一段时间才能消除（虽然可能不会彻底消除）。目前看来，孩子在一定程度上是存在缺陷的，所以他需要你的理解和关怀。或者至少你可以将导致孩子叛逆的性格特点看作孩子并不情愿拥有的品质。当然，我们并不是建议你为孩子的不良行为（包括他和你讲话的方式）开脱。我们只是希望你不要过度指责孩子，将孩子的叛逆问题定性。要知道，不能接受和不愿接受孩子对待你的方式之间还是存在差别的。因此，如果孩子跟你说话时确实没有分寸（稍后会介绍孩子的哪些用语具体错在哪里），你应该严肃地告诫他，但尽量不要因此引发你们之间的冲突，也不要因此诋毁孩子的人格。通常对一个人的人格诋毁基于前期对他的消极看法和期望，这一点我们会在第 9 步再重点讨论。我们要知道，人格诋毁其实会给沟通的双方火上浇油（你在指责对方的时候，是不是经常发现自己也变得怒不可遏？）。所以，带着同理心去宽慰谅解他人可能会让你事半功倍，因为这样做会让你和孩子在沟通中学会尊重对方。

## 达成目标

- 学习良好沟通的基本原则。
- 识别消极的沟通方式。
- 用积极的沟通方式与孩子协商解决问题及进行日常互动。

在开始这一步之前，你要提醒自己，学习沟通技巧你并非从零开始。因为你已经了解了很多沟通方式，有好的也有坏的，而且你也有了大量的实践经验，知道什么该做、什么不该做。在表扬孩子方面，你学会了多观察，去发现并认可孩子态度和行为中积极的一面，多表达自己对孩子的爱和好的期盼。

这些始终都是良好沟通的基础。在向孩子提出有效的要求方面，你也学会了尽量具体、不带抱怨、用严肃认真的态度来传达自己的要求。而且，在与孩子共同解决问题的训练中，你也开始打磨自己的协商能力，避免引发争执或相互指责，在相互尊重的前提下与对方沟通。因此，你可以把本章当成沟通技巧的进阶训练而非基础训练，尽可能地将自己已经掌握的所有技巧都调用起来。

## 学习良好沟通的基本原则

和许多有用的经验法则一样，良好沟通的基本原则也是说起来容易，做起来难。第一周我们先在以下行动上多下功夫，养成良好的习惯。

**1. 牢记以下原则并逐步开始实践。**

（1）孩子愿意与你交谈时，一定要认真倾听；孩子不愿交谈时，不要逼着他对你敞开心扉。只可惜，不论孩子多大，父母都很难做到这一点。父母太想知道孩子在想什么了，甚至可能还觉得自己有权利这么做。如果涉及孩子的安全问题，你可能确实有一定的知情权，但这并不意味着孩子就会乖乖说出你想知道的一切。处于青少年时期的孩子有时会把自己的内心封闭起来，短则几天，长则几周，每天除了最基本的日常交谈，基本不怎么会主动开口讲话，顶多嗯嗯啊啊回应一两个字（这种情况可能男孩子表现得突出一些。你可以在本书末尾"相关资源"中找到有关男孩和女孩沟通差异的书籍）。此外，可能你已经知道了，这个时期的孩子更愿意与朋友而非父母倾诉心事，但这并不代表他就不需要你的理解、支持和经验提示。只是，你在与他沟通时要讲究方法，并且始终记住，一定要学会先倾听。斯蒂芬·科维在《高效

### 先思考，后行动

　　遵守"每次说话不超过10个字"的原则。如果要强调倾听，这就应该是必然的结果。在之前学习行为管理时，你已经学会了不再对孩子喋喋不休，逼着他去做你希望他做的事，而是用即时、公平又有针对性的行为结果来激励孩子。平时在和孩子沟通时，你同样应该运用这条原则：不要说教，也不要唠叨，每次说话不要超过10个字，因为当你说出第11个字的时候，孩子就开始将你后面的话屏蔽了。在父母的众多越界行为中，说教恐怕是最令孩子痛恨的了，因为父母说教不仅冒犯了孩子日渐强烈的自我决定感，还贬低了他的自我能力感。这么做只会让孩子像躲瘟神一样躲着你。如果你总爱说个没完，反复重申你的立场（一遍又一遍），那孩子每次和你说话时就会害怕你又要借机教训他。一旦父母感觉孩子不听话——叛逆的孩子尤其如此，他们就会不停地唠叨，其实这么做有害无益。所以，你现在需要努力改变。和孩子讲话时，尽量将要说的内容分解成多个短句，每句话不要超过10个字，每说一句停下来问问孩子的看法。他可能会问你为什么要这样做，但当他知道你确实是想听听他的感受，而不是自顾自地一直说时，他会很高兴。当然，他可能没什么反应，但至少你不再不停地说教了。时间长了，孩子可能就不会对你那么排斥了。他如果想找人说话，有可能会来找你，因为此时你已经不再像从前那样时时主导着你们的交谈。始终要记住，讨论和说教完全是两码事，讨论才是真正意义上的双向沟通。

能人士的7个习惯》中提到，"先试着理解别人，再让别人理解自己"，这一点适用于所有人。

　　如果这个时期的孩子叛逆的话，那他就更会与你保持距离了。因为过去的经验告诉他，跟你讨论事情必然会引起争吵（当然这与你们的消极看法有关系。如果你觉得这种消极看法已经影响到你与孩子沟通的方方面面了，那不妨先阅读第十六章，进行第 9 步，或者把第 8 步和第 9 步结合起来同时进行），所以不到万不得已，他可能都不会跟你讲话。正因为如此，你才要特别留意孩子什么时候想与你交谈，或至少想向你倾诉。不同的孩子在这种时候发出的信号也各不相同，所以你得想办法了解自己孩子的习惯。如果你发现孩子想向你倾诉，那你一定要停下手头的事来配合他。但是，一定不要催着他开口，只需静静地陪在他的身边，耐心等候。孩子或许要过一会儿才会开口。

**注意**　沉默是金。你也可以把它看作"每次说话不超过 10 个字"的延伸。

　　你不仅要压抑自己想说教或唠叨（或凡事多说几句）的冲动，还要在孩子想要愉快交谈的时候，尽量只听不说。或许你觉得，开车送孩子上学免得他去挤公交车，他应该会想在途中和你多聊几句；或许你认为，新的一天开始了，大家会在早餐时一起聊聊天，或者一天工作结束，大家想在晚餐时愉快地交流。你这样想没错，只是条件恐怕是你十几岁的孩子应该拥有 40 岁的心智。通常成年人比青少年能更好地控制自己的情绪和行为，因此我们期望同龄人这样做才是合情合理的。你的孩子也许不习惯早起，或者早餐的时候他正在努力调整状态，为即将到来的考试做准备；孩子坐在车上的时候，心里想的可能是前一天避开他聊天的同伴今天还会不会挤对他；晚餐时，孩子可能单纯就是太累了，对你们聊的话题不感兴趣。所以，只要孩子没有表现得特别无礼或叛逆，就给他一点空间，大家安安静静地坐着就好。你知道，这个年纪的孩子比较情绪化。同时，他正经历着很多转变，需要有时间来思考自己的生活。就给他一点空间吧。这些时候强迫他说话几乎不会有什么好的结果，反而会让他躲着你，至少那样他在不想说话（或者真的没法说话）的时候就不会被逼着开口了。而这也意味着，如果孩子真的想找你倾诉，或者需要你的意见时，你也无法及时提供帮助。

（2）积极倾听，鼓励孩子表达自己的想法和感受，并让孩子感受到你理解他。在上一步共同解决问题的环节，家庭成员需要重复各自对问题的不同描述，那时你就已经在这么做了。只是在平时没有处理任何问题的时候，这一点同样重要。想要鼓励不爱说话的青少年对你敞开心扉，最好的办法之一就是让他看到你在用心倾听，而且你听见了，也听进去了。如果在共同解决做家务的问题时，孩子开始不停地抱怨，这个时候你一定要忍住，不要急着去批评他，而是让他感受到你在听他说话："你说你讨厌扔垃圾，因为垃圾袋会漏，总是会弄脏你的运动鞋，是吗？"如果他说是，那你就接着回应他说"是啊，那样肯定很难洗干净"之类的话。 这就和我们之前讲到的积极关注与口头表扬一样，第一次说的时候你可能会觉得有些不自然，有些做作，但是如果你试着坚持在每天与孩子的日常交流中积极倾听，你可能会发现孩子越来越想跟你聊天，他所聊的有你想听的，也有你不想听的。当然要注意，积极倾听的过程中，你需要用自己的语言来重复孩子所表达的内容或感受，切记加上自己的看法。这时候父母总是忍不住想要附带一些自己的看法，却往往会起反作用。看看下面的例子。

**孩子**：我为什么非要学代数呢？我将来根本就用不上。

**父母**：所以你觉得不管你将来干什么，代数都没有用咯？

父母这样的回答其实暗含了讽刺，意思是说，孩子如果这样下去，包括不好好学代数，就不会有好的将来。真正的积极倾听者会这样回答："既然代数跟你的将来没有什么关系，那看来学代数是在浪费时间。"

（3）真诚表达你的感受，不论是好的还是坏的，但不要中伤孩子。我们在生气或沮丧的时候，总是想找些人或事来责怪，以发泄内心的不适或不满，这是一种本能的反应，但它对我们并没有好处。若是他人激怒我们或是让我们受挫，那我们就更容易做出这种反应。这就是为什么凯文的爸爸会指责凯文不负责任，并夸大他没有完成家务的频率，凯文自然而然会对这种诋毁进行反击。当凯文的爸爸开始遵守这一条原则时，他会试着这样说："如果你没有按约定完成该做的家务，那么我或者你妈妈就得去扔垃圾或修剪草坪，这让我很生气。"当然，这条原则不仅仅适用于和孩子共同解决问题的环节，在其他任何时候，只要你被孩子的行为激怒了，你就可以试着从"我"的立场来描述当下的问题。例如："我下班回家后想安静地待一会儿，结果你把电视的音量开得很大，我觉得很不舒服。""我工作一整天回到家，看到客厅里乱糟糟的，到处都是乱扔的衣服和书本，根本没办法休息。""我觉得你那样跟我讲话根本不尊重我，伤害了我的感情。""只要你没在宵禁时间回家，我就会提心吊胆的，睡不着觉，担心你的安全。"此外，也别忘了遵守积极表达的原则，你可以说："谢谢你考虑到我，帮忙打扫了厨房，这给我省了不少事。""你学习很努力，我为你感到骄傲。"甚至可以说："听到你开怀大笑，我感觉真好。"

**注意**　如果你的孩子患有注意缺陷多动障碍，那你就需要学会辨别消极的沟通方式和注意缺陷多动障碍患者特有的沟通方式，前者才是你需要着重关注和解决的。区分这两种沟通方式需要经过一定的训练（以及冷静的头脑）。如果你发现自己很难辨别，应该考虑寻求心理咨询师的帮助。不过，二者的根本区别在于：消极沟通往往是孩子有意为之，他先在心里盘算过再主动出击，沟通时往往带有批评和贬低的语气，为的就是攻击你的弱点。注意缺陷多动障碍患者特有的沟通方式虽然同样可能伤人，但它往往是反应式的，而且是孩子当下的自发反应，没有任何准备，也不会考虑时机是否恰当，所以往往也达不到孩子期望的结果。有时候，接受药物治疗的孩子在药效减退时，也可能出现上述这种情况。所以，千万别把孩子的这种反应太当真，你可以试着转移一下话题或者带孩子出去走走。

**问** 好像我女儿每次想和我说话的时候都不是时机，要么我正要出门上班，要么我正在打电话或者忙着缴费。等我忙完了再想和她聊时，她又不开口了。我们该怎样才能找到合适的时间交谈？

**答** 很多孩子都抱怨想和父母谈心的时候，他们总是不听；而父母也总是抱怨孩子总是挑最不恰当的时候跟他们说话。还是那句话，这件事得看你，或许你真的没办法推迟上班的时间——当然，也许你可以。条件允许的情况下，你需要停下手头的事情，好好听听孩子想说什么。你可以问问正在和你通电话的人，能否一会儿再打给他，晚一点再去缴费或者让你的另一半去完成，这样你就可以跟孩子聊一聊。总之，孩子有话要说的时候，你要让他感受到你愿意倾听，这样对孩子既是关心也是尊重。否则，你会觉得孩子每次找你的时机都不对，你都在忙，这自然就会让孩子感到沮丧。有种办法或许有用，你可以定期留一点时间，让孩子在这些时候来找你谈心。如果孩子发现爸爸或妈妈总会在某个固定的时间待在某个地方——在孩子放学后待在厨房、早餐时在餐桌旁、晚餐后在客厅喝咖啡，他往往会愿意和父母说上几句。当然，你并不需要在这些时候去主动让孩子开口，你只需待在那儿，看孩子愿不愿意开口。另外，接送孩子上下学的时候也是很好的时机。很多孩子对父母敞开心扉都是在这个时候，因为孩子坐在车上可以看着窗外，不用跟你有眼神接触，而你开车需要看路，不用一直盯着孩子看。

**2. 向孩子介绍积极沟通的原则，并互换角色进行练习。**你可以利用家庭会议向孩子介绍这些原则。告诉孩子，这些原则对于达成目标（例如解决问题）和彼此之间友爱和相互尊重地交流非常重要，你希望把这些原则运用到你们的日常沟通之中。通过之前提供的积极沟通的例子，让孩子真正理解这些原则。条件允许的话，你们也可以一起来讨论一下适合你们家庭的良好沟通习惯。接着再说明大部分的沟通都是有目标的，而这些沟通原则可以如何帮助你们达成目标。这时你刚好可以提及最近你们进行的某次不愉快的交流，让大家发表一下各自的看法，看看如何运用积极沟通的原则来改善这样的交流。

现在，你们可以尝试运用积极沟通的原则开展一次对话。孩子和另一位家长已经在家庭会议开始之前了解了这些基本原则，所以父母可以先向孩子示范怎样进行积极的对话。然后，其中一位家长和孩子进行对话，再换另一位家长和孩子进行对话。

对话时，其中一人扮演对话的发起者，另一人负责倾听。发起者先向对方表达自己的感受和想法，注意不要带有任何指责、抱怨或批评的语气。对方用心倾听、理解对话发起者所说的内容，然后进行复述，注意不要添加自己的看法。

父母进行示范的时候可以选择一个不针对任何家庭成员的话题，甚至是有趣点的话题，这样可以让气氛稍微轻松些。下面我们来举个例子。

**妈妈：**我真的不想再开这辆车了，没什么意思。前几天我看了一辆红色法拉利，我觉得我们应该买下来。

**爸爸：**你是说你厌倦了老福特，想要一辆更有活力的车？

**妈妈：**没错，我觉得应该换换了。我想开开有意思的车。

**爸爸：**所以，你觉得跑车比家用车更有意思，对吗？

**妈妈：** 当然啦。我们现在就去看看那辆车吧。

**爸爸：** 看样子你迫切想要换车了。

**妈妈：** 是啊，我现在可激动了。

**爸爸：** 看得出来。我好久没见你笑得这么开心了。

在进行示范对话的时候，确保对话发起者多次进行观点陈述，而倾听者每次都用自己的话将这些内容复述出来，然后二人对换角色，再进行一次练习。

**爸爸：** 不过我有个问题——如果咱们换了跑车，那5个孩子该往哪儿塞呢？

**妈妈：** 噢，你是担心两座的跑车没法载孩子们到处跑，对吧？

**爸爸：** 是啊，我们总不能两辆车都留着吧？那样开销太大了。

**妈妈：** 所以你觉得买法拉利有点儿奢侈了，对吗？

**爸爸：** 有可能。特别是我听说，买法拉利的人不多，那些车一直都摆在店里。

**妈妈：** 那我们就没有合适的代步工具了？

**爸爸：** 恐怕是的，蒂娜还小，我们总不能让她自己坐公交车去幼儿园吧？

**妈妈：** 所以你觉得要以孩子的需求为主，对吗？

**爸爸：** 嗯，可能是吧……或者，我们也可以买下法拉利，然后去马利布 [①] 生活，让孩子们自己照顾自己。

接下来，其中一位家长和孩子进行对话。

---

[①] 马利布（Malibu）是美国加利福尼亚州的一个城市，以沙滩和阳光而闻名。此地高档住宅密布，社会名流汇集。——译者注

如果你发现大家都容易忽略某种积极沟通的原则，你可以趁机指出来，但不要指名道姓，尤其不要点名说孩子。不过，如果你或者孩子的另一位家长能主动意识到这些问题并自己提出来，做好自我评估和监督，大家就会开始注意自己的沟通方式。有些父母发现，在公共场所讨论问题时，比如在星巴克喝咖啡或热巧克力时，或者在喜欢的快餐店进餐时，他们的讨论可能更有效果，而且沟通态度也会更积极。因为通常在有其他人在场的情况下，他们即使讨论得不太愉快，也会尽量保持积极一点的态度。所以，你不妨考虑一下在公共场所进行你们的第一次积极沟通练习。还有人发现了一种激励青少年练习沟通的好方法，那就是父母和孩子在家里的不同房间给对方发消息，这样做无形中放慢了沟通的过程，可以让彼此在回应对方之前好好思考。

**3. 接下来一周，跟踪你们在沟通中运用积极沟通原则的情况，并进行奖励。**当然，不要把它变成一种烦琐的竞赛，只需在每次对话（父母之间以及父母和孩子之间）结束时，其中一方问一下："我们刚才遵守了积极沟通的原则吗？"如果你们双方都觉得自己做到了，那就给自己加1分。一周结束时，如果达到了约定的分数（比如说15分），那就根据之前制订的方案，给予自己相应的奖励（例如，周五晚上点自己最爱吃的比萨、租一部自己爱看的电影光碟、买一瓶自己最爱又舍不得买的红酒，或者做一次美甲或美足）。

除了遵守积极沟通的原则，如果能做到以下几点，也可以考虑给予奖励。

- 客观陈述对方的观点。
- 提出建议。
- 询问对方的需求。
- 表扬或赞美对方。
- 善意地开玩笑。

- 倾听。
- 让步。

# 识别消极的沟通方式

大多数消极的沟通方式并不难识别，例如责怪、否认、威胁、命令、频繁打断对方讲话、讽刺、缺乏眼神交流，以及其他影响有效表达自己感受和倾听对方的习惯。家庭成员之间若是采用消极的沟通方式，最终不仅不能解决问题，还会陷入彼此攻击的消极循环之中："不，我才没有。""是的，你就是做了。"像这样没完没了的对话实在令人厌倦。你现在已经知道，这种有害的行为不仅会影响与孩子共同解决问题的效果，还会影响到日常生活的方方面面（"早餐吃什么？""凭什么我要为你准备早餐?！"）。

有时候，要改变这些习以为常的消极沟通方式，唯一的办法就是仔细分析这些沟通方式中存在的消极因素。

**1. 和孩子一起看看下页表格中列出的各种消极沟通方式，找出你们存在的问题，并约定在该步骤进行到第二周的前几天开始自我监督和相互监督，看看大家是否存在这些消极的沟通方式**。在进入第二周时，你可以在家庭会议上介绍下页的消极沟通方式清单，大家详尽讨论清单中每种行为的具体表现，确保每个人都真正理解。当然，要尽量保持轻松的氛围，一起找出家庭成员存在的消极的沟通方式（指出问题时指名道姓地批评某人，而不是尽可能地使用"我"来表述），并讨论其对家庭成员之间关系的影响。

给参加家庭会议的每位成员准备一份清单（你可以复印下面的表格），再在冰箱、记事板及大家经常能看到的地方各贴一份。为了让大家都能敏锐地察觉到消极的沟通方式，你可以和孩子约定，在接下来的 4 天里，只要有人发现了消极的沟通方式，就可以客观地指出来，但注意不要进行指责，可以发表自己对这种沟通方式的看法。例如，"这完全就是在说教""那是在狡辩""我刚才是在指责""你这是在翻旧账""我讲话时没有看着对方"，等等。我们不要求被指出的家庭成员立刻改变他们的沟通方式，但是他们需要听听别人的反馈。有些家庭会直接在清单上记录自己存在的消极沟通方式。

## 消极沟通方式清单

姓名：＿＿＿＿＿＿＿＿＿＿＿＿＿

|  | 第一天 | 第二天 | 第三天 | 第四天 |
|---|---|---|---|---|
| 侮辱 |  |  |  |  |
| 打断对方讲话 |  |  |  |  |
| 批评 |  |  |  |  |
| 狡辩 |  |  |  |  |
| 说教 |  |  |  |  |
| 讲话时不看对方 |  |  |  |  |
| 无精打采 |  |  |  |  |
| 讽刺 |  |  |  |  |
| 不回应 |  |  |  |  |
| 否认 |  |  |  |  |
| 命令 |  |  |  |  |
| 吼叫 |  |  |  |  |
| 骂人 |  |  |  |  |
| 发脾气 |  |  |  |  |
| 唠叨 |  |  |  |  |
| 翻旧账 |  |  |  |  |

你们可以口头反馈，也可以书面反馈，选择最适合你们的就可以。如果孩子拒绝参与，那就告诉他，反正你们是会自我监督的，因为你们相信这样做会改善家庭成员间的沟通方式。孩子如果看到你们确实说到做到了，过几天可能也会参与进来。如果他不愿意，你又非常希望他参与，可以考虑设置行为约定来给他一点激励。

2. **考虑这些消极沟通方式的替代方案。**如果你们记录了自我监督和相互监督的情况，第四天（可以根据具体情况增加或减少天数）结束时，可以看看记录表，想想哪些情况是你们经常出现的。如果你们采用的是口头反馈，那就试着回想一下，哪些消极沟通方式在你们家最常出现。然后，再对照下表中列出的替代方案，考虑一下能否采用。

---

## 消极沟通方式的替代方案

| **消极的沟通** | **积极的沟通** |
| --- | --- |
| ☐ 侮辱 | ☐ 陈述事实 |
| ☐ 打断对方讲话 | ☐ 轮流说话 |
| ☐ 批评 | ☐ 看到好的方面和坏的方面 |
| ☐ 狡辩 | ☐ 冷静地表达不同意见 |
| ☐ 说教 | ☐ 简洁地就事论事 |
| ☐ 讲话时不看对方 | ☐ 保持眼神交流 |
| ☐ 无精打采 | ☐ 坐端正 |
| ☐ 讽刺 | ☐ 用正常的语气 |
| ☐ 不回应 | ☐ 表达自己的感受 |
| ☐ 否认 | ☐ 承担自己的责任 |
| ☐ 命令 | ☐ 礼貌地请求 |
| ☐ 吼叫 | ☐ 用正常的音量 |
| ☐ 骂人 | ☐ 用坚决且尊重他人的语言 |
| ☐ 发脾气 | ☐ 冷静下来、从 1 数到 10、出去走走 |
| ☐ 唠叨 | ☐ 说一两次即可 |
| ☐ 翻旧账 | ☐ 只说当下的事 |

接下来，你们一起来选择一次上周因沟通习惯不好而未能达成目标的家庭沟通经历，看看在那次沟通中你们存在哪些消极的沟通方式，并讨论如何运用积极的沟通方式来加以改进。家庭成员共同承诺，在接下来的一周试着运用这些积极的沟通方式。如果你愿意，可以将那次失败的沟通经历详细记录下来，并用积极的沟通方式替换掉其中消极的沟通方式。如果你有时间的话，还可以把调整后的整个对话都写下来，就像写剧本一样。现在，你可以读一读你写下来的对话，问问自己用替换后的沟通方式能否帮助你达成最初设定的目标。当然，有一些目标可能无法通过一次互动就得以实现，或者因为某些特殊条件的限制，目标的实现可能变得不太现实。如果是这样的话，那你下次会怎么做？是将目标进行细分，一次实现一个小目标，还是换个时间或地点再来讨论这个话题？最后，回顾一下整个沟通过程，看看你设想的这些解决办法能否奏效，是否现实。如果还是不能奏效或者不现实，那就看看你能否从中汲取一些现实的经验教训，以使在以后的沟通中派上用场。

# 用积极的沟通方式与孩子协商解决问题及进行日常交流

现在来看看效果：将你从积极和消极沟通方式中学到的经验运用到与孩子的交流之中。当然，这是一个长期的过程，这一周的训练仅仅是一个开始。如果你已经养成了定期与孩子协商解决问题的习惯，那就可以先在这些安排好的讨论环节检验这些沟通方式的效果，再将积极的沟通方式融入日常自发的交流之中。

1. **看看你能否识别积极和消极的沟通方式**。你可以和孩子一起先看看下面这些画线的句子，然后大声念出来，让大家来判断这些话分别属于哪种消极的沟通方式，最后再看看大家能否想出积极的方式来表达这些内容。在每一句画线句子的后面，我们都介绍了它所属的消极沟通方式，同时提供了一种可供参考的积极沟通方式。不过，在你们想出自己的表达方式之前，先不要将这些参考内容念出来。

**妈妈**：<u>"你的房间跟猪圈差不多。"</u>这位妈妈的话是在指责和批评。换种说法会比较好："看到你房间乱糟糟的，我觉得挺难受。"

**孩子**：<u>"你总是说我'不尊重父母'，我受够了这种愚蠢的训话。"</u>孩子很夸张地批评父母，语气里充满讽刺。换种说法会比较好："我不喜欢被冤枉，说我不尊重人。"

**爸爸**：<u>"关于你的那些狐朋狗友，我们已经讨论过上百次了。我叫你不要跟他们混在一起，他们会带坏你。再这么下去，你肯定会辍学，然后去蹲监狱。"</u>爸爸这是在贬低孩子，对他进行说教。换种说法会比较好："我担心这些孩子可能会把你带坏。"

**爸爸**：<u>"你已经有3年没有好好完成该做的家务了。今天没有收拾房间，上个月没有修剪草坪，去年总是不扔垃圾——总有事情没完成。"</u>这位爸爸的做法是在翻旧账。换种说法会比较好："我对你不能按时完成家务感到很失望。"

**孩子**：<u>"你算什么爸爸！你根本就不了解我。"</u>孩子这样说是在批评和贬低自己的爸爸。换种说法比较好："我觉得你没明白我说的话，我再跟你解释一下。"

**孩子**：<u>"这不是我干的，是约翰把盘子放在那儿的。"</u>孩子的话是在否认，在推卸责任。换种说法比较好："老实说，我也不知道是不是我把盘子放在那儿的，不过我会把它收走。"

2. **进行一次常规的解决问题的讨论，留意彼此的沟通习惯，看看这些习惯对你们达成协商目标是否有帮助**。你现在应该已经有能力识别那些会影响你们协商环节的沟通习惯了。现在你们需要做的是把这些问题平静地指出来，而不是指责对方不该用某种方式讲话，从而偏离当下的讨论主题，进而针对这个新的问题发生争吵。如果你发现大家谈得越来越不投机，而你又找不到合适的办法让说错话的人马上改口，那就使用我们之前提到的缓和策略，从 1 数到 10 或者出去走走。但是，你本人要以身作则，让大家都看到什么才是恰当的沟通方式。如果孩子一直大喊大叫，那你就始终用正常的语气（但也不要刻意去压低自己的声音来显示自己谈吐优雅）来讲话；如果你的另一半讲话总是酸溜溜的，对别人充满讽刺，那你就可以时不时来点善意的幽默；如果有人总是用威胁的语气来命令他人，那你在提出自己的要求时，就尽量做到友好礼貌；如果有人用侮辱性的话来指责别人，那你就试着公正地复述他的话，就好像他原本就是这样表达的；如果有人频频插嘴，那你可以问问其他人有没有什么要说的。记住，在讨论的过程中，不论其他人表现得多么无礼，你始终要做到：时刻保持眼神交流，坐姿端正，使用恰当的肢体语言来表示对对方的尊重。始终别忘了，如果你以身作则，孩子就会有样学样。

3. **将你学会的积极沟通方式运用到日常交流之中**。如果你能从自己做起（而不是时刻监督并纠正孩子），并且从日常生活中平淡无奇的交流开始改变自己的沟通方式，你就能慢慢地找到积极沟通的诀窍。选择一些不太敏感、不需要家人协商和讨论的话题，这样你就可以充分关注该如何表达请求、发表评论。和另一半讲话，特别是孩子在场时，你要特别注意不使用讽刺、难听、贬低以及其他消极的沟通方式，最好一点都不要。如果实在不小心说出了口，要马上向对方道歉。一开始，你们可能会觉得不自在，甚至有点别扭，但是渐渐地你们就会发现，这种相互尊重、相互理解的沟通方式是有好处的，而且过不了多久你就会发现，这些方式已经渗透到你的言语之中了。

**问** 这些沟通技巧的确很好，但是我的孩子讲话时还是动不动就爆粗口，脏话连篇。他 1 分钟讲出的脏话比你在酒吧 1 周听到的还要多。我应该怎么办？

**答** 恐怕目前你们最需要的不是沟通训练。你的孩子已经违反了文明家庭生活的基本规则：尊重他人。回想一下你们家不可违反的家庭规则。你需要严格执行"不讲脏话"这一条，让孩子承担自己行为的结果。你可以把孩子每次讲脏话（哪怕持续好几分钟）视为违规 1 次，并设定这种违规行为的相应惩罚。行为结果的设定可以因人而异，但一般来说，会以禁足或取消特权作为惩罚，对年龄稍小的孩子可以取消其使用电子产品的特权，对年龄稍大的孩子可以取消其用车的特权。只有对孩子讲脏话的行为进行了相应的惩罚，才能开始接下来的沟通训练。你可以邀请孩子通过参加训练来获得奖励，让他扮演不同的角色并用恰当的语言来表达自己的愤怒。你也可以通过其他方式来帮助孩子解决这个问题，比如在孩子生气想说脏话的时候让他去运动，释放自己的愤怒情绪。如果这些办法你都试过了，仍然没有效果，那就可以考虑寻求心理治疗师的帮助。

## 经验之谈：如何解决沟通问题

在 14 岁的劳伦的家里，母女二人要么彼此不说话，要么互相冷嘲热讽，这种情况持续好几周了。劳伦的爸爸迈克老是夹在中间当和事佬，给她们两人传话，他也受不了了，所以，他急切地想通过运用沟通技巧来改变现状。

只不过他可能有点急切过头了。在这一步进展到第二周时，迈克每天对妻子和女儿的消极沟通方式指指点点。有一次劳伦终于忍无可忍，转过身对他说道："爸爸，你别再跟着我了，你无非想看看我又说错了什么！我知道了！"迈克一下子愣住了，因为他原本以为自己在母女二人之间进行公正调解是有帮助的。于是，他决定不管了，暗自下决心要用更明智的做法来解决沟通问题。

与此同时，劳伦和妈妈简都在练习积极倾听对方，并努力做到在表达自己感受的时候不指责对方。起初，简发现自己动不动就需要从 1 数到 10 或者出去走走，她甚至怀疑自己根本无法和女儿完成一次对话。那时她还没有意识到，和女儿之间的任何交谈都会轻易引发争吵，哪怕对话再简短，哪怕讨论的事再稀松平常，即使是要上学时让女儿快点儿上车这样简单的事也不例外。当然这种话题一旦加上了某种语气，可能会变得很敏感。比如简说："你能不能动作快点儿？别让我们又迟到好吗？！"或者劳伦说："快点儿，妈妈！你总是这么慢，害我一直在这儿等你。"

如果迈克在场，他就会指出妻子在女儿没有犯错的情况下指责和批评女儿，或者指出劳伦语气里充满了嘲讽。他一说，母女俩的注意力就会转移到迈克的身上，双方慢慢冷静下来。当然，她们也不是每次都会一笑而过，但至少在劳伦上学的路上她们不会再针锋相对了。

过了一周，母女之间的沟通发生了一些变化。简发现，每次女儿瞪她一眼后气鼓鼓地走开，或者女儿想逃避责任，故意对她进行人身攻击来转移话题时，她都会尽量不去反唇相讥，而是坚定表明自己的立场。当然一开始，她只是意识到自己在责怪和批评孩子，渐渐地她会把自己的想法说出来："我刚才确实批评你批评得太凶了。"接着，她会用一种直接且不带指责的语气重新表达自己的意思，或者说出自己对劳伦言行的感受："每次我和你讲话你都不听，就好像我说的话根本没用，这让我很难受。"

简也感受到了女儿的变化。有一天劳伦对她冷嘲热讽一番之后，不好意思地笑着说："哇，这么说太讽刺人了，我的意思其实是……"这让简很是惊讶。第二天清早早餐时，迈克又开始纠正母女二人的沟通方式，她们俩不约而同地抬起头说："好，我们知道了！"然后彼此相视一笑。

到了每周末开家庭会议解决问题的时间，迈克先来描述待解决的问题："我和你妈妈试着给你多一些时间使用手机，但是我们觉得你开始滥用这个特权了。你总是抱着手机发消息，家务和作业总是一拖再拖。有好多次我去睡觉了，你还在发消息，我压根不知道你作业完成没。每次我提醒你的时候，你一点儿也不尊重我，还当着我的面砰的一声把门关上，这是我无法接受的。而且我……"

"爸爸，别忘了每次说话不超过10个字的原则！"

"没错，迈克，"简也打断他，"别说教了。我觉得应该简化一下问题。"

"是啊，爸爸，你不要一直说个不停。"

"劳伦，你提醒爸爸'不超过 10 个字'的原则就够了。请让我先说完，"简先转向女儿，随后对丈夫继续说道，"我觉得我们需要从劳伦使用手机引发的问题中选择一个，然后试着解决它。所以迈克，如果你能把问题简化一下会更好。"

迈克说："你只顾发消息，不做家务或作业。这么说怎么样？"

"哇！"简和劳伦异口同声道。

简和迈克一致认为，现在的首要任务是确保劳伦使用手机不影响她完成当天的任务。劳伦则一开始这样描述这个问题："你们每晚不让我发消息，无非想催着我去学数学、打扫房间、收拾餐具，还有干一大堆没完没了的事情。"

简打断她说："小姑娘，你给我听好了——"她边说边凑过去盯着女儿的眼睛。

"我在听，"劳伦气冲冲地回答，"我怎么能不听？爸爸总是说个不停，而你总是对我吼个没完！"

"劳伦，你得像个大人一样跟我们讲话，所以声音小一点儿！"妈妈命令道。

"行吧。"劳伦一边说着一边把头扭到一边，不看妈妈。

这会儿，劳伦双手交叉放在胸前，根本不看父母。简双唇紧闭，随手抓起一本杂志，气呼呼地翻了起来。迈克无奈地叹了口气。

　　"要不我们从头再来一次？"迈克试探道，"瞧瞧你们俩，虽然嘴上没说话，其实心里在对抗。我最近读到一篇文章，"说着他伸手去拿旁边桌上放着的复印资料，"上面是这样说的……"

　　劳伦偷偷瞟了妈妈一眼，发现她的肩膀在轻微地抖动。

　　看着丈夫忙着解释 60% ~ 90% 的沟通是通过非语言行为传递的，简忍不住偷笑，觉得丈夫又可怜又可爱。

　　这次家庭会议非常漫长。只要妈妈或女儿说了什么不该说的话，两人就会吵起来，接着开始冷战，爸爸只好变着法儿地让她们再开口，会议就这样重启了好几轮。不过，好在最后还是有收获的。有一次，简半开玩笑地批评丈夫话太多，女儿立马为爸爸辩护："妈妈，爸爸是好心想帮忙，你这样说太刻薄了。"简原本要反驳，可话到嘴边还是忍住了，她提议大家一起列出各自在沟通时的优缺点。

　　他们一致认为：爸爸迈克善于倾听，并且能客观地表达自己的观点；妈妈简也开始善于积极倾听了，特别是在她忍不住想发脾气而找地方冷静之后，而且善于用幽默的方式来缓和讨论的气氛；女儿劳伦不再总是指责妈妈，而是开始从"我"的立场来表达观点，并且像妈妈一样反应很快。

　　认识到了这些优点，他们就知道自己还有哪些不足，于是他们又列出了各自的缺点。迈克决定今后多多注意"不超过 10 个字"的原则，并进行自我监督，尽量少说教，而且也不会总逼着别人一次把事情说清楚。简决定改掉自己总是把对别人的请求变成命令的做法，而且要多多注意自己说话的语气。劳伦则决定今后多用"我"的立场来表达观点，少一些刻薄，多一些客观，也尽量不再用沉默来回应妈妈，"但前提是你要试着倾听，妈妈。"

简听到女儿这么说，一开始很吃惊，想要辩解，但她深呼吸了一下，简洁地说："你觉得我没有倾听，对吗？"劳伦回答道："是啊，有时放学回家，我想跟你说点事儿，你总是找一堆的家务让我干。"这一刻，简恍然大悟。她暗下决心：以后女儿放学回家，她一定先主动和女儿聊聊，再给女儿安排任务；她们俩待在一起的时候，她也尽量静静地陪在女儿身边，看看女儿有没有什么想说的。

谈完这些，一家三口都感到很满意，他们决定继续运用这些沟通技巧来协商并完善女儿使用手机这一问题的解决方案。

现在，劳伦每次放学回家，妈妈都会先问问她"今天过得怎么样"，再问问她有什么作业，一起商量看大概需要多长时间完成。劳伦也会主动问妈妈需不需要帮忙。母女二人还会一起商量怎么分配时间，比如劳伦先完成家庭作业，再玩 1 小时手机，到了晚上再把家务做了。简每天都会告诉女儿，她可以在什么时间使用手机、可以使用多长时间，这些得严格遵守。但是，在商定时间之前，简需要问问女儿有没有什么特别或紧要的事情要先用手机和朋友沟通。劳伦也会告诉妈妈她需要马上跟谁联系，简可以询问原因，但不能逼女儿解释，然后两人再一起商量，看能否将使用手机的时间提前。

劳伦开始使用手机时会主动告诉爸爸，爸爸便会设定闹钟，劳伦使用完手机之后也要告诉爸爸一声。如果闹钟响了劳伦还在玩手机，爸爸会再等 5 分钟，然后提醒她时间到了。如果劳伦还需要一点时间，而爸爸也觉得女儿礼貌地征求了他的意见，他会把时间再延长 5 分钟。之后，劳伦就必须停止使用手机。如果劳伦违反了规则，第二天就不能使用手机。

事实证明，这个解决方案也并非尽善尽美。一开始迈克老是让步，一次又一次地给劳伦延长 5 分钟。简对此很生气。眼看劳伦聊着聊着就忘了按时完成自己的任务，两口子就会吵起来。于是，简就强行按照之前规定的时间来执行，母女二人又会大闹一番，好长一段时间都不好好交流。最后，两人只好开诚布公地谈一次，妈妈了解到，女儿觉得妈妈（甚至包括爸爸，虽然爸爸好一点，但终归是家长的姿态）从来不关心她为什么一定要使用手机，不让她参与决定该如何安排自己的时间，对她社交生活上的困惑和烦恼不管不顾。虽然想要彻底改善母女二人之间的沟通方式还需要时间，但简和劳伦逐渐停止了冷战或互相挖苦，开始慢慢寻找相处之道。

相信你和你的孩子也一定能做到。

# 第十六章
## 第 9 步：改变不合理的看法和期望

"棍棒石头可以伤我筋骨，但闲言恶语无法伤我分毫。"

孩子小的时候被其他孩子恶语相向，伤心难过地朝你跑来，你曾多少次这样安慰他？现在你也需要这样安慰自己。完成这一步之后，你会发现这句话简直就是法宝，它能帮助你正确看待孩子的行为、对孩子有合理的期望，并找出孩子叛逆的真正原因。

身为父母，我们时常用极端的方式来解读孩子的话，因此很容易变得情绪失控、冲动行事。我们往往被情绪而非理智所控。但是，想要有效使用在行动计划中学到的这些技巧，我们需要保持理性，不能冲动。要做到这一点并不容易，从下面这段基本的交流中就能看出来。

**拉斐尔**：希拉里，把你的房间收拾一下。

**希拉里**：你可强迫不了我。我现在要出门了。

**拉斐尔：**你被禁足了，小姑娘！

希拉里反驳妈妈的时候，妈妈会怎么想？拉斐尔当时很可能是这么想的："这孩子太不听话了！我叫她收拾房间她就应该去收拾房间，怎么能这样跟我讲话？我可从来都不会跟我妈妈那样说话！她如果再这样下去，将来注定一事无成。"如果拉斐尔有这样的想法，那她会是什么感受呢？她很可能既生气又沮丧。这个时候要她客观冷静地处理这件事，谈何容易？问题的关键就在于，她对女儿叛逆行为的消极看法激起了她内心的怒火，这让她很难客观地运用从该行动计划中学到的各种技巧。

妈妈叫女儿收拾房间的时候，女儿又会怎么想？希拉里当时很可能是这么想的："又来了，又让我做家务。我要是把房间收拾了，她待会儿还有十来件事让我做，那我根本就没法和朋友去参加聚会了。妈妈实在太过分了！她总是把我的计划搞砸！"希拉里这时的感受又会如何？肯定很生气。她很可能干脆冲出房间，一走了之。和妈妈一样，希拉里对妈妈让她做家务这件事情也有消极的看法，这让她愤怒不已，无法理性地解决当下的问题。

时间一长，希拉里和妈妈之间这样的交流越积越多，她们对对方以及对她们之间的关系都产生了极度消极和扭曲的看法与期望，最后会发展成只要她们俩一说话，哪怕最不经意的话语都可能引发消极看法，导致她们过度反应，陷入争吵和冲突。这对母女的情况反映了亲子冲突模型中的认知要素。在与孩子沟通的过程中，正是我们对当下事件的解读以及事件本身，唤起了我们内心深处的偏激看法和情绪，从而阻碍我们理性地使用技巧来解决问题（如下图）。

**事件 → 偏激看法 → 愤怒 → 冲突**

此刻，我们便败给了语言，而非棍棒石头。

这个步骤的目标就是帮助你审视那些偏激的看法和期望。它们往往藏匿于亲子关系（以及其他关系）中，操控着你的沟通方式和行为，久而久之，会让被破坏的关系变得难以扭转。

# 达成目标

- 试着识别你和孩子的消极看法与期望。
- 收集支持和反对某种不合理看法的证据，看看是否有合理的替代方案。
- 带着更合理、更实际、更积极的看法和期望与孩子沟通并与之协商解决问题。

一旦双方都抱有不合理的看法和期望，那么有效的交流和协商就不可能实现。如果你认定女儿在与你意见不合时你们就会陷入争吵，那你们俩就很难最终解决问题。如果你期望儿子还像 9 岁时那么听话，那你们俩注定每天都会吵个没完。如果 15 岁的孩子认为自己的事情应该全都由他自己做主，那你们在协商时恐怕就很难达成一致意见。

我们往往没有意识到这些看法和期望对亲子沟通的影响，因此我们很难不被它们左右。所以，很有必要来系统地解决这个问题。本章所阐述的方法基于认知重构（cognitive restructuring）——认知行为疗法中非常有效的一种手段。作为当代的一种心理治疗形式，认知行为疗法的有效性已经得到了大量研究数据的支持。在进行认知重构时，你需要先检验是否存在不合理的看法（心理学家称之为认知扭曲），然后把那些没有依据的想法调整得更合理，就像在改造烟囱时替换掉那些松动的砖块一样。整个过程大概如下。

- 识别偏激的看法。
- 挑战这种看法的逻辑性。
- 想出更为合理的替代方案。
- 搜集证据，否定之前的偏激看法，并支持更为合理的看法。

我们都觉得自己很理性，至少大多数情况下都是如此，所以要承认自己有一些不理性的看法并不是那么容易。以上这些步骤可以让我们像科学家一样，把这些根深蒂固的观念从我们的脑海里抽离出来，当作实验对象来进行剖析。

## 识别你的消极看法和期望

闭上眼睛，想象自己正打开一封电子邮件，这是孩子学校发来的学习情况报告。报告显示，孩子的英语和数学成绩都不及格，历史作业有 15 次都没有按时提交。你顿时血压飙升，气不打一处来，因为孩子又跟你撒谎了！他可是说自己的作业都按时完成了，而且每门课都及格了。孩子不负责任的行为可不止这一次，他向来如此。你早就告诉他每天记录好要完成的作业，如果没听清要记得问老师，他根本没照做，他实在太不听话了。如果再这样下去，他肯定还会继续挂科，这样他就没法毕业，上不了大学，以后也找不到好工作，只能靠你养着，等你过世了，还不知道他该怎么办。可回头一想，你就算说他又有什么用呢？他还是会矢口否认，把责任全都推给老师，对你也没有什么好语气。他的所作所为只会让你更生气、更难过，他根本不会顾及你的感受。

现在，请睁开眼睛。此刻你有什么感受，心里又在想些什么？

大多数人这时候都会怒不可遏，满脑子都是对孩子的指责。

现在再想象一下，你儿子这时候刚好进门，你会怎么做？

你会不会对他大吼？是立刻让他禁足（一辈子），不理他，取消他所有的特权，威胁他，还是当面质问，让他解释清楚？

只要你是个普通人，就难免会有这些冲动。

除非你能一开始就阻止自己陷入偏激的想法（就像刚才读邮件时想到的那些，以及希拉里和妈妈的几句对话引起的那种偏激想法）——这正是我们这一步的目标。

偏激的想法通常会引发极端的情绪，让你无法理智地对待孩子。你对孩子的消极看法和期望会渐渐消磨掉你对孩子的善意，而孩子对你的消极看法和期望也始终潜藏在暗处，随时准备对你发起攻击。你需要对此有所准备。

有两种办法可以帮到你。第一，从现在开始，利用接下来的两周，尽自己所能找出那些不理性的看法，并用合理的看法来替换它们。同时，你要意识到，那些你难以彻底摆脱的消极看法迟早会招来麻烦。第二，事先准备一些方案，以防这些不理性的想法不时侵入你的生活，破坏你与孩子的沟通。在该行动计划的最后一步，我们会帮助你制订这样的方案。

**1. 不要将孩子的行为个人化**。简单来说，就是不要认为孩子所做的每件事情都是在针对你、想要故意激怒你。要知道，父母和孩子之间，尤其是父母和刚刚进入青少年时期的孩子之间，存在一定程度的冲突是在所难免的，甚至是有益处的。孩子的某些行为看似有恶意，但实际上可能只是他在青少年发展阶段的正常表现。有关这部分内容可以回顾第三章。本书的其中一位作者（巴克利）曾开展过一项纵向研究，他跟踪调查了几百个孩子，记录他们在整个青春期的行为和家庭沟通情况，直到他们成长到 24 ~ 32 岁。他发现，有些父母反映自己的孩子有对立行为（叛逆、争辩、跟父母对着干），不过没有反社会行为和违法行为，但恰恰是这些孩子更有可能顺利从高中毕业，继续读大学，并且他们比那些相对听话而没有对立行为的孩子更少滥用药物。也就是说，只要孩子没有违法行为和反社会行为，出现一点点叛逆、争辩或挑衅的行为其实对他们的成长是有益的。

尽管实验证据表明孩子的些许良性对立行为是好事，但你可能还是希望与孩子之间能母慈子孝、彼此相安无事。那不妨这样想一下，一个国家正在争取独立，要从独裁走向民主，你觉得会发生什么事情？很可能会有血淋淋的革命斗争，或者至少会有大量言语交锋和权力游戏。既然如此，在孩子寻求独立的过程中，你又怎能指望家里一片祥和呢？

到目前为止，你已经掌握了很多行为管理的技巧，可以让孩子在成长过程中追求独立的方式更具建设性，但有一点不变的就是，这个过程肯定不会风平浪静。和出现叛逆行为的孩子相比，我们反而更担心那些从来不叛逆的孩子。

考虑孩子的自然发展过程的同时，也要考虑孩子自身的缺陷（参见第四章）。如果孩子患有注意缺陷多动障碍、双相情感障碍或其他被确诊的障碍，抑或具备某些影响行为能力的人格特质，你就不能对他期望过高，否则你一定会动不动就责怪孩子，孩子也会对你充满怨恨，你们之间自然会冲突不断。

还记得我们在本书开头介绍的那个患有注意缺陷多动障碍的13岁女孩吉娜吗？她近来拒绝继续服药，令父母感到非常头疼。难道孩子不应该越来越成熟吗，怎么反而倒退了呢？吉娜的父母——可能也包括你，如果你的孩子也患有同样障碍的话——需要明白，注意缺陷多动障碍是一种发展性障碍，它会让孩子的成长速度比正常孩子滞后3～5年。因此，期望患有注意缺陷多动障碍的孩子的行为与他的年龄相符，其实是与生物学背道而驰的。此外，处于青少年时期的孩子处处想要表现完美，所以通常不会承认自己患有某种障碍或缺陷，即使有也会拒绝接受治疗。这个问题需要父母开诚布公地与孩子协商解决，而不是靠硬性的规定，那样孩子肯定不会遵守。吉娜的父母考虑过使用特权的激励方式——如额外的零花钱、和朋友出去玩的时间等——来让吉娜乖乖继续服药，而且他们还让吉娜自己选择想要的奖励，并将其写进行为约定之中。

但是，与此同时，吉娜的父母开始逐渐取消对吉娜做作业的奖励，原因是他们觉得已经不再需要用这种方式来激励吉娜带书本回家、按时提交作业和进行考前复习了。现在如果吉娜没有做到这些，他们就会进行惩罚。结果，双方又为此大吵。

吉娜的父母忘记了积极措施优先的原则。他们不应该放弃对女儿的奖励而直接使用惩罚措施。而且他们忘了吉娜患有注意缺陷多动障碍，她本来在完成任务和内化知识方面就存在困难。当然，这并不是说他们就要降低对女儿的学习的要求。吉娜很聪明，有完成学业的能力，但如果因为她偶尔忘记带书本、没有按时提交作业，或在完成常规功课之后难以长时间专注地学习，就对她严加惩罚，那父母对她的期望就不太合理了，这只会助长孩子的叛逆行为。

对于患有某种障碍或缺陷的孩子，我们鼓励父母牢记并时常提醒自己以下原则：我们会激励孩子尽自己所能表现得好，但如果孩子做不到我们所期望的，我们也会接受事实，这没什么大不了，孩子不会因此前途尽毁，他也不是故意想要激怒我们。

其实，这一原则适用于所有青少年。

**问** 我真不敢相信自己的孩子这么冷漠，我觉得约翰就是想故意伤害我，他怎么可以这样？

**答** 你的儿子真如你说的那么冷漠吗？你有证据表明他想故意伤害你吗？这是他做那些事的唯一原因吗？有没有可能是他在认知能力发展方面相对迟缓，无法站在别人的角度思考问题，导致他无法与别人共情呢？我们会在这一章帮助你探究这些问题。不过现在，你就当约翰其实很想让你开心，只是他不知道该怎么做而已。我们并不是要求你现在就相信这一点，只是让你这样考虑一下。而且你要记住，这个年纪的孩子有时候表现出来的不愿意其实表明他们真的不会。

**2. 找出你对孩子的不合理看法。**在第六章我们提到过，父母和孩子都会对对方有一些不合理的看法。总的来说，我们注意到父母和孩子各自有一套对对方的不合理的看法。

父母对孩子不合理的偏激看法主要包括以下内容。

孩子的人生完了：给孩子过多的自由会毁了他的人生。

孩子应该完美： 孩子时刻都不能犯错。

孩子有恶意：孩子是故意犯错以激怒父母或者寻求报复的。

孩子应该盲目顺从：孩子应该听从父母的所有要求。

孩子应该时刻感恩：孩子应该感激父母为他做的一切。

孩子对父母不合理的偏激看法主要包括以下内容。

父母毁了我的生活：父母对孩子的限制会毁了孩子的生活。

父母不公平：父母对孩子的限制不公平，父母对孩子的限制比对同伴、兄弟姐妹或对他们自己的限制更严格。

父母应该让孩子自主：孩子应该拥有他想要获得的自由，他自己能管好自己。

父母应该盲目顺从：父母应该听从孩子的所有要求——这也是父母对孩子的要求，不是吗？

父母应该时刻感恩：对于孩子表现出来的顺从以及孩子做的所有家务，父母都应该心存感激。他们如果真的爱自己的孩子，就应该给孩子更多的自由。

对于以上想法，所有的父母和孩子或多或少都会有，但这其中有些想法明显互相冲突，盲目而固执地坚持只会阻碍他们有效地解决问题和化解冲突。研究表明，有叛逆孩子的家庭比其他家庭更坚定地抱有这些看法。

所以，在开始实施为期 2 周的步骤前，先看看以下表格的内容，找出你对孩子的不合理看法和期望，特别是"孩子没有前途""孩子应该听话"和"孩子有恶意"这几个方面。在每栏里我们都举出了一些对应的例子，不过你很可能还会有一些其他的看法（例如，关于开车，你或许认为孩子每次用完车都应该将车洗干净，并给车加满油）。建议你勾选出你对孩子的那些不合理看法。

接下来你可以对照列表，审视自己对孩子有哪些不理性的看法，勾选出符合你的相应类别及具体例子。如果你觉得自己真的没有类似的消极看法，那你可以回顾一下，在过去几周里，你和孩子在共同解决问题和沟通训练方面的进展如何。想想自己是否一时冲动说过什么不该说的话，或者是否有在解决问题的环节不欢而散的情况。如果现在让你坦诚面对这些状况，你会说是自己的某些消极或偏激看法（尤其是针对孩子的）在作祟吗？也许你对孩子的言语攻击是为了先发制人，因为你认定孩子会抓住一切机会来攻击你；又

## 父母对孩子典型的不合理看法和期望

| 不合理的看法和期望 | 合理的看法和期望 |
| --- | --- |
| **（1）孩子应该完美**<br>患有注意缺陷多动障碍的孩子应该表现优秀，始终服从父母的要求 | 期望时刻表现优秀是不现实的；我们可以用高标准来要求孩子，但是也要接受孩子的不完美，并且记住孩子是要慢慢脱离父母而独立的 |

① 上学

| | |
| --- | --- |
| ☐ 孩子应该总是按时完成作业 | 我会一直鼓励他完成作业，但也明白，他并不会每天照做 |
| ☐ 即使没有作业，孩子每天晚上也应该学习 2 个小时 | 孩子在完成一天的任务之后需要休息，我可以鼓励他学习，但是不能强迫他每晚学习那么久 |
| ☐ 孩子的成绩应该总是达到优或良 | 如果孩子向来是个好学生，大多数时候我可以期望他成绩保持优或良。但是，我也要正确认识自己孩子的能力 |
| ☐ 孩子应该爱学习，主动完成作业 | 许多孩子即便到了高中依然需要明显的外在动力来让他们坚持学习。他们在长大，但并非已成年 |

② 开车

| | |
| --- | --- |
| ☐ 孩子任何时候都不应该因超速驾驶被罚 | 许多孩子都会收到超速罚单，他们应该承担罚款和相应的法律后果（例如暂扣驾照） |
| ☐ 孩子在开车时，不能调电台广播、更换 CD、打电话或者发消息 | 孩子应该明白开车分心的危险性，但很多青少年有时候会放松警惕。我可以让孩子自费购买一些免手持设备 |

## 父母对孩子典型的不合理看法和期望（续）

| 不合理的看法和期望 | 合理的看法和期望 |
| --- | --- |
| ☐ 在停车标志处应完全停车 | 孩子坐我的车时，作为正确的示范，我应该在停车标志处做到完全停车，期望孩子能和我做得一样好 |

③ 行为

| | |
| --- | --- |
| ☐ 孩子不应该对父母不敬 | 孩子不经历叛逆，就无法形成独立的人格。孩子时而与父母顶嘴是正常的，但他不应该出格地诅咒或嘲讽父母，他应该为这样的行为道歉 |
| ☐ 孩子应该在家庭聚会上表现热情，给大家留下好印象 | 我会给他一些空间。青少年不太喜欢和家人聚会，这很正常。有些家庭活动他应该参加，更多的期望就不太合理了 |
| ☐ 当被提醒注意态度时，孩子应该立刻摆脱坏情绪 | 孩子有时会情绪化，而且控制不了自己的情绪。他如果心情不好，应该告诉我们，然后自己待着。我们不应该在这种时候对他有过多的要求 |

④ 做家务

| | |
| --- | --- |
| ☐ 叫一次就会去做家务 | 一般叫一次他不会去做家务，但是提醒几次之后，我就不应该再唠叨了，而是采取行动（例如，让他承担后果） |
| ☐ 孩子应该时刻保持房间一尘不染 | 他应该保持基本的整洁。"一尘不染"太不切实际了 |

## 父母对孩子典型的不合理看法和期望（续）

| 不合理的看法和期望 | 合理的看法和期望 |
| --- | --- |
| **（2）孩子的人生完了** | |
| 如果给孩子过多的自由，他一定会乱来，做出错误的决定，惹上大麻烦，然后毁了自己的人生 | 给孩子过多的自由，孩子有时可能会把握不好，但这就是他学会负责任的过程——多一点自由就意味着多一点责任。如果他对某种自由负不起责任，也没什么大不了，可以暂时予以限制，过段时间再给他一次机会 |
| ① 房间收拾得不干净：孩子长大了肯定很邋遢，找不到工作，没有人生目标，只能靠福利救济 | 孩子房间的整洁度和他将来会成为什么样的人没有太大的联系 |
| ② 回家太晚：担心孩子会有安全隐患 | 我其实无法证实这些想法。孩子只是比较自我，只知道玩乐。我们一起约定了，如果他再晚回家，就要接受惩罚 |
| ③ 和兄弟姐妹打架：孩子永远都学不会怎样与人相处，他会没有朋友，也无法建立亲密的关系或结婚。他最后会一事无成 | 没有任何科学证据表明，兄弟姐妹之间的争吵会影响一个人将来的人际关系。兄弟姐妹小的时候在一起总是会争吵打闹，等他们长大了就会变得亲近了 |
| **（3）孩子有恶意** | |
| 孩子故意犯错来激怒我、伤害我，或者因为不满我对他的管束而报复我 | 大部分青少年的行为都出于自我意识和对独立的追求 |
| ① 跟我讲话不礼貌：孩子故意跟我顶嘴，就是为了报复我 | 冲动型的孩子心情不好的时候就会顶撞别人。我会试着不往心里去 |

## 父母对孩子典型的不合理看法和期望（续）

| 不合理的看法和期望 | 合理的看法和期望 |
| --- | --- |
| ② 不按要求来：孩子不修剪草坪就是为了惹我生气 | 青少年讨厌花时间和精力。他这样一般不是为了想方设法惹我生气，只是他有更重要的事情要做 |
| ③ 花钱没计划：孩子花 100 美元买 CD 就是想浪费我的钱 | 他或许只是刚好看到了那些 CD，很想买下来而已。他通常不会为将来着想，所以也不太会计划。不过，我不会再给他钱买午餐或给汽车加油了 |

### （4）孩子应该时刻感恩

| | |
| --- | --- |
| 孩子应该对我做出的一切牺牲表示爱和感激。他如果真的爱我，就应该更听我的话 | 孩子有时候会把父母的付出当作理所当然。生活本来就是这样 |
| ① 金钱：你还想要更多零花钱？你应该感激我在你身上花了那么多钱，有些孩子可没你这么幸运 | 孩子需要自己来争取零花钱。尽管我知道孩子不太考虑我为他做了些什么，但我还是希望他能对我说声谢谢 |
| ② 沟通：孩子什么都不跟我讲，他肯定不爱我 | 很多青少年都有自己的小心事，这很正常。只要他想跟我说的时候，我能陪着他就够了 |
| ③ 时间安排：如果孩子真的爱我，他就不会整天待在自己的房间了 | 孩子独处和他爱不爱我没有直接关系。他现在越来越独立了，所以需要私人空间 |

或者，孩子反驳你发号施令的语气——"因为我说了算！"——让你觉得不爽，这说明你可能认为孩子根本没有发言权，就应该时刻毫无疑问地按照你说的去做。尽量记录下那些会影响你与孩子协商解决问题和进行沟通训练的你的偏激看法。

现在回想一下过去两周内你和孩子发生冲突的其他情况。你可以简要描述一下这些情况，这样可以让你发现其中的一些共同之处。这些共同点可以让你发现自己的一些不合理看法。

总结完之后，你可以试着和另一半分享，然后互相提问，看看自己在现实中是否真的存在这些问题。"你觉得我平时有这些偏激的看法吗，尤其是跟孩子讲话的时候？你觉得我有没有遗漏其他不合理的看法？"交谈时尽量不要有抵触情绪，幽默感会让你们的谈话更轻松。

记住你在这个过程中的收获。如果你觉得有用，可以把最近几周你产生过的偏激或不合理的看法和期望都记录下来。你在后面还会用到这些内容，所以这不是在浪费时间（或纸张）。

**3. 帮孩子找出他对父母的不合理看法。**与找出父母对孩子的不合理看法相比，这个调查麻烦一些。不用我们说你也知道，青少年可不喜欢别人对他们的想法指手画脚。但是，你还是需要帮助他们，因为在这个年纪，他们还不能很好地审视自我，而且你也知道他们的自尊心有多强。你可以试着按照我们的建议去做，但如果最终效果不好，孩子对你除了生气就是怨恨，那就不妨先放弃改变孩子的看法，只关注你自己的就好了。始终别忘了我们在第二章中提到的影响孩子叛逆的 4 个因素，有时候你唯一能改变的就是自己的教养方式和观念。

所以，你或许要从不同的角度来进行这一步。首先，你可以自己（或和另一半一起）看看下页列表，总结自己的孩子对父母有哪些不合理的看法和期望，最好能用孩子最近的某些行为来证明自己的结论。然后，可以设计一些场景，用比较随意的方式让孩子参与进来，看看他是否表现出了这些偏激的看法。你可以利用家庭会议或者其他空闲的时间这样告诉孩子：

"闭上眼睛，想象你刚从学校回到家。我一见到你就劈头盖脸地说：'把你的作业记录本给我看看！有作业吗？我现在就要看！数学老师发邮件告诉我，你有 3 次没交作业。而且你看看你的房间，跟猪圈没什么两样，衣服和游戏光盘扔得到处都是，还有脏盘子、没吃完的食物，简直乱七八糟！你根本就没有收拾房间，简直太不负责任了。你上学的时候，我帮你重新整理了。收拾房间的时候，我发现了你电脑的密码，登录你的博客看了一下。你说我和你爸爸坏话的时候是怎么想的？还有那个你说很性感的男孩（女孩）到底是谁？你被永远禁足了，也别想再用电脑或手机了！'

"现在睁开眼睛，告诉我，如果这一切真的发生了，你会是什么感受？"

孩子说不定会说他想揍你。问问孩子刚才在你描述场景的时候，他心里是怎么想的。他可能会说你不公平、毁了他的生活以及不给他自主权之类的。在这个过程中，帮助孩子看到他的想法和他的感受之间的联系，以及如果他的想法不同，他的感受可能会有什么不同。记住，不要太严肃，也不要小题大做。

一定要向孩子指出，偏激的看法会导致极端的情绪和行为。其实，你之所以知道不理性或偏激的看法会如何影响人们的行为，也是因为自己被极端情绪左右过。那个时候你就应该控制好自己的情绪，想想是什么样的看法引

## 孩子对父母典型的不合理看法和期望

| 不合理的看法和期望 | 合理的看法和期望 |
|---|---|
| **（1）父母不公平（/毁了我的生活）** | 确实，我不喜欢父母的这些规定，有时真的很不公平。但是，谁说生活就一定是公平的呢？有多少孩子都有着同样的经历，他们可以接受，我也应该可以接受，我还是尽力去遵守吧 |
| 父母制订的规则完全不公平。这样管我，我根本不开心，也交不到任何朋友。他们的这些规则毁了我的生活，他们根本就不了解我 | |
| ① 宵禁：我为什么要比朋友们早回家？他们会觉得我还是个小孩子。这样，我会失去所有的朋友 | 我的朋友是真诚的，他们会理解我的父母对我的宵禁限制很严格，我不会因此失去朋友 |
| ② 做家务：凭什么我要做这些家务，弟弟就什么都不用做？这不公平 | 弟弟也要做家务。我会数一下，如果我做得比他多，我会好好跟父母商量这件事 |
| ③ 上学：我的老师不公平。他总是针对我，总给我布置额外的作业，我根本没时间玩。生活才是最重要的功课 | 或许老师确实在针对我，但一定是有原因的。我上课老是走神，老师点我回答问题的时候我也答不上来。如果我跟上进度，老师可能就不会点我了 |
| **（2）父母应该让孩子自主** | |
| 我应该有完全的自由。父母不应该管我，让我做这做那。我已经长大了，可以自己做主了 | 没有哪个青少年能得到完全的自由，甚至连成年人也是如此。有时候我还是需要父母的，比如需要钱或惹了麻烦需要寻求帮助的时候。我想要很多自由，但不是完全的自由 |
| ① 做家务：我不需要提醒，我完全可以自己做好 | 我并没有把家务活完成好。我不能太过固执，应该接受一点点帮助 |

## 孩子对父母典型的不合理看法和期望（续）

| 不合理的看法和期望 | 合理的看法和期望 |
| --- | --- |
| ② 抽烟：我的身体我做主。我可以随心所欲，你没有权利叫我别抽烟 | 我的身体的确是我说了算，但是我真的想糟蹋自己的身体吗？我的朋友都吸烟成瘾了，付出的代价可不小 |

（3）父母应该感恩并且给予奖励

| 不合理的看法和期望 | 合理的看法和期望 |
| --- | --- |
| 父母应该感谢我为家里做的每一件小事。他们如果真的爱我，就会给我任何我想要的东西 | 我为家里付出的时候父母很高兴，但这也是我应该做的，而且，给予物质上的东西并不代表对方真的关心你，内心的感受才是最重要的 |
| ① 做家务：我打扫了卫生间，父母应该欣喜若狂，把我夸上天 | 我打扫了卫生间，他们应该感到高兴，但无须太夸张 |
| ② 看演唱会：父母如果真的爱我，就会让我和朋友一起去看摇滚演唱会 | 如果他们真的爱我，但是觉得去演唱会现场比较危险的话，他们会阻止我。我不会因此去评判他们的想法 |
| ③ 买衣服：父母如果真的关心我，就会给我买名牌服装 | 我喜欢名牌服装，但是否给我买名牌服装不是衡量父母是否爱我的标准，我会从他们对待我的方式来判断他们是否爱我 |
| ④ 电子产品：我的朋友都有最新款的手机和电脑，我的父母也有，我也应该拥有这些 | 父母需要最新的电脑来工作。既然我现在的电脑还能用，可以等下次再换 |
| ⑤ 私人空间：我可以把地下室的家庭活动室作为我的卧室，这样我就有更多的私人空间了，而且也可以邀请朋友来过夜 | 我应该可以在朋友来访时使用家庭活动室，只要不影响到其他人就行。但是，父母希望我睡在自己的房间，这样他们就知道我的朋友什么时候回家、我什么时候上床睡觉了。这也是合情合理的 |

起了你当时的情绪。请孩子和你一起阅读列表中的不合理看法，想想面对这些场景时更为合理的看法。孩子现在是否会承认自己的某些看法不合理？让孩子在接下来几天留意一下他自己是否有不合理的看法。你也可以和孩子分享自己先前列出的不合理看法清单。

如果孩子认为自己没有这些不合理的看法，你就可以试着问一些引导性的问题，例如"所以你认为我们的规定都是公平合理的，你对它们没有任何意见，对吗？"，注意说话的语气和表情尽可能保持轻松。如果你能回忆起孩子说过的某些话表明他有某种看法，你不妨提出来，当然，千万不要带着指责的语气。我们的目的是看看孩子有哪些不合理的看法会引发你们之间的冲突。

在进行这一步时，也会有一些有趣的发现。马克在这个环节就把矛头指向了父母而非他自己："你们总认为你们能控制我，但其实你们并不能。我已经 17 岁了，很快就可以离开这个家了。"他的父母差点就忍不住要对他说"你小子给我听好了，我们就是能控制你！"，不过他们很快意识到，这样做只会让双方越吵越凶，所以他们没说出口，而是重述了马克的话："所以你觉得，我们根本控制不了你。"他们在说这话时很冷静，不带任何情绪，听上去只是在确认自己理解了马克的想法（积极倾听）。他们并没有对马克的想法进行任何评判，只是在纸上记录了下来。

**问** 我们试着列出了一些不合理的看法，但大家觉得自己并没有被这些看法影响，这是怎么回事？

**答** 这可能说明你们已经知道自己有某些看法，而且知道这些看法要么言过其实，要么过于笼统，要么不合逻辑，只是在这种情况下，你们不好意思承认罢了，但或许你们已经准备好要改变这些看法了，让它们变得更合理。我们还发现，有些人虽然能够明确说出自己的一些不切实际的看法，但似乎很难做出改变，归根到底还是因为他们并不觉得这些看法有什么不妥。如果你也有类似的情况，不要对自己（以及家人）太过严苛，姑且放下这个话题，之后再讨论。

但是，如果你真的感到困惑不解，不知道问题出在哪儿，那么有 2 种方法可以帮助你发现自己潜在的偏激看法。

（1）如果一个人对某个问题十分坚持，决不让步，那他很有可能对此抱有一些不合理的看法，可以进一步讨论以发现问题。

（2）我们之前说过，如果一个人出现了过激的情绪，那么这很有可能是由他的一些偏激看法引起的。

## 开始用合理的看法替换不合理的看法

在这一步骤的第一周，看看你们每个人能否选择一种自己不合理的看法进行检验，再看看能否把它替换成合理的看法。

**1. 你（和另一半）应该选择一种经常引起冲突的看法，然后进行检验。** 你可以从之前自己记录的不合理看法列表中选择，或者随机选择一个时常引发你和孩子之间冲突的看法。如果这种看法刚好出现在我们提供的列表之中，你可以看看我们提供的更合理的替代方案。你觉得有道理吗？即使你并不确定对应的合理看法是否比你之前的看法更好，但至少你会觉得多少要好一些吧？如果你认同的话，那就可以选择这种看法作为检验对象。

检验一种看法是否合理有很多种方法，而具体选择哪种方法要依据看法的内容而定。你可以和同社区其他孩子的父母聊一聊，了解同龄孩子的行为常态。你也可以问问自己，你在孩子的这个年纪时内心感受如何。比如你有一种看法，认为孩子绝对不应该超速驾驶，如果他因此被开罚单，你会很严厉地惩罚他，并警告他，如果再有类似情况发生，惩罚会更严厉。你可以先问问自己，其他孩子是否也收到过超速驾驶罚单，以此来检验自己的这种看法是否合理。你这样做过吗？如果其他孩子没有收到罚单，那你的朋友和兄弟姐妹在这个年纪时有没有？你还可以上网查一查有关青少年超速驾驶的数据。通过这些方法你至少能够知道，绝对不允许孩子超速驾驶是不现实的。或许你很希望孩子能够做到永远不超速，但这是一种不太可能实现的期望。同时，你也可以想想孩子为什么会收到超速罚单：第一，他开车的经验还不足，有时候根本没意识到自己开得有多快；第二，他喜欢刺激，总喜欢跟同龄人一样挑战极限；第三，他可能想跟朋友炫耀；第四，他有侥幸心理，觉得自己不会被抓到。或许这些在你看来都不是什么正当的理由，但它们确实表明，青少年超速驾驶的原因有很多，并不一定是你所认为的——他正走上犯罪的道路，他想毁了你的生活，或者他完全就是缺乏常识。

那么，关于孩子应该获得多少自由，你的看法是什么呢？你应该很清楚，这个问题是造成你和孩子之间无休无止的冲突的根源。比方说，你认为，如果让16岁的女儿在外面玩到半夜1点才回家，那她就会惹上一堆麻烦，最终毁掉自己的人生。要检验这种看法的合理性，你可以了解同样回家比较晚的其他孩子的情况，但是这种信息并不好收集。你无法确定孩子的朋友或其他同龄孩子是否因为晚归惹上了麻烦。但如果你的朋友或兄弟姐妹有年龄差不多的孩子，你至少可以打听一下，孩子晚归之后有没有发生什么事情。或者，你也可以问问那些很有责任感、刚刚成年的年轻人，看看他们当中有没有人以前也曾晚回家。

另外，要检验这种看法，你还可以试着多给孩子一些自由，看看接下来到底会发生什么。如果孩子能够对新的自主权表现出责任感，那么你的看法可能就有些夸张了；如果孩子不能表现出应有的责任感，那么你的看法可能就是合理的，你应该暂时收回这些自主权。当然，我们并不是建议你对孩子让步，给予他完全的自主权，让他自己去摸索。你可以和孩子协商，逐渐给他更多的自由，根据孩子对当下自主权表现出来的责任感来决定是否给予他更多的自由。当然，这个检验过程需要时间，毕竟我们的很多看法都是经过日积月累形成的，想要彻底摆脱它同样需要很长的时间。

还有一种检验方法，就是你可以问问自己，你的这种看法在帮助家庭生活方面是否发挥着重要的作用。如果是，那它是否一定要涉及孩子，还是说你能想到更好的办法来处理这个问题，而不需要影响孩子追求独立的成长过程？我们在第六章介绍过玛丽亚和乔，他们从小受到各自家庭的影响，认为家里年长的孩子理应照看年幼的弟妹。所以对他们而言，他们14岁的儿子麦克应该在放学之后照看七八岁的弟弟和妹妹，这是不容商量的。正因为他们有这样的观念，所以麦克只好当起了"保姆"。但是，他们认为麦克每天放学后应该放弃娱乐和社交活动来照看弟弟妹妹是合理的吗？或许并不合理。这种看法是否影响了麦克的发展需求——跟同龄人待在一起，从而变得更独立？麦克才14岁，还未成年，弟弟妹妹也不是他的孩子，他的朋友都不需要每天下午照顾弟弟妹妹。要知道，麦克正处于极度渴望独立又迫切希望远离父母而和朋友待在一起的时期。所以，或许对他更合理的期望应该是，在父母用其他方式照看孩子的同时，麦克能尽量帮忙，这样麦克就能获得足够的自由——他通过负责任地照顾蒂娜和汤米争取到的自由。玛丽亚和乔都要上班，因此他们需要有人帮忙照顾孩子，可他们又支付不起全职保姆的费用。后来他们想出了其他的办法：每周的其中两天，他们把孩子送去教堂免费托管；另外一天送去邻居家由邻居照看，作为交换，邻居会在周六早上出门采购的时候把他们的孩子送来玛丽亚家；剩下的两天，由麦克负责照看。如果麦克刚好有重要的事情和这个安排发生了冲突，他可以告诉父母，让他们请个临时保姆，作为交换，他会免费做一周的家务而不收取报酬。

在第六章我们还介绍了一对父子：卡尔和杰克逊。卡尔认定儿子杰克逊的人生完了。他见过太多孩子变坏了，在他看来，他们个个都游手好闲、无所事事。要检验他这种看法是否合理，唯一的办法就是让他真诚地回答以下这些问题。

- 你对孩子的看法是否过于绝对，非黑即白、非此即彼？
- 你的看法是否有些夸张？
- 你这么想的逻辑基础是什么？
- 你能找到其他人的例子来证明自己的看法是错的吗？
- 如果杰克逊没有按时完成家务，最糟糕的结果会是什么？

当我们让卡尔从儿子生活的方方面面去考虑时，卡尔不得不承认，杰克逊是个模范队员，他总是按时参加训练和比赛，愿意服从教练对他的位置的安排，能按时提交大部分的作业，而且班上的同学都很喜欢他。这些听起来都不像是个注定会堕落的孩子做的事。接着，卡尔回忆起之前在报纸上读过的一篇有关成功人士的文章，上面提到成功人士的童年生活其实不是一帆风顺的，但他们最终都能出人头地，那杰克逊就不一定会因为没有很好地完成家务而前途尽毁。

2. **现在轮到孩子来检验自己的看法了**。在你检验了自己的某种不合理看法或期望，并且将它替换为合理的看法或期望后，你应该和孩子分享自己的体验，让孩子看到你愿意发现并纠正自己的偏激想法，这对鼓励他迈出这一步大有好处。你有两种选择：要么让孩子自己选择一种看法进行检验，要么你帮他选择一种。如果你们在一起找出孩子不合理的看法时孩子表现出强烈的自尊心，你就选择第一种方法，这样他会选择一种无足轻重的看法，以免自己在承认这种看法不合理时感到过于羞愧。如果你觉得孩子自己选不出来，或者选出什么都会引起你们的争吵，那就选择第二种方法。凯文的父母就是这么做的，他们替凯文选择了凯文对抽烟的看法，他们觉得他这么要强，肯定会想尽办法去证实"你们没有权利管我抽烟"的看法。凯文的父母决定将这个检验过程变成一种友好的竞赛。双方（父母和凯文）需要对各自的看法进行调研，一周之后再拿出有力的证据来进行辩论。他们还邀请了凯文的姑姑来当裁判，她是大学教授，凯文一直很敬重她，也很喜欢和她辩论。最后，凯文父母的看法获胜，他们认为自己有权告诉孩子不要抽烟，凯文认同了姑姑对这场辩论的总结。当然，凯文并不认为自己一定要遵守父母"永远不要抽烟"的硬性规定。在凯文父母看来，这个过程更重要的是向儿子表明他们尊重他的智力水平，而且双方的辩论都基于前期认真的调查，并不是毫无逻辑或过分夸张的。所以，凯文后来也愿意和父母一起讨论对彼此的看法和期望。

许多家庭和凯文家一样，尽力从逻辑上检验各自的看法和期望。不过，也有一些家庭是通过对比生活中的普遍规范来检验的。当然，我们并不是建议你放弃自己家庭独有的价值观而去迎合大多数人的标准，只是如果能问问自己"大多数人在这种情况下会怎么想？"对你也并无坏处。其实，就算你不问，孩子也会常常这么反驳你，所以你确实需要好好思考这个问题。

　　假如女儿想把宵禁时间推迟到凌晨 1 点，但是你始终认为，她如果在外面待到那么晚，可能会惹上大麻烦，她的人生就完了。女儿坚持说，她这个年纪的孩子根本就没有宵禁。要检验这种说法，你可以了解一下当地孩子宵禁的现状，或者更好的办法是让孩子自己去做调查，再把调查数据交给你，看看她朋友们的宵禁情况（要和孩子事先说好，你会打电话给对方的家长去核实）。你或许想都不用想就能确定这个年纪的孩子大多数都有宵禁。你或许觉得自己赢了，因为结果证明女儿的看法是不对的，但是这样做并没有真正解决问题，而且以后还会引起你们更多的争吵。

　　所以，你不妨这样做：假设女儿原本的宵禁时间是晚上 10 点（你坚持这么设定是为她的安全着想），而她的调查结果显示这个时间确实比她大多数朋友的宵禁时间早。或许，大部分孩子的宵禁时间确实都是凌晨 1 点，而这些孩子也没有做违法的事，没有被学校开除，没有惹上什么大麻烦。但是，你仍然觉得凌晨 1 点实在太晚了，而且你有具体的理由，例如，如果女儿这么晚回家，她的睡眠时间就不够，而且为了确保她的安全，你还要等她回家，所以你也会睡眠不足。那么你可以做出怎样的让步呢？或许你可以将宵禁时间推迟到晚上 10 点到凌晨 1 点之间，或者允许女儿凌晨 1 点钟回家，但是要附加一些限制条件，比如如果她要去你认识且信得过的同学的家里，你需要确认同学的父母在家。重点是，如果你开始意识到自己的看法确实有点偏激了，而且孩子对此意见非常大，那你就要想办法做些让步。其实，在这种情况下，你不妨问问自己："有没有什么折中的方案可以解决这个问题？"

**问**　**我女儿简直倔强得不可理喻，不管我们讨论什么，她连稍微改变一下自己的意思都不愿意。有什么办法能让她承认她自己的看法不合理，**

可以考虑更合理的看法呢？

**答** 还是那句话，对青少年来说，放弃他原有的想法就意味着失败，也就显得自己不如别人。对你女儿，以及很多其他孩子来说，或许最好的办法是避免直接告诉他们"你错了"。你可以试着让她考虑更合理的看法，并始终强调行为结果：如果她试着采纳折中的看法，或许可以推迟她的宵禁时间，或许你可以对她做作业的事少唠叨几句，或许她可以穿自己想穿的衣服去上学，等等。当然，这么做意味着你也要做出让步。如果你总想一招制胜，那很可能你们俩都只会原地踏步。

# 带着合理的看法和期望与孩子沟通并协商解决问题

不论何时，只要你们敢于挑战并改变各自的偏激想法，就有可能就某个问题进行协商并互相让步，从而解决那些过去让你们陷入僵局或爆发争吵的棘手问题。

**1. 在这一步骤的第二周，和孩子一起协商你们过去未能解决的棘手问题。** 通过前面的列表，我们已经向你系统、详细地展示了一些合理和不合理的看法与期望。因此，接下来我们不再深入讨论细节，不过我们会在本章结尾处提供一个完整的家庭案例。既然你们已经找出并讨论了各自存在的不合理看法，也消除了这些阻碍进展的偏激想法，那现在你可以和孩子一起坐下来，想想能否找到解决这些问题的更好方案。

**2. 开始试着时刻注意自己的不合理看法和期望。** 当然，需要特别注意的是，如果孩子要你解释你对他的某种限制或你命令他做的事情，你不能脱口而出——"因为我说了算！"。如果你连一个合理的理由都想不出来的话，那说明这很有可能是你的不合理看法导致的。如果发生了这样的情况，你应该让步并重新考虑这件事情，意识到自己的错误并让步没有什么丢人的。孩子看到你这么做，甚至你为此道歉时，你在孩子心目中的权威不但不会因此受损，反而会得以巩固。

在你确定某种看法完全不合理后，如果你发现这种念头还会时不时冒出来引起麻烦，那你就可以尝试一种我们称之为"理性重构"（rational restructuring）的训练。比方说，你的孩子总是习惯性撒谎，特别是关于那些他应该完成的任务，不管是作业、家务，还是个人卫生。为了阻止他的这种行为，你已经采取了多种行为管理方法，你也知道他现在不那么爱撒谎了。但是，在你问他是否完成了他自己的任务时，只要他有些许犹豫，你难免会怀疑他又在撒谎。有时你会忍不住凶他，让他把完成的任务交给你看；有时虽然你当下忍住了，但是在之后的交谈中，你的疑心又会冒出来（"好吧，如果你确定已经完成了数学作业，我想你可以出去玩了"）。不论是哪种情况，你们俩都可能会吵起来。

因此，为了避免自己再被之前对孩子的期望所左右，你可以把那些会引起你怀疑孩子撒谎的线索写下来，然后想象自己身处这些情境之中，并想象你最害怕的是什么（"我问他数学作业的事，他没有正面回答我……""不会吧，他什么作业都没做，他肯定会挂科的！"）。试着感受一下这些想法给你带来的情绪。接下来，你需要质疑自己这种想法的合理性（"他刚才坐在书桌前一个多小时，既没听音乐也没玩电脑""他肯定完成一部分作业了"），然后想想自己会有什么不同的反应（"我会给他一点时间思考怎么回答我，毕竟他向来不善言辞，如果他的回答不太可信，我会告诉他，他对自己的回答不够确定，所以我需要检查一下他的作业"）。在你有这种合理的想法时，再感受一下自己的情绪。你可以每天用这种假想的场景进行反复训练，以改变自己在真实生活情境中的反应。在进行理性重构训练时，你要不断地提醒自己："棍棒石头可以伤我筋骨，但闲言恶语无法伤我分毫。"

## 经验之谈：如何应对不合理的看法和期望

真是来之不易的平静！马克和父母花了好几个月时间，才结束了只要待在一起就互相大吼大叫的相处模式。桑迪和道格在心理治疗师的帮助下逐渐重获了对家庭的掌控权。他们通过积分制度和行为约定让 17 岁的儿子马克遵守他们定下的几条十分重要的原则：按时上学、不准辱骂父母、每周完成约定的家务活、出门要告诉父母几点回家、如不能按时回家要提前打电话。

考虑到马克已经不小了，而且也有一段时间自由惯了，他们就尽量减少对他的约束。马克最想要的奖励是离开家出去玩，所以桑迪和道格就用零花钱和使用家中汽车的特权来激励马克遵守以上规则，用最大的奖励来激励他上学并取得好的学习成绩。毕竟，他们现在的首要目标是确保儿子能够顺利高中毕业，有机会上大学。

现在马克家的氛围确实比以前平静多了。只不过马克几乎不怎么在家，原本吵得不可开交的家里现在冷冷清清的，父母和孩子颇有距离感。桑迪开始感到不安，想到自己唯一的儿子将来可能头也不回地离开家，她不知道自己当初对儿子的期望是否明智。桑迪和道格在马克还小的时候就多少有点放任他，鼓励孩子自己去探索世界，但他们并没有想到孩子会变成现在这个样子。于是，他们会趁马克在家的时候试着跟他聊聊天，但是马克不怎么搭理他们，最后双方都没什么话说，只好尴尬收场。而且，他们越是想要马克多说说话，马克越是反感，又开始对他们发火。甚至马克偶尔还会说些难听的话，然后夺门而出。桑迪担心一切又要回到从前了。

桑迪和道格在和心理治疗师的一次会诊中提出了自己的担忧。治疗师指出，这种担忧已经阻碍了他们和孩子进一步建立相互尊重的成年人关系。不过，桑迪和道格担心，如果他们放松警惕，说不定马克又会回到过去的老样子。如今他们甚至有点害怕这个一米八几的小伙子了。治疗师表示，他们有可能正把这种内心的担忧传递给马克，并询问他们是否知道儿子是怎么想的。桑迪和道格对此一无所知。

经过几次会诊之后，桑迪和道格明白了他们最主要的担忧其实是儿子将来无法很好地独立生活，而且他们心里很清楚，不管马克上不上大学，他高中一毕业就会离开家的。治疗师在和马克单独会面几次之后，善意地提醒马克的父母，马克已经感受到了父母对自己缺乏信心。马克认为父母根本不关心自己，只把他当成恶棍，只是在尽父母的职责罢了。而且，他也痛恨父母要他偿还原本作为家庭成员就能得到的权利。

后来桑迪和道格发现，他们已经好几个月都没有更新与儿子之间的约定了。我们之前就说过，桑迪和道格害怕儿子会得寸进尺，但他们应该时不时向孩子表达出感激和信心，逐渐给予他额外的特权和自由，相信他能够对自己的生活负起责任。他们不应该等到问题出现后再去更新行为约定，而是应该主动改变以适应孩子在青少年时期的自然发展阶段。

　　而对于父母的种种提议，马克从来没有真诚地回应过，因为他认为父母并不是真心实意的。道格和桑迪意识到，如果期待儿子有所回应，就要先对他有更多的积极关注和表扬。同时，他们主动联系马克的老师和升学顾问，想了解儿子在学校的情况，他们欣喜地发现，马克竟然自己找过升学顾问，询问有关工科专业的问题及招生标准，而且他的数学老师也觉得他很适合这个专业。桑迪和道格以这件事情作为契机让马克朝着他渴望的独立迈进了一步：如果他能在高三那年的12月1日之前准备好所有的大学申请材料，他就可以拥有自己的汽车。他们还为此制订好了每一步的时间计划表，其中包括去参观马克感兴趣的大学，完成每一步都一起进行确认。为了不让自己在此过程中不断唠叨马克修改申请材料和安排面试的事情，桑迪还进行了一些理性重构的训练。

　　桑迪和道格意识到他们过去受到了两种极端看法的影响。第一，孩子的人生完了。他们觉得如果自己对儿子放松警惕，他就会行为出格，高中毕不了业，更上不了大学。第二，孩子应该完美。他们觉得马克应该与他们热情地聊天，毕竟他们是一家人。在心理治疗师的帮助下，他们改变了这些惯有的想法，并且重新设置了行为约定来激励马克按时完成大学申请。从他们的做法中也能看出，父母在进行认知重构的同时，还可以灵活结合之前学到的其他技能来解决问题。

　　随着12月逐渐临近，马克将准备好的一大堆申请材料拿给父母看，准备陆续提交。一周后，桑迪和道格就把一串车钥匙放在了马克的床上。马克兴奋地冲下楼去，桑迪对着他说道："嘿，玩得开心点儿——要小心开车哟！"谁知儿子打断她："怎么，害怕坐我开的车吗？赶紧来，我们一起去试驾吧。"

# 第十七章
## 第 10 步：时刻牢记这些步骤

　　走到这一步很不容易。一开始，你可能处于迷茫和无助之中，不知道该如何解决孩子叛逆的大难题。经过几个月的努力，我们希望你现在的感受大有转变，体会到绝处逢生的欣喜和释然。现在，你已经明白孩子叛逆的本质，知道孩子在青少年时期的叛逆行为与 4 种因素的作用分不开：孩子的特质、父母的特质、环境因素以及你的教养方式。回顾前述几个步骤，你就能发现父母和孩子之间无休止的相互胁迫的循环是如何导致孩子出现叛逆行为，进而让你和孩子之间关系恶化的。这些见解让你看到了转变的希望，只要父母能从自身出发做出改变，这些状况就会大大改善。

　　要重新建立积极的亲子关系，你要迈出的第一步就是采纳教育叛逆孩子的基本原则。接下来你需要将你和孩子之间出现冲突的问题分成两大类，第一类是生活在文明家庭中不可违反的底线规则问题，第二类是可以协商的其他所有问题。对于第一类问题，你已经学会巧妙地使用行为结果的方式来坚决执行那些不可违反的规则；对于第二类问题，你如今已经非常擅长与孩子协商，用恰当的奖励来引导孩子的行为，并且训练孩子使用解决问题的技巧，这对他将来进入成年人的世界很有帮助。在这个过程中，你还学会了如何用更加积极的方式与孩子交流，不再对孩子抱有消极的看法和不切实际的期望。这一切都让你更接近自己的目标：与孩子之间少一些冲突，多一些尊重，让孩子有一个美好的未来。

回顾这些步骤你就会发现，通过执行本书的行动计划，你已经取得了很大的成效。现在，我们希望你能退后一步，总览整体的情况，想想你都学会了哪些技巧以及将来如何使用这些技巧。我们还希望你能评估一下自己在执行行动计划之前的状况、到目前为止的成效，以及你下一步需要做些什么。

## 达成目标

- 知道什么时候使用哪种技巧或策略。
- 制订化解危机状况的应急方案。
- 回顾取得的成效，确定下一步的方向。

# 知道什么时候使用哪种技巧或策略

你现在的目标是知道什么时候选择并使用你已经熟练掌握的哪种技巧和工具。想要牢记这些方法，你要确保自己能快速在脑海中列出这些技巧清单，这样就可以在需要的时候及时调用它们。或许这听起来有点傻，但是记住这些技巧可以让你在突发情况下想到应对措施。

1. **把下列技巧写在卡片上，放在钱包里或其他容易拿到的地方，你也可以将它粘贴在比较隐蔽但你时常能看到的地方，如药品柜的柜门内侧。**当然，你也可以记在手机或电脑上。无论是你和孩子之间突发争吵你需要转移注意力的时候，还是你在琢磨孩子在干什么或可能会干什么的时候，抑或你担心孩子的将来或想知道自己是否取得进展的时候，你都可以回顾一下这份清单。

- 积极地一对一相处。

- 尊重、赞成、认同和表扬。

- 忽略孩子故意引人注意的行为。

- 提出有效的要求。

- 积分制度。

- 行为约定。

- 行为结果（惩罚）。

- 禁足。

- 协商解决问题。

- 沟通技巧训练。

- 摒弃消极看法和不合理的期望。

2. **分析问题情境并选择相应的处理技巧。**只要出现了冲突或问题，你就要马上回顾这份技巧清单，问问自己哪种方法最适合处理你面对的情况。例如，你15岁的女儿垂头丧气地回到家，她坚持要把下周六的宵禁时间推迟到凌晨1点，这样她就可以和朋友一起待到派对结束了。尽管你知道你们对宵禁时间的意见不一致，但是此刻女儿的心情才是最重要的，你可以选择积极倾听的沟通技巧，让女儿向你倾诉她内心的感受，之后，你们再通过解决问题的技巧来解决宵禁时间的问题。

假如你16岁的儿子所在的学校打来电话告诉你，他过去一周有3个下午都没去上学，你会怎么做？按时上学是不可违反的家庭规则，孩子违反了规则就应该接受相应的行为结果。你可以在接下来两周的周末对他实施禁足惩罚，并要求他在禁足期间做家庭作业。

试想一下，你给患有注意缺陷多动障碍的15岁儿子报名了驾驶培训课程，你的另一半对此十分抓狂，他觉得这会引起大麻烦——毕竟，你们的儿子甚至连自己的作业都无法完成，也不能保持房间整洁，生活没有条理，简直一团糟，而且他有一半的时间都不知道自己在干什么，这样怎么能开车呢？而你已经认真考虑过这个问题，觉得孩子最近在努力提高自己的成绩，他应该得到这个机会。当然，你或许应该在报名之前先和另一半商量一下，现在你们又要重新讨论这个问题，以达成一致的意见。你可能需要借助在第9步学到的认知重构的方法，帮助另一半纠正他认为孩子注定什么都干不成的不合理看法。

只要多加练习，久而久之，你就能在面对冲突或问题时对选用哪种处理技巧熟练地做出判断，例如，某个新出现的问题需要你立刻运用向孩子提出有效要求的技巧，如果孩子对此仍然反应不得体，那就考虑采用设置行为约定的方法。当你发现孩子老毛病又要犯了，例如骂人，采取这种做法是行之有效的。你会慢慢知道什么时候需要直接采取解决问题的技巧，例如出现突发情况时，需要临时取消、放宽甚至是永久修订某项行为约定时。有时，某种突发情况需要使用禁足惩罚，但应该立即使用解决问题的方法来跟进。举个例子，孩子在未经允许的情况下使用了你的汽车，他或许有合理的理由，所以即便这种做法严重违反了规定，而且按照以往的经验应该使用禁足惩罚，但你意识到孩子真的需要更多自由，于是直接采取协商解决问题的方式做出一些让步。

将这些技巧和策略结合起来的方式有很多，其目的都是帮助孩子一步步获得自己所追求的自主权。而你在反复运用这些方法的过程中也会变得越来越熟练，知道在不同的情境中应该优先使用哪种方法。你甚至可以利用第十四章中提供的问题清单，认真思考上面列出的每个问题，并想想自己会如何解决，这样你就为自己准备了一个适用于不同情境的剧本或脚本。在使用我们提供的方法和工具时，你可以大胆融入自己的想法。如果你当下实在太生气或太难过，确实想不出该怎么做，不妨看看你记下的技巧清单，想想每种策略应用到当下情境的效果。即使你想不出什么好的办法，回顾清单的时间也能帮助你冷静下来，让你接下来理智一些。

3. **了解你的家庭状况是否更适合使用其中的某些技巧。**除了我们之前讨论的个例，许多家庭还有其自身的特点，在处理问题时需要使用不同的方法和技巧。

（1）如果家庭成员对孩子有很多消极的看法和不合理的期望，那他们就应该更多地采用一对一积极相处、表扬孩子、忽略孩子故意引人注意的行为、提出有效的要求，以及摒弃这些消极看法的技巧。在前一章中你已经看到，这些消极看法和不合理的期望会造成很多棘手的问题，不处理的话，你们是很难取得任何进展的。就像劳伦和她的妈妈那样，只要两人一出现矛盾，她们就像拳击手听到了比赛铃声响起一样迅速对对方冷嘲热讽——劳伦的爸爸是这样形容妻子和女儿之间的交流的，她们都觉得这个比喻恰到好处。有一次，当她们又要开始争吵的时候，劳伦模仿了一下铃声——"叮！"，妈妈一下子愣住了。劳伦解释说，她已经意识到她们俩又要开始"口唇相讥比赛"了。于是母女二人达成一致意见，接下来如果任何一方注意到她们的情绪快要失控了，就会喊"叮！"，看看是不是有什么消极的看法在作祟，引发她们的争吵。

在第 9 步的训练中，你虽然已经明白认知扭曲会影响你和孩子的交流，不过你可能还没有完全意识到这些扭曲的看法的危害程度。如果你和孩子经常动不动就发火（就像劳伦和简一样），如果你发现自己常常为孩子的行为担忧，如果孩子因为你偶然的小疏忽而立刻拒绝履行行为约定中的职责，如果你或孩子总是有一些固执的看法，那就意味着扭曲的看法是你们家庭的首要问题。总之，如果孩子的叛逆行为已经持续了很长一段时间，那就说明你们的消极看法也已根深蒂固。

（2）孩子的某些特质（四因素模型中的第一个因素）也会影响方法和技巧的选择。例如，对孩子患有注意缺陷多动障碍或孩子心智尚不成熟的家庭来说，坚持使用行为结果的方法就比解决问题的技巧更加适合。对于这些孩子，使用解决问题的技巧和沟通技巧训练的效果都不是很好。对年仅 13 岁的吉娜，就需要使用即时的积分奖励和行为约定。吉娜的父母知道她需要积极的关注和即时反馈，于是他们尽量忽略女儿一些轻微的不当行为，花更多时间和她一对一相处。现阶段，吉娜的父母会向女儿示范如何就某个行为问题展开讨论，并将讨论结果融入当下的依随性管理方案之中。慢慢地，他们也让吉娜加入讨论，只不过在吉娜有能力提出观点和做出让步之前，他们并没有以正式参与者的身份来要求她。

对孩子年龄较大、心智更加成熟的家庭来说，他们或许可以跳过依随性管理这一步，在了解了孩子叛逆的基本情况之后，直接进入协商解决问题和沟通训练的环节。如果你的孩子非常独立，很有责任感，想要争取更多的自主权，那么使用积分制度和行为约定这种单向控制行为的做法就会越来越缺乏激励效果。15 岁的凯文就很不服管教，一来是天性如此，二来也是发展阶段所致，但是他很聪明，喜欢与人辩论，赚积分这种事在他看来很幼稚。所以，凯文的父母基本上会和他协商解决问题。17 岁的马克很快就到可以离开家的年龄了。他的父母在开始行动计划时发现，除了心理治疗师帮他们设置的几个行为约定有点用，其他的行为约定对他们的儿子都不太奏效。我们之前讲到过，马克的父母后来设置了一个积分（现金）制度，如果马克按时上学并且在学校表现良好，他就能获得现金奖励，这种方法之所以奏效，是因为马克很想开车，而享受这个特权是需要花钱的。

## 制订化解危机状况的应急方案

生活中总会发生一些你预料不到的事情，有些状况或问题会让你和孩子之间产生巨大的分歧，情绪化的冲突往往就这样毫无征兆地爆发。那么，你该如何应对这些突如其来的状况，平息由它们引发的冲突呢？

1. **回顾一下你在整个行动计划中遇到的危机状况类型**。曾经出现过哪些状况令你猝不及防？哪些问题让你觉得在你竭力控制局面之后依然敏感棘手？什么状况容易令你失控，而那时你和孩子之间的情绪冲突又是如何一步步升级的？还有什么会导致你、你的另一半以及孩子情绪失控？

如果你很难厘清过去几个月出现的危机状况，可以回头看看亲子问题冲突清单。这些危机状况常见于清单上那些最严重且最有分歧的问题，它们一般很难彻底得以解决（注意，我们对解决问题的理解并不是指孩子按照你的方式去思考，而是双方相互让步，找到大家都能接受的方案）。如果你发现，以往出现的危机状况并不涉及你勾选的最严重的问题，那肯定是情况发生了变化。你可以参考接下来的第 4 个步骤。

2. **通过协商解决问题的方式找到应对方案以避免事态失控**。一旦总结出了经常引发你们争吵或孩子叛逆的危机状况或问题类型，你就可以和孩子一起来协商解决问题，看看你们能否找到应对措施，以避免大家失控。大多数情况下，你需要先冷静下来，再解决这个危机状况的核心问题。通常有2类应对方法可以避免大家失控。

（1）**暂停应对法**：其实你每次在使用计时隔离避免大家情绪激动的时候就已经使用过这种方法了。它的具体操作形式有很多种，例如，从1数到10、离开现场、平缓语气等。你们可以利用家庭会议的机会讨论各种可操作的方式，并让每位家庭成员承诺，在危机状况出现的时候至少使用一种暂停应对法。

（2）**平复情绪应对法**：在危机状况之下，还有其他的方法也能缓解愤怒情绪，例如，放松训练、冥想、转移注意力、体育锻炼、暴捶枕头等。在本书结尾的"相关资源"部分，你会找到一些有关放松训练、冥想和转移注意力的信息资源，不过你要知道学会这些方法需要大量的时间和练习。你可能会发现，这些方法会令你终身受益，很值得你花时间去学习。在学会这些方法之前，你可以先采取最简单的体育锻炼的方式——在房间里来回走动、双手抛接球、走到另一个房间，以暂时停止你们之间的冲突，让你自己（和孩子）有充分的时间思考并平复情绪。同样，每位家庭成员都应该承诺至少使用一种平复情绪应对法。

3. **一家人通过角色扮演来模拟危机状况，使用上述应对方法，看看它们是否有效。**如果这些做法都没有效果，那你们就重新协商解决办法。

4. **扮演侦探角色来分析可能会出现的新问题。**如果你在回顾最近的危机状况时发现，你和孩子之间可能出现了新的问题，那你可以重新填写亲子问题清单。孩子的需求总是在悄然发生变化，而你的反应往往是不由自主的（这都要"归功于"长期以来你对孩子的看法和期望）。如果你不及时暴露并处理这些新问题，那总有一天它们会让你措手不及。

你可能已经发现很多时候你都会措手不及，例如，孩子进入全新发展阶段带来新的问题：儿子为了耍酷开始违反宵禁规定；女儿刚刚拿到自己的驾照就收到了乱停车的罚单；孩子开始抱怨他之前接受的某种规则。或者，你认为已经得到解决的某个问题突然又开始引起你们之间的矛盾，在这种情况下，你可以考虑记录下这个问题，看看是什么引起了冲突以及你对孩子的叛逆行为所采取的行为管理措施是怎样的。对照本书第一部分的内容，看看你能否找出问题出现的原因，是否与孩子的性格、发展阶段、类似注意缺陷多动障碍的疾病有关，是否因为你所受到的生活压力不知不觉改变了你的行为（例如，你的行为不再前后一致，或者你对孩子的消极看法开始影响你和孩子的正常交流）。如果你还是找不到原因，那就快速回顾一下整个行动计划的步骤，想想自己是否坚持了这些步骤和方法。最后，你能否通过依随性管理或召开家庭会议的方式来寻求大家都能接受的解决方案，以免这个问题再次引发冲突？

## 回顾取得的成效，确定下一步的方向

应对叛逆的孩子十分不易。我们并不是说，有了我们提供的方法和十步行动计划，一切就会变得轻而易举。不过，我们还是希望你能够评价一下自己在使用本书提供的方法和技巧时所取得的成效。

请使用下面的评价表，评价自己是否使用了表格中列出的干预措施，如果使用过，它们的效果如何。我们会根据你的评价结果帮助你规划接下来的行动。

# 叛逆青少年干预结果评价表

请对照下表列出的各项干预措施，根据你的实际情况，圈出"是"或"否"。针对使用过的干预措施，评价它的效果。我们所说的"效果"指的是这种方法是否改善了你和孩子之间的关系，请在表格中做出相应的评价。

1 = 没有任何效果； 2 = 效果甚微； 3 = 效果一般；
4 = 有效果； 5 = 效果显著

| 干预措施 | 是否使用过 | | 如果使用过，效果如何 | | | | |
|---|---|---|---|---|---|---|---|
| □ 积极地一对一相处 | 是 | 否 | 1 | 2 | 3 | 4 | 5 |
| □ 表扬等积极做法 | 是 | 否 | 1 | 2 | 3 | 4 | 5 |
| □ 忽略孩子故意引人注意的行为 | 是 | 否 | 1 | 2 | 3 | 4 | 5 |
| □ 提出有效的要求 | 是 | 否 | 1 | 2 | 3 | 4 | 5 |
| □ 积分制度 | 是 | 否 | 1 | 2 | 3 | 4 | 5 |
| □ 行为约定 | 是 | 否 | 1 | 2 | 3 | 4 | 5 |
| □ 行为结果（惩罚） | 是 | 否 | 1 | 2 | 3 | 4 | 5 |
| □ 禁足 | 是 | 否 | 1 | 2 | 3 | 4 | 5 |
| □ 协商解决问题 | 是 | 否 | 1 | 2 | 3 | 4 | 5 |
| □ 沟通技巧训练 | 是 | 否 | 1 | 2 | 3 | 4 | 5 |
| □ 摒弃消极看法和不合理的期望 | 是 | 否 | 1 | 2 | 3 | 4 | 5 |

如果你的评价结果中有 5 个或以上（即 50% 及以上）选择了"是"，那么不论干预效果如何，都说明你确实非常努力地使用了这些干预措施来改善你和孩子之间的关系。祝贺你迈出了重要的一步！接下来仔细看看你对干预措施有效性的评价。干预效果受到孩子的叛逆程度、你的个人特质以及你所受到的生活压力（四要素模型）的影响。如果你对采取过的措施的有效性的评价为 3 分或以上，那就继续使用这些方法并不断进行优化，你也许会发现自助的方法已经足够帮你解决孩子目前的叛逆问题。如果你对采取过的措施的有效性的评价为 1 分（即"没有任何效果"）或 2 分（即"效果甚微"），那你或许可以考虑寻求专业的心理健康人士的帮助，看看能否取得更好的效果。

如果你的评价结果中选择"是"的干预措施少于 5 个（即 50%），你可以思考一下是什么原因阻碍了你尝试这些措施：因为你对孩子的叛逆行为太过失望，以至于你根本不想试着改变自己的教养方式？因为你忙于其他事务而没有时间去实践这些方法？因为这些方法看上去和你孩子的状况不相关？因为你的另一半不配合？还是因为你本身正经历某些精神问题的困扰，例如抑郁、焦虑或药物依赖？在你思考这些问题的同时，我们建议你考虑寻求心理健康人士的帮助来共同解决这些问题，并辅助你更好地应对棘手的青少年叛逆问题。

如果从我们提供的评价表上你看不出取得的成效，而且你觉得这个行动计划对你的帮助不大，那么你或许应该理性地思考一下这种看法。你真的觉得自己在这个过程中没有取得任何进展吗？你和孩子的关系还是和计划实施之前一样糟糕吗？花点时间认真回顾一下过去几个月里你察觉到的小进步。或许孩子的脾气还是很大，不论你说什么他都要反驳，但至少他不再在家里说脏话了；或者，孩子依然把你当作"仇人"，恨不得每分每秒都在外面和朋友度过，但至少现在他在霸占平板电脑之前会问问有没有其他人需要使用，也会在每次外出时主动告知他回家的大概时间。

虽然这些进展不大，但这个行动计划终究带来了改变，而且你还能让这些改变更进一步。儿子礼貌地与人交谈时，记得多夸夸他；女儿体贴地考虑他人时，也要对她表示赞赏。孩子的行为偶尔出现一些小的偏差时，尽量不要小题大做，多去包容和理解他。孩子一定会从中感受到你的诚意，明白你是一位具有同理心的家长，能体会孩子在成长过程中也需要得到尊重。

理性思考这个行动计划成效的同时，你可以问问自己，在使用这本书之前，孩子的叛逆问题已经出现多久了。如果从孩子最初出现叛逆行为时算起，你可能发现这些问题由来已久，或许已经长达几年，那么，想要在短短几个月之内就解决这些问题也不太现实，对吧？

所以，不要气馁。我们会提供 3 种方法帮助你把成果保持下去，并继续从中受益：第一，制订一种控制情绪的应急方案，在你和孩子的争吵开始变得激烈的时候，你和孩子需要采用这种方案；第二，针对不同的问题情境，按优先顺序排列出适用的方法和技巧，多加训练直到自己熟练掌握，以便在问题出现的第一时间找到对策；第三，和孩子一起实践解决问题的技巧，让孩子在独立之前熟练掌握这项对成年人生活非常重要的技巧。

这是一项没有终点的训练，因为这些技巧是你可以一直使用下去的。如果你因为进展不大而感到气馁，坚持这些做法会帮助你坚持下去，总有一天你会看到你和孩子之间的冲突明显改善。如果你现在已经看到了明显的成效，坚持这些做法也会避免你因放松警惕而重新陷入最初的困境。总之，利用这些方法让自己始终保持对孩子的真诚——坚定地做一名权威、富有同理心、积极主动的家长，让孩子成为你的骄傲。不论何时，只要你发现自己的决心有所动摇，又开始使用过去老一套的教养方式，你都可以给心理治疗师打电话寻求帮助。

　　最后，也是最重要的，本书的目的是帮助你建立更好的亲子关系，而这种关系将会伴随你们一生。反复问问自己，你希望和孩子建立起怎样的亲子关系。多年之后，你希望孩子如何评价你的养育方式，尤其是他在青少年时期时你的养育方式？如果你总是能这样去思考，那么你在管理孩子不当行为时就能做出明智的选择。多让孩子和你共同协商去解决问题，努力提升你们的沟通技巧，并重新评估你们对对方的看法，尤其是在遇到问题时的看法。

　　从某种意义而言，我们是在鼓励你始终牢记一点：你才是那个成年人，因此，不论你何时与孩子交流，都应保持成熟、稳重和理性的态度，而不是用以牙还牙的方式回应孩子当下爆发的情绪。每当孩子把你逼急的时候，你可以选择成为那个情绪化、苛责又专横的家长，也可以选择成为最棒的家长，坚信不论孩子表现多么不好，你也一定能做到最好。当然，最终的选择权在你手中。

# 附录 1
# 解决问题记录表

## 托尼一家的解决问题记录表（情境一）

日期：　__2013 年 8 月 8 日__

待解决的问题：__父母（托尼的父母对问题的描述一致）："我不希望你在没有__
__成年人在场的情况下开派对，因为我担心你的朋友会做出什么傻事而惹出麻烦，__
__或者把家里弄得一团糟。"托尼："你们在场我会很尴尬的，所以我不希望你__
__们在场。"__

| 提议的解决方案 | 孩子 + - | 妈妈 + - | 爸爸 + - |
|---|---|---|---|
| ① 托尼的父母咬咬牙忍了，让他按照自己的想法举办派对。 | + | − | − |
| ② 托尼在 18 岁前不能举办派对。 | − | + | − |

**（注意前两条解决方案反映的是他们最初比较极端的立场。你可能发现自己家也存在类似的情况。）**

| | 孩子 + - | 妈妈 + - | 爸爸 + - |
|---|---|---|---|
| ③ 托尼可以邀请 10 位父母认可的朋友，这样在开派对期间，父母会离场。 | − | + | + |
| ④ 托尼在公共场所举办一个小型派对，这样现场会有其他人监督他们。 | − | − | − |
| ⑤ 托尼可以邀请 100 位朋友，但舅舅会代替父母在现场监督。 | + | − | + |
| ⑥ 开派对期间，托尼的父母可以在家，但只待在 3 楼，只有托尼需要他们时，他们才能下楼。 | − | + | − |
| ⑦ 父母待在其他地方，通过每个房间的闭路监控系统监督派对的情况。 | − | − | − |
| ⑧ 托尼请学校橄榄球队的后中卫来监督，以防有人做出过火的事情。 | + | − | − |
| ⑨ 托尼可以邀请 100 位朋友，父母不能在场，但是举办的是午后的泳池派对，下午 5 点结束。 | − | − | − |

## 托尼一家的解决问题记录表（情境一）（续）

⑩ 托尼的父母答应，派对当晚他们待在邻居家，　　　—　　　　＋　　　　＋
但会假装回家拿东西"突击检查"几次，他
们如果觉得情况不理想，就会待在家。

**商定的解决方案：**托尼最多可以邀请 40 位朋友；他 25 岁的舅舅丹会在派对现场，
但他不会管东管西。如果他发现孩子们有喝酒的行为，或者派对太过喧闹以致扰
民，他就会打电话通知托尼的父母。只要在派对上出现任何酒精饮品，他就会立
即解散派对，如果有人拒绝终止派对，他就会联系警察介入。托尼同意让父母提
前审查受邀者名单，对于他们有顾虑的朋友，要一起商量决定。

### 实施计划

① **孩子需要做：**举办派对之前，把受邀者名单交给父母，并且告知参加派对的朋
友，如果太过吵闹，派对随时会被解散。

② **妈妈需要做：**妈妈会和舅舅联系，请他配合并协助。

③ **爸爸需要做：**爸爸会审核受邀者名单并和托尼沟通。

④ **监督方案：**派对期间，托尼的舅舅丹会时不时出来查看情况。如果派对上音乐
的声音太大，丹会私下告诉托尼让他把音量调低。如果托尼 5 分钟之内没有照
做，丹就会警告。如果托尼还是不听劝告，丹就会给托尼的父母打电话，让他
们回来终止派对。

⑤ **适时提醒。谁来提醒，什么时候提醒？**参照舅舅丹对于音乐音量的警告。

⑥ **遵守和不遵守的相应结果：**如果妈妈和爸爸忍住了，没有在派对期间回家，托
尼会向他们表达感谢，并且确保在第二天中午之前把屋子打扫干净。如果他们
没忍住，回来干扰了派对，托尼可以在一周后再举办一次派对，父母不得进行
干扰。如果托尼遵守了方案，父母同意他在下个月举办一次 2 小时的小型派
对（6 人），不会有大人在场。如果托尼没有按照方案执行，接下来的周末他
就不能出门了，要在家打扫整个屋子，并且在接下来的 3 个月内不能再举办任
何派对。

## 贝蒂娜一家的解决问题记录表（情境三）[①]

日期：　　2013 年 11 月 10 日

待解决的问题：　妈妈："我不希望你的宵禁时间像你的朋友们那么晚，因为我担心你和大你两岁的孩子在外面待到那么晚不安全。"爸爸："我认为不能推迟你的宵禁时间，因为你连现在的宵禁规定都不能遵守，所以你不能获得更多的自由。"贝蒂娜："如果你们推迟我的宵禁时间，我就不会违反了。现在我总是比其他朋友先回家，这让我很尴尬。"

| 提议的解决方案 | 评价 孩子 + - | 妈妈 + - | 爸爸 + - |
|---|---|---|---|
| ① 取消贝蒂娜的宵禁时间，她想什么时候回家就什么时候回家。 | + | − | − |
| ② 贝蒂娜的宵禁时间会提前半小时，如果她连续 2 周不违反，再调回现在的时间，并会保持一段时间。 | − | + | + |
| ③ 贝蒂娜的宵禁时间不变，但如果她提前半小时打电话给父母要求推迟一会儿，那她可以晚点回家。 | − | + | + |
| ④ 贝蒂娜的宵禁时间不变，但如果她继续违反宵禁规定，哪怕只晚 5 分钟，她周末就会被禁足，要在家做家务。 | − | + | − |
| ⑤ 父母请一个保姆，贝蒂娜走到哪儿保姆跟到哪儿。 | − | − | − |
| ⑥ 取消贝蒂娜的宵禁时间，但是她每半小时就要给父母打一次电话。 | + | − | − |
| ⑦ 贝蒂娜的宵禁时间不变，但她可以在出门之前申请延长，父母根据情况决定是否批准。 | − | + | + |
| ⑧ 贝蒂娜的宵禁时间不变，如果她连续 3 周遵守，以后会推迟半个小时。 | + | + | + |

[①] 情境二见第 265 页。——译者注

## 贝蒂娜一家的解决问题记录表（情境三）（续）

⑨ 如果贝蒂娜每天遵守宵禁规定，她周末可以　　　＋　　　＋　　　＋
　 得到 25 美元的奖励。

⑩ 如果贝蒂娜违反宵禁规定，那么周末的宵禁　　　＋　　　＋　　　＋
　 时间就会提前 15 分钟。

**商定的解决方案：** 大家都认同第 8、9、10 种方案，所以将 3 个方案结合起来。

### 实施计划

① **孩子需要做：** 贝蒂娜连续 3 周每天晚上 10∶30 回家，期间不可以推迟回家时间。之后她可以晚上 11 点回家，也要保持 3 周，期间不可以推迟回家时间。如果贝蒂娜做到了，父母会给她买一张礼品卡。如果贝蒂娜哪一天没有做到按时回家，那么从第二天开始，她的宵禁时间就要提前 15 分钟。如果之后连续 3 周她都能按时回家，她的宵禁时间可以再改回来。

② **妈妈需要做：** 妈妈会在贝蒂娜每次出门之前提醒她回家的时间，并提醒她不可以推迟，如果她按时回家了，妈妈会表扬她。如果贝蒂娜遵守了宵禁规定，妈妈会兑现礼品卡，买礼品的商店由贝蒂娜自己来选，妈妈还会开车送她去（贝蒂娜要提前一天告诉妈妈）。

③ **爸爸需要做：** 爸爸早上上班的时间比妈妈晚，所以晚上由他来等贝蒂娜回家。如果贝蒂娜按时回家，爸爸会表扬她；如果她没有按时回家，他会通知贝蒂娜，从第二天起，宵禁时间会提前，但爸爸不会训斥贝蒂娜。

④ **监督方案：** 爸爸每晚会等贝蒂娜回家，以确定她回家的时间。他们会制作一张表格来记录贝蒂娜这 6 周的回家时间，如果宵禁时间发生变化，也会一并记录下来。

⑤ **适时提醒。谁来提醒，什么时候提醒？** 参见"妈妈需要做"的内容。

⑥ **遵守和不遵守的相应结果：** 贝蒂娜的行为结果如上所述。对于妈妈，如果没有提醒贝蒂娜宵禁时间，或者没有表扬贝蒂娜遵守约定的行为，要被罚 1 美元，作为贝蒂娜的所得。对于爸爸，如果因为宵禁时间的问题训斥了贝蒂娜，也要被罚 1 美元，作为贝蒂娜的所得。

# 附录 2
# 如何寻找心理治疗师

如果你想找到合格的心理治疗师来帮助你合理使用本书介绍的各种方法，那么你最好选择接受过行为家庭治疗（BFT）、行为父母训练（BPT）或认知行为治疗（CBT）培训的心理医师。理想的情况是，这位心理治疗师还应该对这本书所附的专业手册[①]了如指掌。

你可以通过以下几种方法找到这样的治疗师。首先，联系你所在地区的重点大学、医学院或教学医院的心理学系工作人员，询问是否有教师熟悉本书提出的家庭干预方法。这些学院的教师通常都接受过基于最新研究证据的家庭干预方法的培训，也可能进行过相关的实践。即便他们自己不采用这些方法，他们也能向你推荐一些使用这些方法的心理健康专家。

其次，你可以访问行为和认知疗法协会（www.abct.org）或认知行为疗法学会 (www.academyofct.org) 的官方网站，在那里你可以找到许多认知行为治

---

[①] *Defiant Teens: A Clinician's Manual for Family Intervention* by Russell A. Barkley, Gwenyth H. Edwards, & Arthur L. Robin. New York: Guilford Press, 1999.（《叛逆青少年：家庭干预临床医生手册》，该手册目前没有出版中文版本。）——译者注

疗师的信息。你也可以访问专为患有注意缺陷多动障碍和相关疾病的儿童的父母提供支持的专业网站，如患注意缺陷多动障碍的儿童和成人网站（www.chadd.org）或注意缺陷障碍协会网站（www.add.org），在上面找到专业治疗师的信息。

最后，你还可以联系所在州的精神病学和心理协会，或者访问美国心理协会的官方网站（www.apa.org），点击"寻找心理学家"，并输入你的邮政编码，你就能找到你所在地区的心理学家的名单。

当你锁定了一个或多个心理健康专家时，你可以通过打电话或发电子邮件的方式询问他们是否能够使用本书介绍的方法为有叛逆青少年的家庭提供帮助。下面提供一封咨询邮件的参考范本。

尊敬的＿＿＿＿＿＿＿＿＿＿医生（治疗师的名字）：

我的孩子出现了严重的叛逆行为，我正在寻求心理治疗师的帮助。最近我读了由拉塞尔·巴克利博士、阿瑟·罗宾博士和克里斯蒂娜·本顿博士合著的《你的叛逆少年》一书，书中介绍了很多家庭干预的措施，我希望能找到一位使用这些方法的专家。

我通过＿＿＿＿＿＿＿＿＿＿（网站或组织）找到了您的相关信息。如果您方便，我想和您先约个时间来讨论一下我们家庭的情况。我的电话号码是（插入电话号码）。

感谢！

（你的姓名）

当然，你不能指望治疗师会在电话里跟你讨论细节问题。其实，比较明智的做法是先预约面谈一次，看看对方是否符合你的预期。你可以把这次约见看作一次试诊，看看治疗师所使用的是否是你需要的方法，以及你是否与治疗师"合拍"。不要带孩子一起去，不过一定要带一张帮助你了解治疗师的问题清单，比如：

- 您在使用书中提到的家庭干预方法或其他认知行为疗法方面都有哪些经验？
- 您如何看待青少年和父母的冲突问题以及青少年的叛逆问题？
- 治疗通常需要多少次？整个治疗周期持续多久？
- 您的收费标准如何？

你肯定想找到最适合你家庭情况的心理治疗师，所以，即使花钱与不同的治疗师进行初次面谈也是值得的。在面谈后，你需要想一想：你觉得与这个治疗师沟通舒服吗？你觉得孩子会喜欢这个治疗师吗？这个治疗师是否具备必要的经验和背景来帮助你们？

如果试过了这些办法，你还是找不到接受过相关训练的治疗师，那就先试着找一个你觉得沟通起来很舒服的治疗师，并问问他是否愿意学习使用本书中的这些方法。治疗师可以通过参加前文提到的那些重要组织机构举办的研讨会来学习使用这些方法。

# 相关资源

## 网站

　　以下网站提供了各种各样的信息和资源，有些是针对青少年叛逆行为的，有些是关于青少年行为、情感和认知问题的更广泛的信息来源。

### 美国青少年健康相关机构

美国儿童与青少年精神病学学会（AACAP）

www.aacap.org

　　该网站提供大量有关青少年精神问题的信息、资源和咨询信息。你可以在"家庭资料"页面查询有关对立违抗性障碍（ODD）的信息，也可以参阅网页下端的书籍专栏。

美国儿科学会（AAP）

www.aap.org

　　该网站提供大量有关各种儿童和青少年疾病的教育材料。

注意缺陷障碍协会（ADDA）

www.add.org

该网站刊登了一些专业人士和互助团体的信息，以及许多关于特定注意缺陷多动障碍的主题文章和其他资源。

患注意缺陷多动障碍的儿童和成人（CHADD）

www.chadd.org

该网站推荐一些医生和当地的互助团体，以及大量有关各年龄段注意缺陷多动障碍的信息。

品行障碍

www.conductdisorders.com

该网站设置家长论坛或留言板，提供有关对立违抗性障碍、注意缺陷多动障碍、行为障碍及叛逆问题的相关资源和实用链接。

医疗在线 （WebMD）

www.emedicine.medscape.com/article/918095-overview

该网站提供有关对立违抗性障碍的信息。

聚焦青少年

www.focusas.com

该网站提供有关青少年问题的丰富资源、链接、相关机构、书籍、针对性治疗方案等信息，同时还提供有关教养方式、青少年行为问题和其他青春期问题、青少年发展等信息。

特殊教育资源在线（ISER）

www.iser.com

该网站为有学习障碍、孤独症和注意缺陷多动障碍儿童的家长提供相关资源。

美国心理健康（原为美国心理健康协会）

**www.mentalhealthamerica.net**

该网站提供治疗特定疾病的专业人员和当地支持团体的信息，以及各个年龄段人群心理和精神问题的相关信息和资源。

美国心理疾病联盟（NAMI）

**www.nami.org**

该网站提供相关支持团体的信息，可以特别关注"儿童与青少年行动中心"版块。

美国国家心理健康研究所（NIMH）

**www.nimh.nih.gov**

该研究所属于美国公共卫生服务的一部分，主要研究青少年的情感障碍、认知障碍和行为障碍。

青少年医学学会 （SAM）

**www.adolescenthealth.org**

该网站为美国和国外的青少年健康专业人员（包括心理学家）提供按学科分类的专业信息。

阻止青少年破坏行为 （SADD）

**www.sadd.org**

这个民间发起的网站最初只针对青少年的酒驾问题，如今已经扩展到青少年的其他破坏性行为，如使用毒品、暴力、抑郁和自杀。该网站为有相关问题的青少年及其父母提供有用的信息和支持，包括每月更新的专栏"今日青少年"，提供青少年发展和相关问题的最新研究成果，同时还提供相关文章的链接。

美国青少年健康教育部门

**www.ed.gov**

如果孩子患有某种障碍，你可以在"父母"专栏下找到属于这类孩子权利的详细信息，以及个别化教育计划的详细介绍。

# 其他国家的青少年健康相关机构

澳大利亚青年研究交流中心 (ACYS)

**www.acys.info**

由澳大利亚政府资助的信息交流中心，提供有关青少年问题的各种资源链接。

加拿大心理健康协会（CMHA）

**www.cmha.ca**

加拿大全国性的慈善组织，目标是促进教育发展并提供有关心理健康问题的资源。

加拿大精神病学协会

**www.cpa-apc.org**

发布加拿大儿童和青少年精神病学学会有关精神病学问题的信息资源。

加拿大心理协会

**www.cpa.ca**

主要针对专业人士，但也会提供许多有关心理和精神问题的信息。

脑空间

**www.headspace.org.au**

澳大利亚新设立的国家青年心理健康基金会，旨在促进受精神疾病影响的澳大利亚年轻人的早期有效治疗。该网站提供有用的资源链接，包括热线电话号码查询。

心智

**www.mind.org.uk**

英国主要心理健康慈善机构，其使命主要是宣传和教育，同时提供有关英国青年心理健康文章的链接。

里士满服务有限公司

*www.richmondnz.org*

为来自新西兰和澳大利亚（有时也为英国的英格兰和苏格兰地区）的人提供心理健康服务。

皇家精神科医学院

*www.rcpsych.ac.uk*

该组织总部位于伦敦，在爱尔兰以及英国的北爱尔兰、苏格兰和威尔士设有分支机构，提供有关心理问题、其他问题和年龄组的信息。

心智健康

*www.sane.org*

位于墨尔本的慈善组织，致力于心理健康的宣传、研究和教育。

心智健康（伦敦）

*www.sane.org.uk*

总部设在伦敦的慈善组织，其目标是增加人们对有心理健康问题的人的认识进而尊重他们，对心理健康问题的原因进行研究，并为与这些困难做斗争的个人和家庭提供支持。

青少年心理健康

*www.youngminds.org.uk*

致力于改善儿童和青少年心理健康的英国国家慈善机构。该机构为家长和青少年提供信息服务，该网站提供大量可供阅读的文章和相关资源链接，以及有关行为问题（及其他心理健康问题）的信息。

# 书 籍

American Academy of Child and Adolescent Psychiatry & Pruitt, D. (2000). *Your adolescent: Emotional, behavioral, and cognitive development from early adolescence through the teen years*. New York: Harper-Collins.

Andrews, L. A. (2004). *Meditation*. London: Franklin Watts. —— 该书是学乐出品的 "生活平衡" 系列之一，主要介绍适合青少年的冥想和其他放松形式。

Bradley, M. J. (2002). *Yes, your teen is crazy: Loving your kid without losing your mind.* Gig Harbor, WA: Harbor Press.

Cohen, C. (2000). *Raise your child's social IQ.* Silver Spring, MD: Advantage Press. —— 该书是帮助父母教授孩子社交技巧的好书。

Covey, S. (1998). *The 7 habits of highly effective teens.* New York: Fireside. —— 该书是《高效能人士的 7 个习惯》的作者斯蒂芬·科维的儿子所著，语言幽默风趣。书中有一个部分涉及 "高缺陷青少年的 7 个习惯"，提醒青少年不要采取不合作等适得其反的做法。

Cox, A. J. (2006). *Boys of few words: Raising our sons to communicate and connect.* New York: Guilford Press.

Dendy, C. A. (2006). *Teenagers with ADD and ADHD: A guide for parents and professionals* (2nd ed.). Bethesda, MD: Woodbine House. —— 该书是养育患有注意缺陷多动障碍青少年的最佳指南。

Edwards, C. D. (1999). *How to handle a hard-to-handle kid: A parent's guide to understanding and changing problem behaviors.* Minneapolis, MN: Free Spirit.

Faraone, S. (2003). *Straight talk about your child's mental health: What to do when something seems wrong.* New York: Guilford Press.

Forgatch, M., & Patterson, G. (2005). *Parents and adolescents living together: Part 2. Family problem solving* (2nd ed.). Champaign, IL: Research Press.

Glasser, H., & Easley, J. (1999). *Transforming the difficult child: The nurtured heart approach.* Tucson, AZ: Nurtured Heart. —— 该书非常适合那些孩子患有对立违抗性障碍的家庭。随书附有 DVD、VHS、CD 和卡带。你还可以在作者的官方网站 www.difficultchild.com 查阅更多相关信息。

Goldstein, S., Brooks, R., & Weiss, S. (2004). *Angry children, worried parents: Seven steps to help families manage anger.* Chicago: Specialty Press/A.D.D. Warehouse.

Greene, R. (2005). *The explosive child* (3rd ed.). New York: Harper Collins. —— 你还可以在作者的官方网站 www.explosivechild.com 查阅更多相关信息。

Kindlon, D., & Thompson, M. (1999). *Raising Cain: Protecting the emotional life of boys.* New York: Ballantine.

Last, C. G. (2006). *Help for worried kids: How your child can conquer anxiety and fear.* New York: Guilford Press. —— 该书最后一部分介绍了各种适合年轻人的放松方式。

Miklowitz, D. J., & George, E. L. (2008). *The bipolar teen: What you can do to help your child and your family.* New York: Guilford Press.

Murphy, T., & Oberlin, L. H. (2002). *The angry child: Regaining control when your child is out of control.* New York: Three Rivers Press.

Papalos, D., & Papalos, J. (2006). *The bipolar child: The definitive and reassuring guide to childhood's most misunderstood disorder* (3rd ed.). New York: Broadway Books.

Parrott, L., III. (2000). *Helping your struggling teenager: A parenting hand- book on thirty-six common problems.* Grand Rapids, MI: Zondervan. —— 该书有针对青少年的放松训练。

Patterson, G. R., & Forgatch, M. (2005). *Parents and adolescents living together: Part 1. The basics* (2nd ed.). Champaign, IL: Research Press.

Phelan, T. W. (1996). *Self-esteem revolutions in children: Understanding and managing the critical transitions in your child's life.* Glen Ellyn, IL: ParentMagic.

Phelan, T. W. (1998). *Surviving your adolescents: How to manage and let go of your 13–18 year olds* (2nd ed.). Glen Ellyn, IL: ParentMagic. —— 随书附有视频和 DVD。同时，你还可以在作者的官方网站 www. parentmagic.com 查阅更多相关信息。

Pipher, M. (1994). *Reviving ophelia: Saving the selves of adolescent girls.*
New York: Ballantine.

# 视频资源

Robin, A. L., & Weiss, S. (1997). *Managing oppositional youth.* Plantation, FL: Specialty Press.

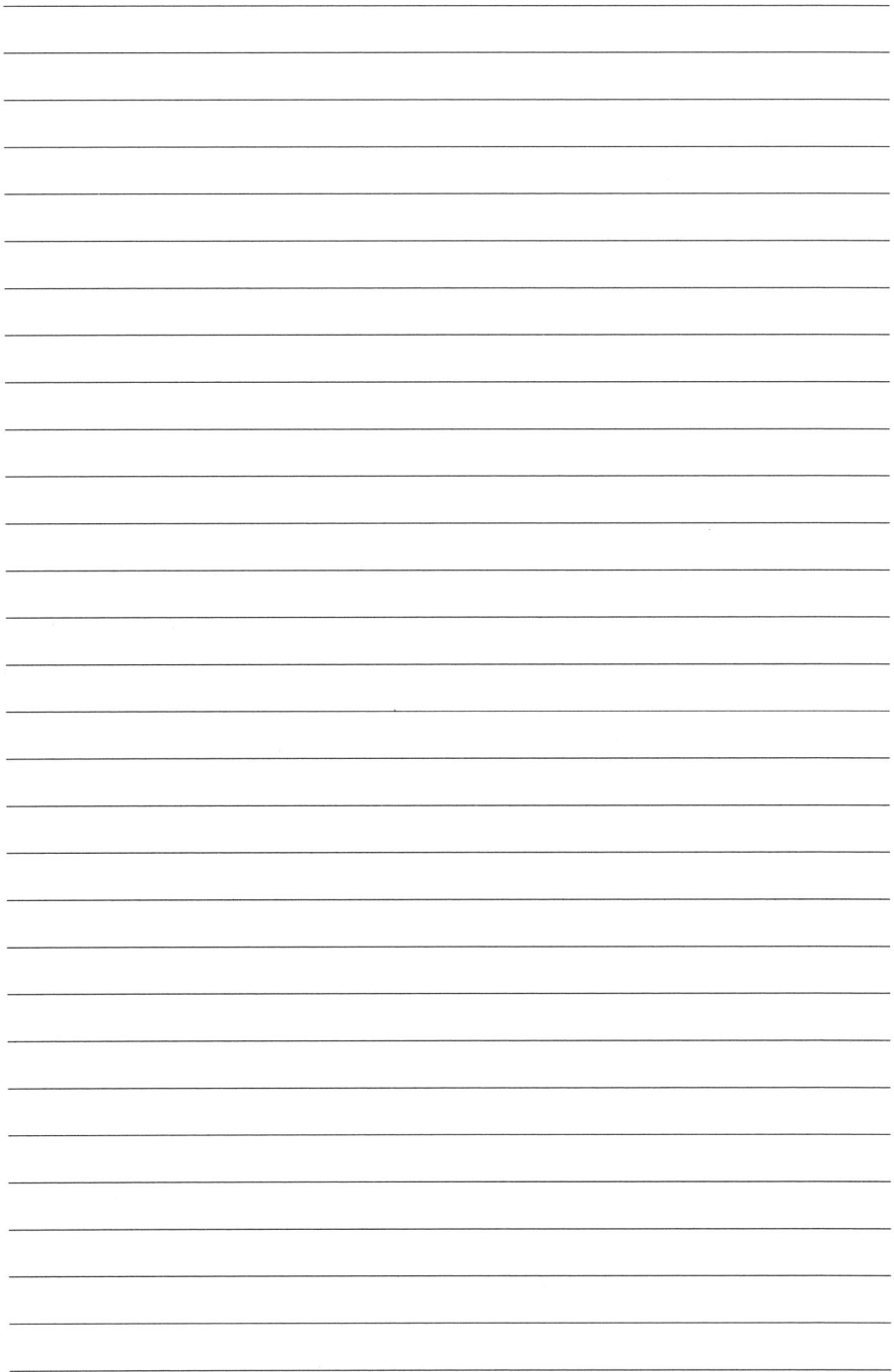